Ensaio sobre o Homem

Ernst Cassirer (1874-1945), filósofo germânico do neokantismo, nascido em Breslau, Alemanha, hoje Wrocaw, Polônia, cujos estudos sobre a linguagem deram origem às mais modernas teorias da hermenêutica e a diversos estruturalismos. Estudou em Berlim, Leipzig, Heidelberg e Marburg. Foi professor de filosofia em Hamburgo (1919) e reitor da Universidade de Hamburgo (1930), cargo a que renunciou depois da ascensão de Hitler. Exilou-se sucessivamente na Inglaterra (1933-1935), Suécia (1935-1941) e nos Estados Unidos. Partindo dos problemas da teoria do conhecimento, que seriam o núcleo do neokantismo, ampliou o foco temático em direção a uma crítica da cultura. Na linha substitutiva do conceito de substância pelo de função publicou a famosa *Die Philosophie des symbolischen Formen* (1923-1929), que, juntamente com *Die Philosophie der Aufkläung* (1932), constitui o auge de sua obra.

Ernst Cassirer

Ensaio sobre o Homem

Introdução a uma filosofia da cultura humana

Tradução
TOMÁS ROSA BUENO

*Título original: AN ESSAY ON MAN – AN INTRODUCTION
TO A PHILOSOPHY OF HUMAN CULTURE
publicado por Yale University Press
Copyright © 1944, 1972 by Yale University Press
Copyright © 1994, Livraria Martins Fontes Editora Ltda.,
São Paulo, para a presente edição.
Publicado por acordo com Yale University Press.
Todos os direitos reservados.*

1ª edição *1994*
3ª edição *2021*

Tradução
TOMÁS ROSA BUENO

Revisão da tradução
Carlos Eduardo Silveira Matos
Revisões
Renato da Rocha Carlos
Flora Maria de Campos Fernandes
Produção gráfica
Geraldo Alves
Capa
Katia Harumi Terasaka

**Dados Internacionais de Catalogação na Publicação (CIP)
(Câmara Brasileira do Livro, SP, Brasil)**

Cassirer, Ernst, 1874-1945.
Ensaio sobre o homem : introdução a uma filosofia da cultura humana / Ernst Cassirer ; tradução Tomás Rosa Bueno. – 3. ed. – São Paulo : Editora WMF Martins Fontes, 2021. – (Biblioteca do pensamento moderno)

Título original: An essay on man : an introduction to a philosophy of human culture
ISBN 978-65-86016-78-9

1. Antropologia filosófica 2. Civilização – Filosofia 3. Cultura 4. Simbolismo I. Título.

21-71299 CDD-128

Índices para catálogo sistemático:
1. Homem : Antropologia filosófica 128

Cibele Maria Dias – Bibliotecária – CRB-8/9427

Todos os direitos desta edição reservados à
Editora WMF Martins Fontes Ltda.
*Rua Prof. Laerte Ramos de Carvalho, 133 01325-030 São Paulo SP Brasil
Tel. (11) 3293-8150 e-mail: info@wmfmartinsfontes.com.br
http://www.wmfmartinsfontes.com.br*

Não pode ser vendido em Portugal

A
Charles W. Hendel
com amizade e gratidão

SUMÁRIO

Prefácio 1

PARTE I
O QUE É O HOMEM?

I. A crise do conhecimento de si do homem . 9
II. Uma chave para a natureza do homem: o símbolo 45
III. Das reações animais às respostas humanas . 51
IV. O mundo humano do espaço e do tempo .. 73
V. Fatos e ideais 95

PARTE II
O HOMEM E A CULTURA

VI. A definição do homem nos termos da cultura humana 107

VII. Mito e religião 121
VIII. A linguagem 181
IX. A arte 225
X. A história 279
XI. A ciência 337
XII. Sumário e conclusão 361

Notas 373

PREFÁCIO

O primeiro impulso para que este livro fosse escrito veio de meus amigos ingleses e americanos, que me pediam, repetida e urgentemente, que publicasse uma tradução para o inglês de minha *Filosofia das Formas Simbólicas*[1]. Embora me agradasse muito a idéia de ceder às suas instâncias, após os primeiros passos tentativos julguei impraticável e, nas presentes circunstâncias, injustificável reproduzir o livro original em sua totalidade. No que tange ao leitor, seria exigir demasiado de sua atenção ler um estudo em três volumes sobre um tema difícil e abstrato. Mas mesmo do ponto de vista do autor dificilmente seria possível ou aconselhável publicar uma obra planejada e escrita há mais de 25 anos. Desde então, o autor continuou seu estudo do tema. Aprendeu muitos fatos novos e deparou com muitos problemas novos. Até os velhos problemas são por ele vistos de outro ângulo, e surgem sob uma luz diferente. Por todas estas razões, resolvi começar de novo e escrever um livro inteiramente novo. Teria de ser muito mais curto que o primeiro.

"Um livro grande", disse Lessing, "é um grande mal." Ao escrever a minha *Filosofia das Formas Simbólicas*, estava de tal modo envolvido no próprio tema que esqueci ou desprezei essa máxima estilística. Hoje sinto-me muito mais inclinado a subscrever as palavras de Lessing. Em vez de apresentar uma relação detalhada dos fatos e uma alentada discussão das teorias, tentei concentrar-me, no presente livro, em uns poucos pontos que me pareceram ser de especial importância filosófica, e expressar meus pensamentos tão breve e sucintamente quanto possível.

Mesmo assim, o livro teve de lidar com temas que, à primeira vista, podem parecer amplamente divergentes. Um livro que se ocupa de questões psicológicas, ontológicas e epistemológicas e que contém capítulos sobre Mito e Religião, Linguagem e Arte, Ciência e História está aberto à objeção de que se trata de um *mixtum compositum* das coisas mais disparatadas e heterogêneas. Espero que o leitor, após ter lido estas páginas, ache infundada tal objeção. Um de meus objetivos mais importantes foi convencê-lo de que todos os temas tratados neste livro são apenas, afinal, *um único* tema. São caminhos diferentes que levam ao mesmo centro — e, a meu modo de ver, cabe a uma filosofia da cultura descobrir e determinar esse centro.

Quanto ao estilo deste livro, foi um sério impedimento, é claro, ter tido de escrevê-lo em uma língua que não me é nativa. Dificilmente eu teria superado esse obstáculo sem a ajuda de meu amigo James Pettegrove, do New Jersey State Teachers College. Ele revisou o manuscrito todo e ofereceu-me seus cordiais conselhos sobre todas as questões lingüísticas e de estilo. Também lhe sou muito grato pelas muitas observações valiosas e pertinentes acerca do tema do livro.

Não pretendi escrever um livro "popular" sobre um tema que, em muitos aspectos, resiste a qualquer popularização. Por outro lado, este livro não é dedicado apenas a estudiosos e filósofos. Os problemas fundamentais da cultura humana têm um interesse humano geral, e devem ser tornados acessíveis para o público geral. Tentei, portanto, evitar todas as tecnicismos e exprimir meus pensamentos da maneira mais clara e simples possível. Contudo, devo avisar aos meus críticos que o que apresento aqui é mais uma explicação e uma ilustração que uma demonstração da minha teoria. Para uma discussão e uma análise mais minuciosas dos problemas envolvidos, devo pedir-lhes que vejam a descrição detalhada na minha *Filosofia das Formas Simbólicas*.

Desejo fortemente não impor uma teoria pronta e acabada, exposta em um estilo dogmático, às mentes dos meus leitores. Tive a preocupação de deixá-los em uma posição em que pudessem julgar por eles mesmos. Claro que não foi possível colocar diante deles o conjunto completo de evidências empíricas em que se funda a minha tese principal. Tentei, contudo, fazer citações amplas e detalhadas das obras básicas sobre os vários temas. O que o leitor encontrará não é, absolutamente, uma bibliografia completa — até mesmo os títulos de uma tal bibliografia teriam excedido de longe o espaço que me foi concedido. Tive de contentar-me em citar os autores para com os quais eu mesmo me sinto mais em dívida, e em selecionar os exemplos que me pareceram ter um significado típico e ser de superior interesse filosófico.

Pela dedicatória a Charles W. Hendel, desejo expressar meus sentimentos de profunda gratidão para com o homem que me ajudou, com zelo incansável, a preparar este livro. Foi ele o primeiro a quem falei sobre o plano geral da obra. Sem o seu vívido interesse pelo tema do livro e seu amigável interesse pessoal pelo autor, dificilmente eu teria encontrado o ânimo necessário para publicá-lo. Ele leu o manuscrito diversas vezes, e sempre pude aceitar suas sugestões críticas, que se revelaram muito úteis e valiosas.

A dedicatória, no entanto, tem não apenas um sentido pessoal, mas também "simbólico". Dedicando este livro ao Presidente do Departamento de Filosofia e ao Diretor de Pós-Graduação da Yale University, quero expressar ao próprio Departamento meus cordiais agradecimentos. Quando, há três anos, vim para a Yale University, foi uma surpresa agradável encontrar uma estreita colaboração que se estendia por todo um amplo campo. Foi um prazer especial, e um grande privilégio, trabalhar com meus colegas mais jovens em seminários conjuntos sobre diversos temas. Esta foi, com efeito, uma experiência nova em minha longa vida acadêmica — e uma experiência muito interessante e estimulante. Terei sempre uma grata lembrança desses seminários conjuntos — um sobre filosofia da história, outro sobre filosofia da ciência e um terceiro sobre a teoria do conhecimento, realizados por Charles Hendel e Hajo Holborn, F.S.C. Northrop e Henry Margenau, Monroe Beardsley, Frederic Fitch e Charles Stevenson.

Devo ver neste livro, em larga medida, o desfecho do meu trabalho na Graduate School da Yale University, e sirvo-me desta oportunidade para expressar meus agradecimentos ao Decano da Graduate School, pela hospitalidade que me foi oferecida nos últimos três anos. Uma palavra de agradecimento cordial também é devida aos meus estudantes. Discuti com eles quase todos os problemas contidos neste livro, e tenho a confiança de que eles encontrarão muitos sinais do nosso trabalho comum nas páginas que se seguem.

Estou agradecido ao Fluid Research Fund da Yale University pelos fundos de pesquisa que me ajudaram a preparar este livro.

Ernst Cassirer
Yale University

PARTE I

O QUE É O HOMEM?

CAPÍTULO I

A CRISE DO CONHECIMENTO DE SI DO HOMEM

1

Que o conhecimento de si mesmo é a mais alta meta da indagação filosófica parece ser geralmente reconhecido. Em todos os conflitos entre as diferentes escolas filosóficas, esse objetivo permaneceu invariável e inabalado: foi sempre o ponto de Arquimedes, o centro fixo e inamovível, de todo pensamento. Nem os pensadores mais céticos negam a possibilidade e a necessidade do autoconhecimento. Desconfiaram de todos os princípios gerais relativos à natureza das coisas, mas tal desconfiança serviu apenas para abrir um novo modo de investigação mais confiável. Com grande freqüência, na história da filosofia, o ceticismo foi simplesmente a contrapartida de um resoluto *humanismo*. Pela negação e destruição da certeza objetiva do mundo externo, o cético espera trazer todos os pensamentos do homem de volta para o seu próprio ser. O autoconhecimento — declara — é o primeiro pré-requisito da auto-realização. Devemos tentar romper as cadeias que nos ligam ao mundo exterior para podermos desfrutar nossa verdadeira liberdade. "La plus grande chose du monde c'est de savoir être à soy", escreveu Montaigne.

Contudo, nem mesmo essa abordagem do problema — o método da introspecção — está ao abrigo das dúvidas céticas. A filosofia moderna teve início com o princípio de que a evidência de nosso próprio ser é impregnável e inatacável. Mas o avanço do conhecimento psicológico pouca coisa fez para confirmar esse princípio cartesiano. Hoje, a tendência geral do pensamento inclina-se novamente para o pólo oposto. Poucos psicólogos modernos admitiriam ou recomendariam um simples método de introspecção. No geral, dizem-nos que tal método é muito precário. Estão convencidos de que uma atitude behaviorista estritamente objetiva é a única abordagem possível para uma psicologia científica. Um behaviorismo coerente e radical, porém, não consegue atingir seus fins. Pode prevenir-nos — de possíveis erros metodológicos, mas não consegue resolver todos os problemas da psicologia humana. Podemos criticar a visão puramente introspectiva, ou colocá-la sob suspeição, mas não suprimi-la ou eliminá-la. Sem a introspecção, sem uma consciência imediata dos sentimentos, emoções, percepções e pensamentos, não poderíamos sequer definir o campo da psicologia humana. No entanto, é preciso admitir que, seguindo apenas este caminho, nunca poderemos chegar a uma visão abrangente da natureza humana. A introspecção revela-nos apenas aquele pequeno segmento da vida humana que é acessível à nossa experiência individual. Nunca poderá cobrir todo o campo dos fenômenos humanos. Mesmo que conseguíssemos coletar e combinar todos os dados, teríamos ainda uma imagem pobre e fragmentária — um mero esboço — da natureza humana.

Aristóteles declara que todo o conhecimento humano tem origem em uma tendência básica da natureza humana que se manifesta nas ações e reações mais elementares do homem. Toda a extensão da vida dos sentidos é determinada e impregnada por essa tendência.

> Todos os homens, por natureza, desejam conhecer. Uma indicação disso é o deleite que obtemos dos sentidos; pois estes, além de sua utilidade, são amados por si mesmos; e acima de todos os demais o sentido da visão. Pois não só com vistas à ação, mas, mesmo quando não vamos fazer nada, preferimos ver a tudo o mais. A razão é que este, mais que todos os sentidos, faz-nos conhecer e traz à luz muitas diferenças entre as coisas[1].

Este trecho é altamente característico da concepção do conhecimento de Aristóteles, no que esta se distingue da de Platão. Tal elogio filosófico da vida sensual do homem seria impossível na obra de Platão. Ele nunca poderia comparar o desejo de conhecimento ao deleite que derivamos dos nossos sentidos. Em Platão, a vida dos sentidos está separada da vida do intelecto por uma brecha ampla e insuperável. O conhecimento e a verdade pertencem a uma ordem transcendental — ao reino das idéias puras e eternas. O próprio Aristóteles estava convencido de que o conhecimento científico não é possível unicamente através do ato da percepção. Mas fala como biólogo ao negar a separação platônica entre o mundo ideal e o empírico. Ele tenta explicar o mundo ideal, o mundo do conhecimento, em termos de vida. Nos dois domínios, segundo Aristóteles, encontramos a mesma continuidade ininterrupta. Na natureza, assim como no conhecimento humano, as formas superiores desenvolvem-se a partir de formas inferiores. A percepção dos sentidos, a memória, a experiência, a imaginação e a razão estão todas ligadas por um vínculo comum; são apenas estágios e expressões diferentes de uma única e mesma atividade fundamental, que atinge a sua mais alta perfeição no homem, mas que também, de certo modo, é compartilhada por todos os animais e todas as formas de vida orgânica.

Se fôssemos adotar essa visão biológica, seria de esperar que os primeiros estágios do conhecimento humano lidassem exclusivamente com o mundo externo. Para todas as suas necessidades imediatas e interesses práticos, o homem depende de seu ambiente físico. Não pode viver sem uma constante adaptação às condições do mundo que o rodeia. Os primeiros passos na direção da vida intelectual e cultural do homem podem ser descritos como atos que implicam uma espécie de ajuste mental ao ambiente imediato. À medida que a cultura humana progride, porém, logo encontramos uma tendência oposta da vida humana. Desde os primeiros vislumbres de consciência humana, encontramos uma visão introvertida da vida que acompanha e complementa essa visão extrovertida. Quanto mais esse desenvolvimento se afasta dessas origens, mais essa visão introvertida vem ao primeiro plano. A curiosidade natural do homem começa aos poucos a mudar de direção. Podemos estudar esse crescimento em quase todas as formas da vida cultural do homem. Nas primeiras explicações mitológicas do universo encontramos sempre uma *antropologia* primitiva lado a lado com uma *cosmologia* primitiva. A questão da origem do mundo está inextricavelmente entrelaçada com a questão da origem do homem. A religião não destrói essas primeiras explicações mitológicas. Ao contrário, preserva a cosmologia e a antropologia mitológicas dando-lhes nova forma e nova profundidade. A partir de então, o autoconhecimento não é mais concebido como um interesse meramente teórico. Deixa de ser apenas um tema de curiosidade ou especulação; é declarado como a obrigação fundamental do homem. Os grandes pensadores religiosos foram os primeiros a afirmar essa exigência moral. Em todas as formas superiores de vida religiosa, a máxima "Conhece-te a ti mesmo" é vista como um imperativo categórico, como uma lei religiosa e moral suprema. Neste imperativo sentimos, por assim dizer, uma súbita reversão do primeiro instinto natural de conhecer — percebemos uma transavaliação — de todos os valores. Nas histórias de todas as religiões do mundo — no judaísmo, no budismo, no confucionismo e no cristianismo — podemos observar as etapas individuais desse desenvolvimento.

O mesmo princípio é válido para a evolução geral do pensamento filosófico. Em seus primeiros estágios, a filosofia grega parece ocupar-se exclusivamente do universo físico. A cosmologia tem uma clara predominância sobre todos os demais ramos de investigação filosófica. No entanto, é característico da profundidade e da abrangência da mente grega que quase todos os pensadores individuais representam ao mesmo tempo um novo *tipo* geral de pensamento. Para além da filosofia física da escola de Mileto, os pitagóricos descobrem uma filosofia matemática, enquanto os pensadores eleáticos são os primeiros a conceber o ideal de uma filosofia lógica. Heráclito posta-se na fronteira entre o pensamento cosmológico e o antropológico. Embora fale ainda como filósofo natural e faça parte dos "antigos fisiologistas", está convencido de que é impossível penetrar o segredo da natureza sem ter estudado o segredo do homem. Deveremos cumprir a exigência de auto-reflexão se quisermos manter nosso domínio sobre a realidade e entender o seu sentido. Assim, Heráclito pôde caracterizar o conjunto de sua filosofia pelas duas palavras ἐδιζησάμην ἐμεωτόν ("Busquei a mim mesmo")[2]. Mas essa nova tendência de pensamento, embora fosse de certo modo inerente à filosofia grega primitiva, só alcançou sua plena maturidade na época de Sócrates. Portanto, é no problema do homem que se encontra o marco que separa o pensamento socrático do pré-socrático. Sócrates nunca ataca ou critica as teorias de seus predecessores. Não pretende introduzir uma nova doutrina filosófica. Nele, porém, todos os antigos problemas são vistos sob uma nova luz, pois são dirigidos a um novo centro intelectual. Os problemas da filosofia natural e da metafísica gregas são subitamente eclipsados por uma nova questão que, a partir de então, parece absorver todo o interesse teórico do homem. Em Sócrates, não temos mais uma teoria independente da natureza ou uma teoria lógica independente. Não temos sequer uma teoria ética congruente e sistemática — no sentido em que foi desenvolvida nos sistemas éticos posteriores. Resta apenas uma questão: o que é o homem? Sócrates sustenta e defende sempre o ideal de uma verdade objetiva, absoluta e universal. Mas o único universo que ele conhece, e ao qual se referem todas as suas indagações, é o universo do homem. Sua filosofia — se é que ele possui uma — é estritamente antropológica. Em um dos diálogos platônicos, Sócrates é descrito envolvido em uma conversa com seu pupilo Fedro. Estão caminhando, e logo chegam a um lugar fora dos portões de Atenas. Sócrates exprime sua admiração pela beleza do lugar. Fica deliciado com a paisagem, à qual faz grandes elogios. Mas Fedro o interrompe. Surpreende-se pelo fato de que Sócrates se comporte como um estrangeiro passeando com um guia. "Cruzas a fronteira alguma vez?", pergunta-lhe. Sócrates introduz um significado simbólico em sua resposta. "É bem verdade, meu bom amigo", retruca ele, "e espero que me perdoes quando ouvires a razão, ou seja, que sou um amante do conhecimento, e os homens que residem na cidade são meus mestres, e não as árvores, ou o campo."[3]

No entanto, quando estudamos os diálogos socráticos de Platão, não encontramos em parte alguma uma solução direta para o novo problema. Sócrates oferece-nos uma análise detalhada e meticulosa das qualidades e virtudes humanas individuais. Procura determinar a natureza dessas qualidades e defini-las: bondade, justiça, temperança, coragem e assim por diante. Mas nunca arrisca uma definição do homem. Como deve ser vista essa aparente deficiência? Teria Sócrates adotado deliberadamente uma abordagem perifrástica — que lhe permitisse apenas arranhar a superfície de seu problema, sem jamais penetrar a sua profundidade e seu verdadeiro âmago? Aqui, porém, mais que em qualquer outra parte, devemos desconfiar da ironia socrática. É precisamente a resposta negativa de Sócrates que lança sobre a questão uma luz nova e inesperada, e que nos proporciona uma compreensão positiva da concepção socrática do homem. Não podemos descobrir a natureza do homem do mesmo modo que podemos detectar a natureza das coisas físicas. As coisas físicas podem ser descritas nos termos de suas propriedades objetivas, mas o homem só pode ser descrito e definido nos termos de sua consciência. Este fato coloca um problema inteiramente novo, que não pode ser resolvido por nossos modos costumeiros de investigação. A observação empírica e a análise lógica, no sentido em que esses termos eram usados na filosofia pré-socrática, revelaram-se neste caso ineficientes e inadequadas. Pois é apenas nas nosssas relações imediatas com os seres humanos que obtemos uma compreensão do caráter do homem. Na verdade, devemos confrontar o homem, devemos enfrentá-lo diretamente, frente a frente, para podermos entendê-lo. Logo, a característica distintiva da filosofia de Sócrates não é um novo conteúdo objetivo, mas uma nova atividade e função do pensamento. A filosofia, que fora até então concebida como um monólogo intelectual, é transformada em um diálogo. Só por meio do pensamento dialógico ou dialético podemos abordar o conhecimento da natureza humana. Antes disso, a verdade podia ter sido concebida como uma espécie de coisa pronta que poderia ser apreendida por um esforço do pensador individual e prontamente transferida e comunicada a outros. Mas Sócrates não pôde continuar a subscrever essa opinião. É tão impossível — diz Platão na *República* — implantar a verdade na alma de um homem quanto o é dar o poder de ver a um homem que nasceu cego. Por natureza, a verdade é fruto do pensamento dialético. Logo, só pode ser obtida mediante uma constante cooperação dos sujeitos em mútua interrogação e resposta. Não é, portanto, como se fosse um objeto empírico; deve ser entendida como produto de um ato social. Temos aqui uma resposta nova, indireta, à questão "O que é o homem?". Declara-se que o homem é a criatura que está em constante busca de si mesmo — uma criatura que, em todos os momentos de sua existência, deve examinar e escrutinar as condições de sua existência. Nesse escrutínio, nessa atitude crítica para com a vida humana, consiste o real valor da vida humana. "Uma vida que não é examinada", diz Sócrates em sua *Apologia*, "não vale ser vivida."[4] Podemos epitomizar o pensamento de Sócrates dizendo que o homem é definido por ele como o ser que, quando lhe fazem uma pergunta racional, pode dar uma resposta racional. Tanto o seu conhecimento como a sua moralidade estão compreendidos nesse círculo. É por essa faculdade fundamental, por essa faculdade de dar uma resposta a si mesmo e aos outros, que o homem se torna um ser "responsável", um sujeito moral.

2

De certo modo, esta primeira resposta sempre foi a resposta clássica. O problema socrático e o método socrático não podem jamais ser esquecidos ou obliterados. Por meio do pensamento platônico, ela deixou sua marca[5] sobre todo o desenvolvimento futuro da civilização humana. Talvez não haja maneira mais segura, ou mais direta, de convencer-nos da profunda unidade e perfeita continuidade do pensamento filosófico antigo que comparar esses primeiros estágios da filosofia grega com um dos últimos e mais nobres produtos da cultura greco-romana, o livro *Para Si Mesmo* escrito pelo imperador Marco Aurélio Antonino. À primeira vista, tal comparação pode parecer arbitrária, pois Marco Aurélio não era um pensador original, nem seguia um método estritamente lógico. Ele próprio agradece aos deuses por não se ter tornado, ao decidir-se pela filosofia, um escritor de filosofia ou um resolvedor de silogismos[6]. Mas Sócrates e Marco Aurélio têm em comum a convicção de que, para encontrar a verdadeira natureza ou essência do homem, devemos primeiro remover dele todos os traços externos ou incidentais.

> Não chamai do homem nenhuma daquelas coisas que não lhe cabem como homem. Não podem ser ditas do homem; a natureza do homem não as garante; elas não são culminações dessa natureza. Conseqüentemente, nem o fim pelo qual o homem vive está situado nessas coisas, nem ainda aquilo que é perfectivo do fim, isto é, o Bem. Além disso, se qualquer dessas coisas coubesse ao homem, não caberia a ele desdenhá-las ou opor-se a elas... mas, de qualquer forma, quanto mais o homem consegue libertar-se,... destas e de outras coisas tais com equanimidade, tanto mais ele é bom[7].

Tudo o que acontece de fora ao homem é nulo e inválido. Sua essência não depende de circunstâncias externas; depende exclusivamente do valor que ele mesmo se dá. Riquezas, posição, distinção social, até mesmo a saúde e os dotes intelectuais — tudo isso torna-se indiferente (ἀδιάφορον). Tudo o que interessa é a tendência, a atitude interior da alma; e tal princípio interior não pode ser perturbado. "Aquilo que não torna o homem pior que antes tampouco pode piorar sua vida, nem feri-la do exterior ou do interior."[8]

Portanto, a exigência de autoquestionamento aparece no estoicismo, tal como na concepção de Sócrates, como privilégio do homem, e seu dever fundamental[9]. Mas esse dever é agora entendido em um sentido mais amplo; tem um embasamento não apenas moral, mas também universal e metafísico. "Nunca deixes de fazer a ti mesmo esta pergunta e de inquirir-te assim: que relação tenho eu com essa parte de mim que chamam de Razão soberana (τὸ ἡγεμονικόν)?"[10] Aquele que vive em harmonia consigo mesmo, com o seu demônio, vive em harmonia com o universo; para ambos, a ordem universal e a ordem pessoal não passam de diferentes expressões e manifestações de um princípio comum subjacente. O homem prova o seu poder inerente de crítica, de juízo e discernimento, ao conceber que nesta correlação o Eu, e não o Universo, tem o papel principal. Depois que o Eu conquista a sua forma interior, esta permanece inalterável e imperturbável. "Uma esfera, depois de formada, permanece redonda e fiel."[11] Esta é, por assim dizer, a última palavra da filosofia grega — palavra que, mais uma vez, contém e explica o espírito em que foi concebida originariamente. Tal espírito era um espírito de juízo, de discernimento crítico entre Ser e Não-Ser, entre verdade e ilusão, entre bem e mal. A própria vida está mudando e flutuando, mas o verdadeiro valor da vida deve ser buscado em uma ordem eterna que não admite qualquer mudança. Não está no mundo de nossos sentidos, é apenas pelo poder de nosso juízo que podemos apreender essa ordem. O juízo é o poder central no homem, a fonte comum da verdade e da moralidade, pois é a única coisa em que o homem depende inteiramente de si mesmo; o juízo é livre, autônomo e auto-suficiente[12]. "Não te perturbes", diz Marco Aurélio,

> não sejas demasiado impaciente, mas sê teu próprio senhor, e olha para a vida como varão, como ser humano, como cidadão, como criatura mortal... As coisas não atingem a alma, pois são externas e permanecem inamovíveis, mas nossa perturbação vem apenas do juízo que formamos em nós mesmos. Todas essas coisas que vês mudam imediatamente, e não mais serão; e lembra constantemente quantas dessas mudanças já testemunhaste. O Universo — mudança, a Vida — afirmação[13].

O maior mérito desta concepção estóica do homem está no fato de dar ao homem um profundo sentimento tanto de sua harmonia com a natureza como da sua independência moral em relação à natureza. Na mente do filósofo estóico, essas asseverações não são conflitantes; estão correlacionadas uma à outra. O homem encontra-se em perfeito equilíbrio com o universo, e sabe que este equilíbrio não deve ser perturbado por nenhuma força externa. Este é o caráter dual da "imperturbabilidade" ($\dot{\alpha}\tau\alpha\rho\alpha\xi\acute{\iota}\alpha$) estóica. Esta teoria estóica revelou-se como uma das mais potentes forças formativas da cultura antiga, mas viu-se subitamente em presença de uma nova força, até então desconhecida. O conflito com essa nova força abalou em suas fundações o ideal clássico do homem. As teorias estóica e cristã do homem não são necessariamente hostis uma à outra. Na história das idéias, ambas trabalham em conjunção, e com freqüência as encontramos em estreita conexão em um único e mesmo pensador individual. Não obstante, sempre resta um ponto em que o antagonismo entre os ideais estóico e cristão se revelou irreconciliável. A declarada independência absoluta do homem, que na teoria estóica era considerada como a virtude fundamental do homem, na teoria cristã torna-se o seu vício e erro fundamentais. Enquanto o homem persevera neste erro não há caminho possível para a salvação. A luta entre essas duas visões conflitantes durou muitos séculos, e no início da era moderna — na época da Renascença e no século XVII — sentimos ainda a sua força[14].

Aqui podemos apreender um dos traços característicos da filosofia antropológica. Esta não é, tal como outros ramos da investigação filosófica, um lento e contínuo desenvolvimento de idéias gerais. Mesmo na história da lógica, da metafísica e da filosofia natural encontramos as mais nítidas oposições. Esta história pode ser descrita, em termos hegelianos, como um processo dialético em que cada tese é seguida de sua antítese. Apesar disso, há uma coerência interna, uma clara ordem lógica, que liga os diferentes estágios desse processo dialético. A filosofia antropológica, por outro lado, demonstra um caráter totalmente diverso. Se quisermos apreender os seus reais sentido e importância, deveremos escolher, não o modo épico de descrição, e sim o dramático. Pois não somos confrontados com um desenvolvimento pacífico de conceitos ou teorias, mas com um choque entre poderes espirituais conflitantes. A história da filosofia antropológica está cheia das mais profundas paixões e emoções humanas. Não se ocupa de um único problema teórico, por mais geral que seja o seu escopo; aqui, todo o destino do homem está em jogo, e clamando por uma decisão definitiva.

Essa característica do problema encontrou sua expressão mais clara na obra de Agostinho. Agostinho situa-se na fronteira entre duas eras. Vivendo no século IV da era cristã, foi criado na tradição da filosofia grega, e é em especial o sistema do neoplatonismo que deixou sua marca em toda a filosofia dele. Por outro lado, porém, ele é o pioneiro do pensamento medieval; é o fundador da filosofia medieval e da dogmática cristã. Em suas *Confissões* podemos acompanhar cada passo da sua passagem da filosofia grega para a revelação cristã. Segundo Agostinho, toda a filosofia anterior ao aparecimento de Cristo padecia do mesmo erro fundamental e estava infectada por uma única e mesma heresia. O poder da razão era exaltado como o mais alto poder do homem. Mas o que o homem jamais poderia ter sabido, até ser iluminado por uma revelação divina especial, é que a própria razão é uma das coisas mais questionáveis e ambíguas do mundo. A razão não nos pode mostrar o caminho para a clareza, a verdade e a sabedoria, pois é em si mesma obscura em seu sentido, e sua origem está envolta em mistério — um mistério que só pode ser solucionado pela revelação cristã. Para Agostinho, a razão não tem uma natureza simples e única, mas antes dupla e dividida. O homem foi criado à imagem de Deus; e em seu estado original, no qual saiu das mãos de Deus, era igual ao seu arquétipo. Mas tudo isso foi perdido com a queda de Adão. A partir desse momento, todo o poder original de raciocínio ficou obscurecido. E a razão sozinha, deixada a si mesma e a suas próprias faculdades, nunca pode encontrar o caminho de volta. Não pode reconstruir-se; não pode, por seus próprios esforços, retornar à sua pura essência anterior. Se tal transformação for algum dia possível, será apenas por ajuda sobrenatural, pelo poder da graça divina. Assim é a nova antropologia, tal como é entendida por Agostinho, e mantida em todos os grandes sistemas de pensamento medieval. Até Tomás de Aquino, o discípulo de Aristóteles, que volta às fontes da filosofia grega, não se aventura a desviar-se desse dogma fundamental. Ele concede à razão humana um poder muito mais alto que o concedido por Agostinho; mas está convencido de que a razão não pode usar corretamente esses poderes a menos que seja guiada e iluminada pela graça de Deus. Chegamos aqui a uma inversão total de todos os valores sustentados pela filosofia grega. O que outrora parecia ser o mais alto privilégio do homem revela-se como seu perigo e sua tentação; o que surgia como seu orgulho torna-se sua mais profunda humilhação. O preceito estóico de que o homem deve obedecer e reverenciar seu princípio interior, o "demônio" dentro de si, é agora considerado como uma perigosa idolatria.

Não é praticável continuar aqui a descrição do caráter dessa nova antropologia, analisar os seus motivos fundamentais e acompanhar o seu desenvolvimento. Mas, para podermos entender o seu propósito, podemos escolher uma via diferente, mais direta. No início dos tempos modernos, apareceu um pensador que deu a essa antropologia um novo vigor e um novo esplendor. Na obra de Pascal, ela encontrou a sua última, e talvez mais impressionante, expressão. Pascal estava preparado para essa tarefa mais que qualquer outro escritor jamais estivera. Possuía um dom incomparável para elucidar as questões mais obscuras, e para condensar e concentrar sistemas de pensamento complexos e dispersos. Nada parece ser impermeável à agudeza de seu pensamento e à lucidez de seu estilo. Nele estão unidas todas as vantagens da literatura e da filosofia modernas. Todavia, ele as usa como armas contra o espírito moderno, o espírito de Descartes e de sua filosofia. À primeira vista, Pascal parece aceitar os pressupostos do cartesianismo e da ciência moderna. Não há na natureza nada que possa resistir ao esforço da razão científica, pois não existe nada que possa resistir à geometria. É um evento curioso na história das idéias o fato de ter sido um dos maiores e mais profundos geômetras que se tornou o defensor temporão da filosofia antropológica da Idade Média. Aos dezesseis anos de idade, Pascal escreveu o tratado sobre secções cônicas, que abriu um novo campo, muito rico e fértil, de pensamento geométrico. Mas ele não era apenas um grande geômetra, era também um filósofo; e, como filósofo, não estava meramente absorto nos problemas geométricos, mas queria compreender o verdadeiro uso, a extensão e os limites da geometria. Foi desse modo levado a fazer a distinção fundamental entre o "espírito geométrico" e o "espírito agudo ou sutil". O espírito geométrico sobressai em todos aqueles temas que são suscetíveis de uma análise perfeita — que podem ser divididos até seus elementos primeiros[15]. Parte de certos axiomas e destes extrai inferências cuja verdade pode ser demonstrada por regras lógicas universais. A vantagem desse espírito consiste na clareza de seus princípios e na necessidade de suas deduções. Mas nem todos os objetos são passíveis de serem tratados desse modo. Há coisas que, em virtude de sua sutileza e sua infinita variedade, desafiam toda tentativa de análise lógica. E, se existe no mundo qualquer coisa que devamos tratar da segunda maneira, é a mente do homem. O que caracteriza o homem é a riqueza e sutileza, a variedade e a versatilidade de sua natureza. Logo, a matemática nunca poderá tornar-se o instrumento de uma verdadeira doutrina do homem, de uma antropologia filosófica. É ridículo falar do homem como se fosse uma proposição geométrica. Uma filosofia moral nos termos de um sistema de geometria — uma *Ethica more geometrico demonstrata* — é para Pascal um absurdo, um sonho filosófico. A lógica e a metafísica tradicionais tampouco estão em posição de entender e resolver o enigma do homem. Sua lei primeira e suprema é a lei da contradição. O pensamento racional, o pensamento lógico e metafísico só são capazes de compreender os objetos que estão livres de contradição e que tenham uma natureza e uma verdade coerentes. Contudo, é precisamente essa homogeneidade que nunca encontramos no homem. Não se permite ao filósofo conceber um homem artificial; ele deve descrever o verdadeiro. Todas as chamadas descrições do homem não são mais que especulações visionárias se não forem baseadas na nossa experiência do homem, e por ela confirmadas. Não há outra maneira de conhecer o homem senão pela compreensão de sua vida e conduta. Mas o que encontramos aqui desafia toda tentativa de inclusão em uma fórmula simples e única. A contradição é o próprio elemento da existência humana. O homem não tem uma "natureza", um ser simples ou homogêneo. Ele é uma estranha mistura de ser e não-ser. O lugar dele é entre esses dois pólos opostos.

Existe, portanto, apenas uma abordagem para o segredo da natureza humana: a da religião. A religião mostra-nos que há um homem duplo — o homem antes e depois da queda. O homem estava destinado à mais alta meta, mas perdeu o direito a sua posição. Pela queda, perdeu seu poder, e sua razão e sua vontade foram pervertidas. Logo, a máxima clássica "Conhece-te a ti mesmo", entendida em seu sentido filosófico, no sentido de Sócrates, Epíteto ou Marco Aurélio, é não só ineficaz, mas também enganadora e equivocada. O homem não pode ter confiança em si mesmo e ouvir-se. Deve silenciar-se para poder ouvir uma voz mais alta e mais verdadeira. "O que será de ti, ó Homem! tu que buscas qual é a tua verdadeira condição por tua razão natural? Sabe então, homem arrogante, que paradoxo és para ti mesmo. Humilha-te, razão impotente; fica quieta, natureza imbecil; aprende que o homem supera infinitamente o homem, e ouve de teu senhor tua verdadeira condição, de que és ignorante. Ouve a Deus."[16]

O que se apresenta aqui não pretende ser uma solução teórica do problema do homem. A religião não pode proporcionar essa solução. Por seus adversários, a religião sempre foi acusada de obscuridade e incompreensibilidade. Mas tal acusação torna-se o mais alto louvor tão logo consideramos a sua verdadeira meta. A religião não pode ser clara e racional. O que ela relata é uma história obscura e sombria: a história do pecado e da queda do homem. Revela um fato para o qual nenhuma explicação racional é possível. Não podemos dar conta do pecado do homem, pois ele não é produzido ou necessitado por qualquer causa natural. Tampouco podemos dar conta da salvação do homem, pois esta depende de um ato inescrutável de graça divina. É livremente dada e recusada; não há qualquer ação humana, nem qualquer mérito humano, que possa merecê-la. A religião, portanto, nunca pretende esclarecer o mistério do homem. Ela confirma e aprofunda esse mistério. O Deus de que ela fala é um *Deus absconditus*, um deus oculto. Logo, até mesmo a sua imagem, o homem, não pode ser senão misterioso. O homem também é um *homo absconditus*. A religião não é nenhuma "teoria" do Deus e do homem e da sua relação mútua. A única resposta que recebemos da religião é que é vontade de Deus ocultar-se. "Assim, sendo Deus oculto, toda religião que não diga que Deus é oculto não é verdadeira; e toda religião que não dê uma razão para tal não é instrutiva. A nossa faz tudo isso: *Vere tu es Deus absconditus*[17]. ... Pois a natureza é tal que por toda a parte indica um Deus perdido, tanto dentro como fora do homem."[18] Portanto, por assim dizer, a religião é uma lógica do absurdo, pois só assim pode apreender o absurdo, a contradição interna, o ser quimérico do homem. "Certamente, nada nos marca com mais rudeza que essa doutrina; e no entanto, sem esse mistério, o mais incompreensível de todos, somos incompreensíveis para nós mesmos. O nó de nossa condição dá suas voltas e mergulha nesse abismo, de tal modo que o homem é mais inconcebível sem esse mistério do que esse mistério é inconcebível para o homem."[19]

3

O que vemos no exemplo de Pascal é que no início da era moderna o velho problema continuava sendo sentido com toda a sua força. Mesmo após a publicação do *Discours de la Méthode*, de Descartes, a mente humana debatia-se ainda com as mesmas dificuldades. Estava dividida entre duas soluções inteiramente incompatíveis. Ao mesmo tempo, porém, tem início um lento desenvolvimento intelectual pelo qual a questão "O que é o homem?" é transformada e, por assim dizer, elevada a um nível superior. O importante aqui não é tanto a descoberta de fatos novos quanto a descoberta de um novo instrumento de pensamento. Agora, pela primeira vez, o espírito científico, no moderno sentido da palavra, entra na arena. A busca agora é por uma teoria geral do homem baseada em observações empíricas e em princípios lógicos gerais. O primeiro postulado desse espírito novo e científico foi a remoção de todas as barreiras artificiais que até então separavam o mundo humano do resto da natureza. Para entendermos a ordem das coisas humanas, devemos começar com um estudo da ordem cósmica. E essa ordem cósmica aparece agora sob uma luz inteiramente nova. A nova cosmologia, o sistema heliocêntrico introduzido na obra de Copérnico, é a única base sólida e científica para uma nova antropologia.

Nem a metafísica clássica, nem a religião e a teologia medievais estavam preparadas para essa tarefa. Esses dois corpos de doutrina, por mais diferentes que sejam em seus métodos e objetivos, estão baseados em um princípio comum. Ambos concebem o universo como uma ordem hierárquica na qual o homem ocupa o lugar mais elevado. Na filosofia estóica e na teologia cristã, o homem era descrito como o fim do universo. Ambas as doutrinas estão convencidas de que há uma providência geral regendo o mundo e os destinos do homem. Esse conceito é um dos pressupostos básicos dos pensamentos estóico e cristão[20]. Tudo isso é subitamente posto em causa pela nova cosmologia. A pretensão do homem a ser o centro do universo perdeu o seu fundamento. O homem é colocado em um espaço infinito em que seu ser parece um ponto único e evanescente. Está rodeado por um universo mudo, por um mundo silencioso para os seus sentimentos religiosos e para as suas mais profundas exigências morais.

É compreensível, e foi de fato necessário, que a primeira reação a essa nova concepção do mundo só pudesse ser negativa — uma reação de dúvida e medo. Nem mesmo os maiores pensadores conseguiram livrar-se desse sentimento. "Le silence éternel de ces espaces infinis m'effraye", diz Pascal[21]. O sistema copernicano tornou-se um dos mais fortes instrumentos do agnosticismo e do ceticismo filosóficos que se desenvolveram no século XVI. Em sua crítica da razão humana, Montaigne usa todos os conhecidos argumentos tradicionais dos sistemas do ceticismo grego. Mas acrescenta um novo instrumento, que em suas mãos revela ter enorme força e fundamental importância. Nada é melhor para humilhar-nos e abater o orgulho da razão humana que uma visão sem preconceitos do universo físico. Que o homem, escreveu ele em um famoso trecho de sua *Apologie de Raimond Sebond*, me faça entender, pela força de sua razão, sobre quais fundações ele ergueu as grandes vantagens que pensa ter sobre outras criaturas. Quem o fez acreditar que este admirável movimento do arco celestial, a luz eterna dessas luminárias que passam tão altas sobre a cabeça dele, os prodigiosos e temíveis movimentos desse oceano infinito teriam sido estabelecidos e continuariam por tantas eras para seu serviço e conveniência? Pode-se imaginar algo tão ridículo, que essa criatura alquebrada e miserável, que não é sequer senhora de si mesma, mas está sujeita às injúrias de todas as coisas, devesse chamar a si mesma de senhora e imperatriz do mundo, do qual não tem o poder de conhecer a menor parte, e muito menos de comandar o todo?[22]

O homem está sempre inclinado a considerar este pequeno círculo em que vive como o centro do mundo, e a fazer de sua vida particular, privada, o padrão do universo. Mas deve renunciar a essa vã pretensão, essa maneira medíocre e provinciana de pensar e julgar.

Quando as vinhas de nossa aldeia são comidas pela geada, o padre da paróquia logo conclui que a indignação de Deus está dirigida contra toda a raça humana... Quem é que, ao ver estas nossas guerras civis, não exclama Que a máquina de todo o mundo está desarranjada, e que o dia do juízo está próximo!... Mas quem quer que apresente à sua fantasia, como em um quadro, a grande imagem de nossa mãe natureza, retratada em toda a sua majestade e glória; quem quer que na face dela leia tão geral e tão constante variedade, quem quer que se observe nessa figura, e não a si mesmo mas a todo um reino, não maior que o menor toque de um lápis, em comparação com o todo, só esse homem é capaz de avaliar as coisas de acordo com sua verdadeira estimativa e grandeza[23].

As palavras de Montaigne fornecem-nos a chave para todo o subseqüente desenvolvimento da moderna teoria do homem. A filosofia e a ciência modernas tiveram de aceitar o desafio contido nessas palavras. Tiveram de provar que a nova cosmologia, longe de enfraquecer ou obstruir o poder da razão humana, estabelece e confirma esse poder. Essa foi a tarefa dos esforços combinados dos sistemas metafísicos dos séculos XVI e XVII. Estes sistemas seguem caminhos diferentes, mas todos estão dirigidos para um único e mesmo fim. Lutam, por assim dizer, para transformar a aparente maldição da nova cosmologia em uma bênção. Giordano Bruno foi o primeiro pensador a enveredar por esse caminho, que de certo modo se tornou o caminho de toda a metafísica moderna. O característico da filosofia de Giordano Bruno é que nela o termo "infinidade" muda de sentido. No pensamento grego clássico, a infinidade é um conceito negativo. O infinito é o sem limites, ou indeterminado. Não tem limite nem forma e é, portanto, inacessível à razão humana, que vive no reino das formas e não consegue entender nada além de formas. Neste sentido, o finito e o infinito, πέρας e ἄπειρον, são declarados por Platão no *Philebus* como os dois princípios fundamentais que estão necessariamente opostos um ao outro. Na doutrina de Bruno, a infinidade não significa mais uma mera negação ou limitação. Ao contrário, significa a imensurável e inesgotável abundância da realidade e o poder irrestrito do intelecto humano. É neste sentido que Bruno entende e interpreta a doutrina copernicana. Esta doutrina, segundo Bruno, foi o primeiro e decisivo passo em direção à autolibertação do homem. O Homem não vive mais no mundo como um prisioneiro encerrado no interior das paredes estreitas de um universo físico finito. Pode atravessar os ares e romper todos os limites imaginários das esferas celestiais erigidos por uma metafísica e uma cosmologia falsas[24]. O universo infinito não fixa qualquer limite à razão humana. O intelecto humano toma consciência de sua própria infinidade medindo seus poderes pelo universo infinito.

Tudo isso é expresso na obra de Bruno em uma linguagem poética, e não científica. O novo mundo da ciência moderna, a teoria matemática da natureza, ainda era desconhecida de Bruno. Ele não pôde, portanto, seguir por seu caminho até sua conclusão lógica. Foram necessários os esforços combinados de todos os metafísicos e cientistas do século XVII para superar a crise intelectual provocada pela descoberta do sistema copernicano. Todo grande pensador — Galileu, Descartes, Leibniz, Spinoza — tem sua parte especial na solução desse problema. Galileu afirma que, no campo da matemática, o homem alcança o ápice de todo o conhecimento possível — conhecimento que não é inferior ao do intelecto divino. É claro que o intelecto divino conhece e concebe um número infinitamente maior de verdades matemáticas do que nós, mas, com relação à certeza objetiva, as poucas verdades conhecidas pela mente humana são conhecidas tão perfeitamente pelo homem quanto o são por Deus[25]. Descartes começa com sua dúvida universal que parece encerrar o homem nos limites de sua própria consciência. Parece não haver saída desse círculo mágico — nenhuma abordagem da realidade. Mesmo neste caso, porém, a idéia do infinito acaba sendo o único instrumento para a derrubada da dúvida universal. Só por meio desse conceito podemos demonstrar a realidade de Deus e, de maneira indireta, a realidade do mundo material. Leibniz combina essa prova metafísica a uma nova prova científica. Descobre um novo instrumento de pensamento matemático — o cálculo infinitesimal. Pelas regras desse cálculo, o universo físico torna-se inteligível; vê-se que as leis da natureza não são nada além de casos especiais das leis gerais da razão. É Spinoza que se aventura a dar o último passo, decisivo, nessa teoria matemática do mundo e da mente humana. Spinoza concebe uma nova ética, uma teoria das paixões e afetos, uma teoria matemática do mundo moral. Está convencido de que só por meio dessa teoria podemos atingir o nosso fim: a meta de uma "filosofia do homem", de uma filosofia antropológica, que esteja livre dos erros e preconceitos de um sistema meramente antropocêntrico. Este é o tópico, o tema geral, que em suas várias formas permeia todos os grandes sistemas metafísicos do século XVII. É a solução racionalista do problema do homem. A razão matemática é o vínculo entre o homem e o universo; permite-nos passar livremente de um para o outro. A razão matemática é a chave para uma verdadeira compreensão das ordens cósmica e moral.

4

Em 1754, Denis Diderot publicou uma série de aforismos intitulada *Pensées sur l'interprétation de la nature*. Nesse ensaio ele declarou que a superioridade da matemática no domínio da ciência não é mais inconteste. A matemática, afirmou, alcançou um tão alto grau de perfeição que nenhum progresso é mais possível; a partir desse momento, a matemática permanecerá estacionária.

> Nous touchons au moment d'une grande révolution dans les sciences. Au penchant que les esprits me paroissent avoir à la morale, aux belles lettres, à l'histoire de la nature et à la physique expérimentale j'oserois presque assurer qu'avant qu'il soit cent ans on ne comptera pas trois grands géomètres en Europe. Cette science s'arrêtera tout court où l'auront laissé les Bernoulli, les Euler, les Maupertuis et les d'Alembert. Ils auront posés les colonnes d'Hercule, on n'ira point au delà[26].

Diderot é um dos grandes representantes da filosofia do Iluminismo. Como editor da *Encyclopédie*, ele está no próprio centro de todos os grandes movimentos intelectuais de seu tempo. Ninguém tinha uma perspectiva mais clara do desenvolvimento geral do pensamento científico; ninguém tinha uma sensibilidade mais aguda para todas as tendências do século XVIII. É ainda mais característico e notável de Diderot que, representando todos os ideais do Iluminismo, tenha começado a duvidar da correção desses ideais. Ele espera o surgimento de uma nova forma de ciência — uma ciência de caráter mais concreto, baseada antes na observação dos fatos que na adoção de princípios gerais. De acordo com Diderot, superestimamos demais os nossos métodos lógicos e racionais. Sabemos como comparar, organizar e sistematizar os fatos conhecidos; mas não cultivamos os únicos métodos pelos quais seria possível descobrir novos fatos. Somos vítimas da ilusão de que o homem que não sabe contar sua fortuna não está em melhor posição que o homem que não tem fortuna alguma.

Mas está chegando o momento em que superaremos esse preconceito, e então teremos chegado a um ponto novo e culminante na história da ciência natural.

Terá sido cumprida a profecia de Diderot? Terá o desenvolvimento das idéias científicas no século XIX confirmado a sua opinião? Em um ponto, sem dúvida, o erro dele é óbvio. A sua expectativa de que o pensamento matemático se paralisaria, que os grandes matemáticos do século XVIII haviam chegado aos Pilares de Hércules, revelou-se inteiramente incorreta. Àquela galáxia do século XVIII devemos agora acrescentar os nomes de Gauss, de Riemann, de Weierstrass, de Poincaré. Por toda a parte, na ciência do século XIX, deparamos com a marcha triunfal de novas idéias e novos conceitos matemáticos. Não obstante, a previsão de Diderot continha um elemento de verdade. Pois a inovação da estrutura intelectual do século XIX está precisamente no lugar que o pensamento matemático ocupa na hierarquia científica. Uma nova força começa a surgir. O pensamento biológico toma a precedência sobre o pensamento matemático. Na primeira metade do século XIX há ainda alguns metafísicos, como Herbart, ou alguns psicólogos, como G. Th. Fechner, que nutrem a esperança de fundar uma psicologia matemática. Mas tais projetos desaparecem rapidamente após a publicação da obra de Darwin *A Origem das Espécies*. A partir desse momento, o verdadeiro caráter da filosofia antropológica parece ter sido fixado de uma vez por todas. Após inúmeras tentativas infrutíferas, a filosofia do homem está finalmente em terreno firme. Não precisamos mais dedicar-nos a especulações visionárias, pois não estamos em busca de uma definição geral da natureza ou da essência do homem. O nosso problema é simplesmente colher as evidências empíricas que a teoria geral da evolução colocou à nossa disposição em uma medida rica e abundante.

Tal era a convicção comum aos cientistas e filósofos do século XIX. Mas o que se tornou mais importante para a história geral das idéias e para o desenvolvimento do pensamento filosófico não foram os fatos empíricos da evolução, e sim a *interpretação* teórica desses fatos. Essa interpretação não foi determinada, em um sentido inequívoco, pela própria evidência empírica, mas antes por certos princípios fundamentais que tinham um caráter metafísico definido. Embora raramente reconhecido, esse cariz metafísico do pensamento evolucionário foi uma força motivadora latente. Em um sentido filosófico geral, a teoria da evolução não era, de modo algum, uma realização recente. Ela havia tido a sua expressão clássica na psicologia de Aristóteles e na sua visão geral da vida orgânica. A distinção característica e fundamental entre a versão aristotélica e a moderna da evolução consistia no fato de que Aristóteles fazia uma interpretação formal, enquanto os modernos tentavam uma interpretação material. Aristóteles estava convencido de que para entender o plano geral da natureza, as origens da vida, as formas inferiores devem ser interpretadas à luz das formas superiores. Na sua metafísica, na sua definição da alma como "a primeira efetivação de um corpo natural potencialmente com vida", a vida orgânica é concebida e interpretada em termos da vida humana. O caráter teleológico da vida humana é projetado sobre todo o domínio dos fenômenos naturais. Na teoria moderna, essa ordem é invertida. As causas finais de Aristóteles são caracterizadas como um mero *asylum ignorantiae*. Um dos principais objetivos da obra de Darwin foi livrar o pensamento moderno dessa ilusão de causas finais. Devemos procurar entender a estrutura da natureza orgânica unicamente por causas materiais, ou não poderemos entendê-la. Mas as causas materiais são, na terminologia de Aristóteles, causas "acidentais". Aristóteles havia afirmado enfaticamente a impossibilidade de se entender o fenômeno da vida por tais causas acidentais. A teoria moderna aceita esse desafio. Pensadores modernos afirmaram que, após as inúmeras tentativas infrutíferas dos tempos antigos, conseguiram definitivamente dar conta da vida orgânica como um mero produto do acaso. As mudanças acidentais que têm lugar na vida de cada organismo bastam para explicar a transformação gradual que nos leva das formas mais simples de vida em um protozoário às mais elevadas e complicadas formas. Encontramos uma das mais notáveis expressões dessa visão no próprio Darwin, que costuma ser tão reticente acerca de suas concepções filosóficas. "Não só as várias raças domésticas", observa ele no final de seu livro *The Variation of Animals and Plants under Domestication*,

> como também os mais distintos gêneros e ordens dentro da mesma grande classe — por exemplo, mamíferos, aves, répteis e peixes — são todos descendentes de um único progenitor comum, e devemos admitir que toda a vasta quantidade de diferença entre essas formas surgiu primariamente da simples variabilidade. Considerar o tema sob esse ponto de vista é bastante para deixar a pessoa muda de espanto. Mas o nosso espanto deveria diminuir ao refletirmos que seres quase in-

finitos em número, durante um lapso quase infinito de tempo, tiveram muitas vezes toda a sua organização tornada até certo grau plástica, e que cada ligeira modificação de estrutura que fosse de algum modo benéfica sob condições excessivamente complexas de vida foi preservada, enquanto cada uma que fosse de algum modo perniciosa foi rigorosamente destruída. E a longa acumulação de variações benéficas terá levado infalivelmente a estruturas tão diversificadas, tão belamente adaptadas para vários propósitos e tão excelentemente coordenadas como as que vemos nas plantas e animais à nossa volta. Por isso, falei da seleção como o poder supremo, aplicada pelo homem para a formação das raças domésticas ou pela natureza para a produção de espécies... Se um arquiteto erguesse um edifício nobre e cômodo sem usar pedras cortadas, selecionando entre os fragmentos na base de um precipício pedras em forma de cunhas para seus arcos, pedras alongadas para seus lintéis e pedras chatas para seu teto, deveríamos admirar seu talento e considerá-lo como um poder supremo. Ora, os fragmentos de pedra, embora indispensáveis para o arquiteto, têm com o edifício construído por ele a mesma relação que as variações flutuantes dos seres orgânicos têm com as variadas e admiráveis estruturas adquiridas em última instância por seus descendentes modificados[27].

Mas outro passo, e talvez o mais importante, tinha ainda de ser dado antes que uma real filosofia antropológica pudesse desenvolver-se. A teoria da evolução havia destruído os limites arbitrários entre as diferentes formas de vida orgânica. Não há espécies separadas; há apenas uma contínua e ininterrupta corrente de vida. Mas será que podemos aplicar o mesmo princípio à vida humana e à *cultura* humana? Será o mundo cultural, tal como o mundo orgânico, formado por mudanças acidentais? Não possuirá ele uma distinta e inegável estrutura teleológica? Com isso, um novo problema apresentou-se a todos os filósofos cujo ponto de partida era a teoria geral da evolução. Tinham de provar que o mundo cultural, o mundo da civilização humana, é redutível a algumas causas gerais que são as mesmas tanto para os fenômenos físicos quanto para os fenômenos ditos espirituais. Este foi o novo tipo de filosofia da cultura introduzido por Hippolyte Taine em sua *Philosophy of Art* e em sua *History of the English Literature*. "Aqui como em outras partes", disse ele,

> não temos mais que um problema mecânico; o efeito total é um resultado, que depende inteiramente da magnitude e da direção das causas que o produzem. Embora os meios de notação não sejam os mesmos nas ciências físicas e morais, mas em ambas a matéria é a mesma, igualmente feita de forças, magnitudes e direções, podemos dizer que em ambas o resultado final é produzido segundo o mesmo método[28].

É o mesmo círculo férreo de necessidade que encerra tanto a nossa vida física como a cultural. Em seus sentimentos, suas inclinações, suas idéias, seus pensamentos e sua produção de obras de arte, o homem nunca rompe esse círculo mágico. Podemos considerar o homem como um animal de espécie superior que produz filosofias e poemas do mesmo modo que o bicho-da-seda produz seus casulos ou as abelhas constroem suas celas. No prefácio à sua grande obra, *Les origines de la France contemporaine*, Taine declara que estudará a transformação da França como resultado da Revolução Francesa como estudaria "a metamorfose de um inseto".

Neste ponto, porém, surge outra questão. Podemos contentar-nos em contar de modo meramente empírico os diferentes impulsos que encontramos na natureza humana? Para uma visão realmente científica, tais impulsos deveriam ser classificados e sistematizados. Obviamente, nem todos eles estão no mesmo nível. Devemos supor que possuem uma estrutura definida — e uma das primeiras e mais importantes tarefas da nossa psicologia e teoria da cultura é descobrir essa estrutura. Na complicada engrenagem da vida humana, devemos encontrar a força acionadora oculta que põe todo o mecanismo do nosso pensamento e da nossa vontade em movimento. A meta principal de todas essas teorias era provar a unidade e a homogeneidade da natureza humana. Mas, se examinamos as explicações que tais teorias foram concebidas para dar, a unidade da natureza humana parece extremamente duvidosa. Cada filósofo acredita ter encontrado a mola mestra e a faculdade principal — *l'idée maîtresse*, tal como foi chamada por Taine. Porém, quanto ao caráter dessa faculdade principal, todas as explicações diferem amplamente umas das outras, e são contraditórias entre si. Cada pensador individual nos oferece a sua própria imagem da natureza humana. Todos esses filósofos são empiristas determinados; desejam mostrar-nos os fatos e nada mais que os fatos. Mas sua interpretação da evidência empírica contém, desde o início, uma suposição arbitrária — e esta arbitrariedade vai ficando cada vez mais óbvia à medida que a teoria avança e assume um aspecto mais elaborado e sofisticado. Nietzsche proclama a vontade de potência, Freud assinala o instinto sexual, Marx entroniza o instinto econômico. Cada teoria torna-se um leito de Procrusto no qual os fatos empíricos são esticados para amoldar-se a um padrão preconcebido.

Em virtude desse desenvolvimento, nossa teoria moderna do homem perdeu seu centro intelectual. Adquirimos, no lugar dele, uma completa anarquia de pensamento. É claro que mesmo nos tempos antigos havia uma grande discrepância de opiniões e teorias relativas a este problema. Mas restava pelo menos uma orientação geral, um marco de referência ao qual todas as diferenças individuais podiam ser submetidas. A metafísica, a teologia, a matemática e a biologia assumiram sucessivamente a orientação do pensamento sobre o problema do homem e determinaram a linha de investigação. A verdadeira crise deste problema manifestou-se quando deixou de existir um tal poder central, capaz de dirigir todos os esforços individuais. A importância decisiva do problema continuava a ser sentida em todos os diferentes ramos de conhecimento e de investigação, mas não existia mais uma autoridade estabelecida à qual se pudesse apelar. Teólogos, cientistas, políticos, sociólogos, biólogos, psicólogos, etnólogos e economistas, cada um abordou o problema a partir de seu próprio ponto de vista. Combinar ou unificar todos esses aspectos e perspectivas particulares era impossível. E nem em cada um dos campos especiais havia um princípio científico de aceitação geral. O fator pessoal tornou-se cada vez mais prevalecente, e o temperamento do escritor individual tendia a ter um papel decisivo. *Trahit sua quemque voluptas*: cada autor parece ser conduzido, em última análise, por sua própria concepção e avaliação da vida humana.

Que esse antagonismo de idéias não é meramente um grave problema teórico e sim uma ameaça iminente a toda a extensão de nossa vida ética e cultural não admite qualquer dúvida. No pensamento filosófico recente, Max Scheler foi um dos primeiros a perceber e a assinalar esse perigo. "Em nenhum outro período do conhecimento humano", declara ele,

> o homem tornou-se mais problemático para si mesmo que em nossos próprios dias. Temos uma antropologia científica, outra filosófica e outra teológica que não sabem nada uma da outra. Portanto, não possuímos mais qualquer idéia clara e coerente do homem. A multiplicidade cada vez maior das ciências particulares que se dedicam ao estudo do homem confundiu e obscureceu muito mais que elucidou o nosso conceito do homem[29].

Tal é a estranha situação em que se encontra a filosofia moderna. Nenhuma época passada esteve em posição tão favorável com relação às fontes do nosso conhecimento da natureza humana. A psicologia, a etnologia, a antropologia e a história acumularam um corpo de fatos espantosamente rico e em constante crescimento. Nossos instrumentos técnicos para a observação e a experimentação foram imensamente aperfeiçoados, e nossas análises tornaram-se mais aguçadas e mais penetrantes. Mesmo assim, aparentemente não encontramos ainda um método para o domínio e a organização desse material. Comparado à nossa própria abundância, o passado deve parecer muito pobre. Nossa riqueza de fatos, contudo, não é necessariamente uma riqueza de pensamentos. A menos que consigamos achar um fio de Ariadne que nos conduza para fora deste labirinto, não teremos qualquer compreensão real do caráter geral da cultura humana; continuaremos perdidos em uma massa de dados desconexos e desintegrados que parecem carecer de toda unidade conceitual.

CAPÍTULO II

UMA CHAVE PARA A NATUREZA DO HOMEM: O SÍMBOLO

O biólogo Johannes von Uexküll escreveu um livro em que empreende uma revisão crítica dos princípios da biologia. Segundo Uexküll, a biologia é uma ciência natural que tem de ser desenvolvida pelos métodos empíricos usuais — os métodos da observação e da experimentação. O pensamento biológico, por outro lado, não é do mesmo tipo que o pensamento físico ou químico. Uexküll é um defensor resoluto do vitalismo; é um advogado do princípio da autonomia da vida. A vida é uma realidade suprema e dependente de si mesma. Não pode ser descrita ou explicada nos termos da física ou da química. A partir desse ponto de vista, Uexküll desenvolve um novo esquema geral de pesquisa biológica. Como filósofo ele é idealista, ou fenomenalista. Seu fenomenalismo, porém, não se baseia em considerações metafísicas ou epistemológicas; funda-se, antes, em princípios empíricos. Tal como ele assinala, seria um tipo muito ingênuo de dogmatismo presumir que existe uma realidade absoluta de coisas que seja a mesma para todos os seres vivos. A realidade não é uma coisa singular e homogênea; é imensamente diversificada, e tem tantos esquemas e padrões diferentes quanto há organismos diferentes. Cada organismo é, por assim dizer, um ser monádico. Tem um mundo só seu porque tem uma experiência só sua. Os fenômenos que encontramos na vida de uma determinada espécie biológica não são transferíveis para nenhuma outra espécie. As experiências — e portanto as realidades — de dois organismos diferentes são incomensuráveis um com o outro. No mundo de uma mosca, diz Uexküll, encontramos apenas "coisas de mosca"; no mundo de um ouriço-do-mar encontramos apenas "coisas de ouriço-do-mar".

A partir desse pressuposto geral, Uexküll desenvolve um esquema engenhoso e original do mundo biológico. Desejando evitar toda interpretação psicológica, segue um método inteiramente objetivo ou behaviorista. A única chave para a vida animal, sustenta ele, é a que nos dão os fatos da anatomia comparada. Conhecendo a estrutura anatômica de uma espécie animal, possuímos todos os dados necessários para reconstruir seu modo especial de experiência. Um estudo atento do corpo animal, do número, da qualidade e da distribuição dos órgãos dos sentidos e das condições do sistema nervoso fornece-nos uma imagem perfeita do mundo interior e exterior do organismo. Uexküll começou suas investigações com os organismos mais inferiores e estendeu-as gradualmente a todas as formas de vida orgânica. De certo modo, ele se nega a falar de formas de vida inferiores ou superiores. A vida é perfeita em toda a parte; é a mesma no círculo menor e no maior. Cada organismo, mesmo o mais simples, não está apenas, em um sentido vago, adaptado (*angepasst*) como também inteiramente ajustado (*eigenpasst*) ao seu ambiente. De acordo com sua estrutura anatômica, ele possui um certo *Merknetz* e um certo *Wirknetz* — um sistema receptor e um sistema efeituador. Sem a cooperação e o equilíbrio desses dois sistemas, o organismo não poderia sobreviver. O sistema receptor, através do qual uma espécie biológica recebe os estímulos externos, e o sistema efetuador, pelo qual reage a eles, estão em todos os casos intimamente entrelaçados. São elos da mesma cadeia única que Uexküll descreve como o *círculo funcional* (*Funktionskreis*) do animal[1].

Não posso encetar aqui uma discussão dos princípios biológicos de Uexküll. Referi-me aos seus conceitos e à sua terminologia apenas para colocar uma questão geral. Será possível fazer uso do esquema proposto por Uexküll para uma descrição e caracterização do *mundo humano*? É óbvio que esse mundo não é nenhuma exceção às regras biológicas que regem a vida de todos os demais organismos. No entanto, no mundo humano encontramos uma característica nova que parece ser a marca distintiva da vida humana. O círculo funcional do homem não é só quantitativamente maior; passou também por uma mudança qualitativa. O homem descobriu, por assim dizer, um novo método para adaptar-se ao seu ambiente. Entre o sistema receptor e o efetuador, que são encontrados em todas as espécies animais, observamos no homem um terceiro elo que podemos descrever como o *sistema simbólico*. Essa nova aquisição transforma o conjunto da vida humana. Comparado aos outros animais, o homem não vive apenas em uma realidade mais ampla; vive, pode-se dizer, em uma nova *dimensão* de realidade. Existe uma diferença inconfundível entre as reações orgânicas e as respostas humanas. No primeiro caso, uma resposta direta e imediata é dada a um estímulo externo; no segundo, a resposta é diferida. É interrompida e retardada por um lento e complicado processo de pensamento. À primeira vista, tal atraso pode parecer um ganho questionável. Muitos filósofos preveniram o homem contra esse pretenso progresso. "L'homme qui médite", diz Rousseau, "est un animal déprávé": exceder os limites da vida orgânica não é um melhoramento, mas uma deterioração da natureza humana.

Todavia, não existe remédio para essa inversão da ordem natural. O homem não pode fugir à sua própria realização. Não pode senão adotar as condições de sua própria vida. Não estando mais num universo meramente físico, o homem vive em um universo simbólico. A linguagem, o mito, a arte e a religião são partes desse universo. São os variados fios que tecem a rede simbólica, o emaranhado da experiência humana. Todo o progresso humano em pensamento e experiência é refinado por essa rede, e a fortalece. O homem não pode mais confrontar-se com a realidade imediatamente; não pode vê-la, por assim dizer, frente a frente. A realidade física parece recuar em proporção ao avanço da atividade simbólica do homem. Em vez de lidar com as próprias coisas o homem está, de certo modo, conversando constantemente consigo mesmo. Envolveu-se de tal modo em formas lingüísticas, imagens artísticas, símbolos míticos ou ritos religiosos que não consegue ver ou conhecer coisa alguma a não ser pela interposição desse meio artificial. Sua situação é a mesma tanto na esfera teórica como na prática. Mesmo nesta, o homem não vive em um mundo de fatos nus e crus, ou segundo suas necessidades e desejos imediatos. Vive antes em meio a emoções imaginárias, em esperanças e temores, ilusões e desilusões, em suas fantasias e sonhos. "O que perturba e assusta o homem", disse Epíteto, "não são as coisas, mas suas opiniões e fantasias sobre as coisas."

A partir do ponto de vista a que acabamos de chegar, podemos corrigir e ampliar a definição clássica do homem. A despeito de todos os esforços do irracionalismo moderno, essa definição do homem como um *animal rationale* não perdeu sua força. A racionalidade é de fato um traço inerente a todas as atividades humanas. A própria mitologia não é uma massa grosseira de superstições ou ilusões crassas. Não é meramente caótica, pois possui uma forma sistemática ou conceitual[2]. Mas, por outro lado, seria impossível caracterizar a estrutura do mito como racional. A linguagem foi com freqüência identificada à razão, ou à própria fonte da razão. Mas é fácil perceber que essa definição não consegue cobrir todo o campo. É uma *pars pro toto*; oferece-nos uma parte pelo todo. Isso porque, lado a lado com a linguagem conceitual, existe uma linguagem emocional; lado a lado com a linguagem científica ou lógica, existe uma linguagem da imaginação poética. Primariamente, a linguagem não exprime pensamentos ou idéias, mas sentimentos e afetos. E até mesmo uma religião "nos limites da razão pura", tal como concebida e elaborada por Kant, não passa de mera abstração. Transmite apenas a forma ideal, a sombra, do que é uma vida religiosa genuína e concreta. Os grandes pensadores que definiram o homem como *animal rationale* não eram empiristas, nem pretenderam jamais dar uma explicação empírica da natureza humana. Com essa definição, estavam antes expressando um imperativo moral fundamental. A razão é um termo muito inadequado com o qual compreender as formas da vida cultural do homem em toda a sua riqueza e variedade. Mas todas essas formas são formas simbólicas. Logo, em vez de definir o homem como *animal rationale*, deveríamos defini-lo como *animal symbolicum*. Ao fazê-lo, podemos designar sua diferença específica, e entender o novo caminho aberto para o homem — o caminho para a civilização.

CAPÍTULO III

DAS REAÇÕES ANIMAIS ÀS RESPOSTAS HUMANAS

Com nossa definição do homem como um *animal symbolicum*, chegamos ao nosso primeiro ponto de partida para o prosseguimento das investigações. Agora, porém, torna-se imperativo que desenvolvamos um pouco essa definição para dar-lhe maior precisão. É inegável que o pensamento simbólico e o comportamento simbólico estão entre os traços mais característicos da vida humana, e que todo o progresso da cultura humana está baseado nessas condições. Teremos, porém, o direito de considerá-las como um dom especial do homem, com exclusão de todos os outros seres orgânicos? Não seria o simbolismo um princípio cujas origens podemos encontrar em fontes muito mais profundas, e com um campo de aplicabilidade muito mais vasto? Se respondermos a essa pergunta pela negativa deveremos, aparentemente, confessar nossa ignorância acerca de muitas questões fundamentais que têm sido perenemente o centro das atenções na filosofia da cultura humana. A questão da *origem* da linguagem, da arte e da religião torna-se irrespondível, e somos deixados com a cultura humana como um fato dado que permanece, de certo modo, isolado e portanto ininteligível.

É compreensível que os cientistas sempre se tenham recusado a aceitar tal solução. Fizeram um grande esforço para ligar o fato do simbolismo a outros fatos conhecidos e mais elementares. Sentiu-se que o problema era de fundamental importância, mas, infelizmente, raras foram as vezes em que foi abordado com uma mente inteiramente aberta. Desde o início, ele tem sido obscurecido e confundido por outras questões, pertencentes a um campo de discurso totalmente diferente. Em vez de proporcionar-nos uma descrição e uma análise sem preconceitos dos próprios fenômenos, a discussão deste problema foi convertida em uma disputa metafísica. Tornou-se o pomo da discórdia entre diferentes sistemas metafísicos: entre idealismo e materialismo, espiritualismo e naturalismo. Para todos esses sistemas, a questão do simbolismo tornou-se um problema crucial, do qual parecia depender a forma futura da ciência.

Não estamos preocupados aqui com esse aspecto do problema, tendo-nos proposto uma tarefa bem mais modesta e concreta. Tentaremos descrever a atitude simbólica do homem de maneira mais precisa, para podermos contrapô-la a outros modos de comportamento simbólico encontrados em todo o reino animal. Não se questiona, evidentemente, que os animais nem sempre reagem aos estímulos de maneira direta, que são capazes de uma reação indireta. As famosas experiências de Pavlov proporcionam-nos um abundante corpo de provas empíricas relativas aos chamados estímulos representativos. No caso dos macacos antropóides, um estudo experimental muito interessante de Wolfe demonstrou a eficácia das "recompensas por fichas". Os animais aprenderam a reagir a fichas como substitutos para as recompensas em alimentos da mesma maneira que reagiam ao próprio alimento[1]. Segundo Wolfe, os resultados das longas e variadas experiências mostraram que processos simbólicos ocorrem no comportamento dos macacos antropóides. Robert M. Yerkes, que descreve essas experiências em seu último livro, tira delas uma importante conclusão geral.

> É evidente que eles [os processos simbólicos] são relativamente raros e difíceis de observar. É razoável continuar a questionar sua existência, mas suspeito que logo serão identificados como antecedentes dos processos simbólicos humanos. Assim, estamos abandonando este tema em um interessantíssimo estágio de desenvolvimento, quando descobertas de importância parecem iminentes[2].

Seria prematuro fazer quaisquer previsões quanto ao desenvolvimento futuro deste problema. O campo deve ser deixado aberto para futuras investigações. A interpretação dos fatos experimentais, por outro lado, depende sempre de certos conceitos fundamentais que devem ser esclarecidos antes que o material empírico possa dar seus frutos. A psicologia e a psicobiologia modernas levam esse fato em consideração. Parece-me altamente significativo que hoje em dia não sejam os filósofos, mas os observadores e pesquisadores empíricos que parecem estar assumindo os papéis principais na solução deste problema. Estes últimos dizem-nos que, afinal, o problema não é meramente empírico, mas em grande parte lógico. Georg Révész publicou recentemente uma série de artigos que começam com a proposição de que a questão calorosamente debatida da chamada *linguagem animal* não pode ser resolvida com base apenas nos fatos da psicologia animal. Quem quer que examine as diferentes teses e teorias psicológicas com a mente imparcial e crítica deve acabar chegando à conclusão de que o problema não pode ser esclarecido com uma simples referência a formas de comunicação animal e a certas proezas animais aprendidas por repetição e treinamento. Todas essas proezas admitem as interpretações mais contraditórias. Logo, é necessário, antes de mais nada, encontrar um ponto de partida lógico correto, que possa conduzir-nos a uma interpretação natural e sólida dos fatos empíricos. Tal ponto de partida é a *definição da fala* (*die Begriffsbestimmung der Sprache*)[3]. Contudo, em vez de apresentar uma definição pronta da fala, talvez fosse melhor seguir algumas linhas tentativas. A fala não é um fenômeno simples e uniforme. Consiste em diferentes elementos que, tanto biológica como sistematicamente, não estão no mesmo nível. Devemos tentar encontrar a ordem e a inter-relação dos elementos constituintes; devemos, por assim dizer, distinguir as diversas camadas geológicas da fala. A primeira camada, e a mais fundamental, é evidentemente a linguagem das emoções. Grande parte da expressão humana pertence ainda a essa camada. Mas existe um tipo de fala que se nos mostra de um tipo totalmente diverso. Nela a palavra não é, de modo algum, uma mera interjeição; não é uma expressão involuntária de sentimento, mas parte de uma sentença que tem uma distinta estrutura sintática e lógica[4]. É certo que até na linguagem altamente desenvolvida, na linguagem teórica, a ligação com o primeiro elemento não se rompe por inteiro. Raramente se encontra uma sentença — exceto, talvez, nas sentenças formais puras da matemática — sem uma certa tintura afetiva ou emocional[5]. Analogias e paralelos com a linguagem emocional podem ser encontrados em abundância no mundo animal. No que toca aos chimpanzés, Wolfgang Koehler afirma que eles atingem um alto grau de expressão por meio da gesticulação. Raiva, terror, desespero, pesar, súplica, desejo, brincadeira e prazer são expressados com facilidade desse modo. Falta, no entanto, um elemento, característico e indispensável a toda a linguagem humana: não encontramos nenhum sinal que tenha uma referência ou sentido objetivo. "Pode ser considerado como positivamente provado", diz Koehler,

> que sua escala de *fonética* é inteiramente "subjetiva" e só consegue expressar emoções, nunca designar ou descrever objetos. Mas eles têm tantos elementos fonéticos em comum com as linguagens humanas que sua falta de fala articulada não pode ser atribuída a limitações *secundárias* (glossolabiais). Também seus gestos faciais e corporais, tal como sua expressão por sons, nunca designam ou "descrevem" objetos (Bühler)[6].

Chegamos aqui ao ponto crucial de todo o nosso problema. A diferença entre a *linguagem proposicional* e a *linguagem emocional* é a verdadeira fronteira entre o mundo humano e o mundo animal. Todas as teorias e observações relativas à linguagem animal estarão bem longe do alvo se deixarem de reconhecer essa diferença fundamental[7]. Em toda a literatura sobre o tema parece não haver uma única prova conclusiva de que algum animal jamais deu o passo decisivo que leva da linguagem subjetiva à objetiva, da afetiva à proposicional. Koehler enfatiza que a fala está decididamente fora do alcance dos macacos antropóides. Sustenta que a falta desse inestimável auxílio técnico e a grande limitação desses importantíssimos componentes do pensamento, as chamadas imagens, constituem as causas que impedem os animais de jamais realizarem sequer os mais mínimos rudimentos de desenvolvimento cultural[8]. Révész chegou à mesma conclusão. A fala, afirma ele, é um conceito antropológico que, por isso, deve ser inteiramente descartado do estudo da psicologia animal. Se partirmos de uma definição clara e precisa da fala, todas as demais formas de expressão que também encontramos nos animais serão automaticamente eliminadas[9]. Yerkes, que estudou o problema com especial interesse, fala em um tom mais positivo. Está convencido de que mesmo em relação à linguagem e ao simbolismo existe uma íntima relação entre os homens e os macacos antropóides. "Isso sugere", escreve ele, "que podemos estar diante de um estágio filogenético anterior da evolução do processo simbólico. Há indícios abundantes de que vários outros tipos de processo de sinalização, além do simbólico, são de ocorrência freqüente e funcionam efetivamente no chimpanzé."[10] No entanto, tudo é ainda distintamente pré-lingüístico. Mesmo na opinião de Yerkes, todas essas expressões funcionais são excessivamente rudimentares, simples e de utilidade limitada, em comparação aos processos cognitivos humanos[11]. A questão genética não deve ser confundida aqui com a questão analítica e fenomenológica. A análise lógica da fala humana sempre nos conduz a um elemento de suma importância, sem paralelo no mundo animal. A teoria geral da evolução não se opõe, de modo algum, ao reconhecimento desse fato. Mesmo no campo dos fenômenos de natureza orgânica vemos que a evolução não exclui uma espécie de criação original. O fato da mutação súbita e da evolução emergente deve ser admitido. A biologia moderna não fala mais da evolução nos termos do darwinismo primitivo, nem explica as causas da evolução da mesma maneira. Podemos admitir com facilidade que os macacos antropóides, no desenvolvimento de certos processos simbólicos, podem ter feito um avanço significativo. Mais uma vez, porém, devemos insistir que não chegaram ao limiar do mundo humano. Entraram, por assim dizer, em um beco sem saída.

Com vistas a um enunciado claro do problema, devemos distinguir com cuidado entre *sinais* e *símbolos*. Parece ser um fato estabelecido que encontramos sistemas bastante complexos de signos e sinais no comportamento animal. Podemos até dizer que alguns animais, em especial os animais domésticos, são extremamente suscetíveis aos sinais[12]. Um cão reage às mínimas mudanças no comportamento de seu dono; distingue até as expressões do rosto humano ou as modulações da voz humana[13]. Mas há uma enorme distância entre tais fenômenos e a compreensão da fala simbólica e humana. As famosas experiências de Pavlov provam apenas que os animais podem ser treinados facilmente para reagir não só a estímulos diretos como a todo tipo de estímulos mediatos ou representativos. Uma campainha, por exemplo, pode tornar-se um "sinal de jantar", e um animal pode ser treinado para não tocar a comida enquanto esse sinal estiver ausente. Com isso, porém, ficamos sabendo apenas que o experimentador, nesse caso, conseguiu mudar a situação alimentar do animal. Ele complicou essa situação acrescentando-lhe voluntariamente um novo elemento. Todos os fenômenos comumente descritos como reflexos condicionados não estão apenas muito afastados, mas são até opostos ao caráter essencial do pensamento simbólico humano. Os símbolos — no sentido próprio do termo — não podem ser reduzidos a meros sinais. Sinais e símbolos pertencem a dois universos diferentes de discurso: um sinal faz parte do mundo físico do ser; um símbolo é parte do mundo humano do significado. Os sinais são "operadores" e os símbolos são "designadores"[14]. Os sinais, mesmo quando entendidos e usados como tais, têm mesmo assim uma espécie de ser físico ou substancial; os símbolos têm apenas um valor funcional.

Com essa distinção em mente, podemos achar uma abordagem a um dos problemas mais controversos. A questão da *inteligência dos animais* sempre foi um dos maiores enigmas da filosofia antropológica. Esforços tremendos, tanto de pensamento quanto de observação, foram dedicados a respostas para esta questão. Mas o caráter ambíguo e vago do próprio termo "inteligência" foi sempre um obstáculo para uma solução clara. Como podemos ter esperanças de responder a uma pergunta cujas implicações não compreendemos? Metafísicos e cientistas, naturalistas e teólogos têm usado a palavra inteligência com sentidos variados e contraditórios. Alguns psicólogos e psicobiologistas recusaram-se francamente a falar de inteligência de animais. Em todo o comportamento animal, viram apenas a ação de um certo automatismo. Tal tese tinha o respaldo da autoridade de Descartes; no entanto, foi reafirmada na psicologia moderna. "O animal", diz E.L. Thorndike em seu trabalho sobre a inteligência animal, "não pensa que um é como o outro, nem confunde, como se diz com freqüência, um com o outro. Ele não pensa *sobre* isso, mas apenas pensa *isso*... A idéia de que os animais reagem a uma impressão dos sentidos particular e absolutamente definida e realizada e de que uma reação semelhante a uma impressão dos sentidos diferente da primeira constitui prova de uma associação por similaridade é um mito."[15] Observações posteriores mais exatas levaram a uma conclusão diferente. No caso dos animais superiores, ficou claro que eram capazes de resolver problemas bastante difíceis, e que tais soluções não ocorriam de maneira meramente mecânica, por tentativa e erro. Tal como assinala Koehler, existe uma diferença notabilíssima entre uma simples solução casual e uma solução genuína, de tal modo que uma pode ser facilmente diferenciada da outra. Parece incontestável que pelo menos algumas reações dos animais superiores não são meros produtos do acaso, mas são guiadas pela compreensão[16]. Se entendemos por inteligência o ajuste ao ambiente imediato, ou a modificação adaptativa do ambiente, devemos com certeza atribuir aos animais uma inteligência comparativamente bastante desenvolvida. Deve também ser admitido que nem todas as ações animais são regidas pela presença de um estímulo imediato. O animal é capaz de toda espécie de desvios em suas reações. Pode aprender não só a usar implementos, mas até a inventar instrumentos para seus propósitos. Por isso, alguns psicobiologistas não hesitam em falar de uma imaginação criativa ou construtiva em animais[17]. Mas nem essa inteligência, nem essa imaginação pertencem ao tipo especificamente humano. Em resumo, podemos dizer que o animal possui uma imaginação e uma inteligência práticas, enquanto apenas o homem desenvolveu uma nova forma: uma *imaginação e uma inteligência simbólicas*.

Além disso, no desenvolvimento mental individual, fica evidente a transição de uma forma para outra — de uma atitude meramente prática a uma atitude simbólica. Mas esse passo é aqui o resultado final de um processo longo e contínuo. Pelos métodos comuns da observação psicológica não é fácil distinguir os estágios individuais desse complicado processo. Existe, no entanto, outro método de se obter uma plena compreensão do caráter geral e da suprema importância dessa transição. Neste caso a própria natureza fez uma experiência, por assim dizer, capaz de lançar uma luz inesperada sobre o ponto em questão. Temos os casos clássicos de Laura Bridgman e Helen Keller, duas crianças cegas, surdas e mudas, que aprenderam a falar mediante métodos especiais. Embora os dois casos sejam conhecidos e tenham sido tratados com freqüência na literatura psicológica[18], devo mesmo assim reapresentá-los ao leitor, pois contêm aquela que é talvez a melhor ilustração do problema geral de que nos estamos ocupando. Mrs. Sullivan, a professora de Helen Keller, registrou a data precisa em que a criança começou de fato a entender o sentido e a função da linguagem humana. Cito suas próprias palavras:

Tenho de escrever-lhe uma linha esta manhã porque uma coisa muito importante aconteceu. Helen deu o segundo grande passo em sua educação. Aprendeu que *tudo tem um nome, e que o alfabeto manual é a chave para tudo o que ela quer saber.*

Hoje de manhã, quando se estava lavando, ela quis saber o nome da "água". Quando quer saber o nome de alguma coisa, ela aponta para a coisa e bate na minha mão. Soletrei "a-g-u-a" e não pensei mais nisso até depois do café da manhã... [Mais tarde] saímos para ir até a casa das bombas, e fiz Helen segurar a caneca dela debaixo da bica enquanto eu bombeava. Quando a água fria jorrou, enchendo a caneca, eu soletrei "a-g-u-a" em sua mão livre. A palavra assim tão perto da sensação da água fria correndo-lhe pela mão pareceu assombrá-la. Deixou cair a caneca e ficou como que transfixada. Uma nova luz espalhou-se por seu rosto. Soletrou "água" várias vezes. Então deixou-se cair no chão e perguntou o nome dele e apontou para a bomba e para a treliça e, voltando-se de repente, perguntou o meu nome. Soletrei "professora". Durante todo o caminho de volta para casa ela esteve muito excitada, e aprendeu o nome de todos os objetos que tocou, de modo que em poucas horas havia acrescentado trinta novas palavras a seu vocabulário. Na manhã seguinte, ela levantou-se como uma fada radiante. Saltitou de objeto em objeto, perguntando o nome de tudo e beijando-me de pura alegria... Agora, tudo deve ter um nome. Aonde quer que vamos, ela pergunta avidamente pelos nomes de tudo o que não aprendeu em casa. Está ansiosa para que seus amigos soletrem, e ávida por ensinar as letras para todas as pessoas que fica conhecendo. Abandona os sinais e pantomimas que usava antes, assim que tem as palavras para usar no lugar deles, e a aquisição de uma nova palavra proporciona-lhe o mais intenso prazer. E notamos que seu rosto fica mais expressivo a cada dia[19].

Dificilmente o passo decisivo que leva do uso de sinais e pantomimas ao uso de palavras, isto é, de símbolos, poderia ser descrito de maneira mais marcante. Qual foi a verdadeira descoberta da menina naquele momento? Helen Keller havia antes aprendido a combinar uma certa coisa ou evento com um certo sinal do alfabeto manual. Uma associação fixa fora estabelecida entre essas coisas e certas impressões tácteis. Mas uma série dessas associações, mesmo quando repetidas e amplificadas, não implicam ainda uma compreensão do que é e significa a fala humana. Para chegar a tal compreensão, a menina teve de fazer uma descoberta nova e muito mais significativa. Teve de entender que *tudo tem um nome* — que a função simbólica não está restrita a casos particulares, mas é um princípio de aplicabilidade *universal* que abarca todo o campo do pensamento humano. No caso de Helen Keller, essa descoberta veio como um choque repentino. Ela era uma menina de sete anos de idade que, com a exceção de defeitos no uso de certos órgãos dos sentidos, estava em excelente estado de saúde e possuía uma mente altamente desenvolvida. Em virtude de a sua educação ter sido abandonada, estava muito atrasada. Então, de repente, tem lugar o desenvolvimento crucial. Este funciona como uma revolução intelectual. A menina começa a ver o mundo sob uma nova luz. Aprendeu a usar as palavras não como meros sinais ou signos mecânicos, mas como um instrumento inteiramente novo de pensamento. Um novo horizonte se abre, e a partir desse momento a criança corre à vontade por essa área incomparavelmente mais ampla e livre.

O mesmo pode ser mostrado no caso de Laura Bridgman, embora a história dela seja menos espetacular. Tanto em capacidade mental quanto em desenvolvimento intelectual, ela era bem inferior a Helen Keller. Sua vida e sua educação não têm os mesmos elementos dramáticos que encontramos em Helen. Todavia, nos dois casos estão presentes os mesmos elementos típicos. Depois que Laura Bridgman aprendeu a usar o alfabeto de dedos, também chegou de repente ao ponto em que começou a entender o simbolismo da fala humana. A esse respeito, encontramos um surpreendente paralelismo entre os dois casos. "Nunca esquecerei", escreve Miss Drew, uma das primeiras professoras de Laura, "a primeira refeição que comemos depois que ela percebeu o valor do alfabeto de dedos. Cada coisa que ela tocava precisava de um nome; e fui obrigada a chamar alguém para me ajudar a atender as outras crianças, enquanto ela me mantinha ocupada soletrando as palavras novas."[20]

O princípio do simbolismo, com sua universalidade, validade e aplicabilidade geral, é a palavra mágica, o abre-te sésamo que dá acesso ao mundo especificamente humano, ao mundo da cultura humana. Uma vez de posse dessa chave mágica, a continuação do progresso do homem está garantida. Tal progresso não é, evidentemente, obstruído ou impossibilitado por qualquer falha do material dos sentidos. O caso de Helen Keller, que alcançou um altíssimo grau de desenvolvimento mental e cultura intelectual, mostra-nos clara e irrefutavelmente que, na construção de seu mundo humano, o ser humano não depende da qualidade de seu material de sentidos. Se as teorias do sensacionalismo fossem corretas, se cada idéia não passasse de uma vaga cópia de uma impressão originária dos sentidos, a condição de uma criança cega, surda e muda seria de fato desesperadora. Isso porque ela seria privada das próprias fontes do conhecimento humano; estaria, por assim dizer, exilada da realidade. Contudo, ao estudarmos a biografia de Helen Keller, percebemos imediatamente que isso está errado, e ao mesmo tempo entendemos por que está errado. A cultura humana não deriva o seu caráter específico e seus valores morais e intelectuais do material que a consiste, e sim de sua forma, sua estrutura arquitetônica. E tal forma pode ser expressada em qualquer material dos sentidos. A linguagem vocal tem uma grande vantagem técnica sobre a linguagem táctil, mas os defeitos técnicos desta não destroem o seu uso essencial. O livre desenvolvimento do pensamento simbólico e da expressão simbólica não é obstruído pelo uso de sinais tácteis em lugar dos vocais. Se a criança consegue apreender o sentido da linguagem humana, não interessa por qual meio material esse sentido é acessível para ela. Como prova o caso de Helen Keller, o homem pode construir seu mundo simbólico com base nos materiais mais pobres e escassos. A coisa de importância vital não são os tijolos e pedras individuais, mas a sua *função* geral como forma arquitetônica. No domínio da fala, é a função simbólica geral dos sinais materiais que lhes dá vida e os "faz falar". Sem esse princípio vivificador, o mundo humano permaneceria de fato surdo e mudo. Com esse princípio, até o mundo de uma criança cega, surda e muda pode tornar-se incomparavelmente mais rico que o mundo do animal mais altamente desenvolvido.

A aplicabilidade geral é, devido ao fato de que tudo tem um nome, uma das maiores prerrogativas do simbolismo humano. Mas não é a única. Há mais uma característica dos símbolos que acompanha e complementa esta última, e forma o seu correlato necessário. Um símbolo é não só universal, mas também extremamente variável. Posso expressar o mesmo sentido em várias línguas; e, mesmo nos limites de uma única língua, um certo pensamento ou idéia pode ser expressado em termos totalmente diversos. Um sinal ou signo está relacionado à coisa à qual se refere de um modo fixo e singular. Qualquer sinal concreto e individual refere-se a uma certa coisa específica. Nas experiências de Pavlov, os cães podiam ser facilmente treinados para dirigir-se para o alimento só depois de receber sinais especiais; não comiam sem antes ouvir um som particular que podia ser escolhido ao gosto do experimentador. Mas isso não tem qualquer analogia, como foi muitas vezes interpretado, com o simbolismo humano; ao contrário, está em oposição ao simbolismo. Um símbolo humano genuíno não é caracterizado por sua uniformidade, mas por sua versatilidade. Não é rígido e inflexível, e sim móvel. É verdade que a plena *percepção* dessa mobilidade parece ser uma realização bastante recente no desenvolvimento intelectual e cultural do homem. É muito raro que essa percepção seja atingida na mentalidade primitiva. Nesta, o símbolo ainda é visto como uma propriedade da coisa, como outra propriedade física qualquer. No pensamento mítico, o nome de um deus é parte integrante da natureza do deus. Se eu não chamar o deus pelo seu nome certo, o feitiço ou oração deixa de funcionar. O mesmo vale para as ações simbólicas. Um rito religioso, um sacrifício, deve sempre ser realizado da mesma maneira invariável e na mesma ordem para ter efeito[21]. As crianças freqüentemente ficam muito confusas ao saber pela primeira vez que nem todo nome de objeto é um "nome próprio", que a mesma coisa pode ter nomes diferentes em línguas diferentes. Elas tendem a achar que uma coisa "é" aquilo que a chamam. Mas este é apenas o primeiro passo. Toda criança normal aprende logo que pode usar vários símbolos para expressar o mesmo desejo ou pensamento. Aparentemente, não existe paralelo no mundo animal para essa variabilidade e mobilidade[22]. Muito antes de aprender a falar, Laura Bridgman desenvolveu um curiosíssimo modo de expressão, uma linguagem só dela. Esta linguagem não era formada por sons articulados, mas apenas por ruídos variados que são descritos como "ruídos emocionais". Ela desenvolveu o hábito de pronunciar esses sons na presença de certas pessoas. Estas ficaram, assim, inteiramente individualizadas; no ambiente dela, cada pessoa era recebida por um ruído especial. "Sempre que ela encontrava um conhecido inesperadamente", escreve o Dr. Lieber, "verifiquei que ela pronunciava repetidamente a palavra para aquela pessoa antes de começar a falar. Era a expressão de reconhecimento prazenteiro."[23] Mas depois que, por meio do alfabeto de dedos, a criança percebeu o sentido da linguagem humana, o caso alterou-se. O som tornou-se de fato um nome, e este nome não estava preso a uma pessoa individual, mas podia mudar se as circunstâncias parecessem exigi-lo. Certo dia, por exemplo, Laura Bridgman recebeu uma carta de sua antiga professora, Miss Drew, que desde então se tinha casado, tornando-se Mrs. Morton. Na carta, ela era convidada a visitar sua ex-professora. Isso lhe deu muito prazer, mas achou ruim que

Miss Drew tivesse assinado a carta com seu nome antigo em vez de usar o nome do marido. Disse até que agora precisava encontrar outro ruído para a professora, pois o de Drew não devia ser o mesmo do de Morton[24]. Está claro que, neste caso, os antigos "ruídos" passaram por uma mudança importante, e muito interessante, de sentido. Não são mais expressões especiais, inseparáveis de uma situação concreta particular. Tornaram-se nomes abstratos, pois o novo nome inventado pela menina não designava um novo indivíduo, mas o mesmo indivíduo em uma nova relação.

Surge agora outro aspecto importante do nosso problema geral — o problema da dependência do pensamento relacional para com o pensamento simbólico. Sem um complexo sistema de símbolos o pensamento relacional simplesmente não pode nascer, nem muito menos desenvolver-se plenamente. Não seria correto dizer que a mera *consciência* das relações pressupõe um ato intelectual, um ato de pensamento lógico ou abstrato. Essa consciência é necessária até nos atos elementares de percepção. As teorias sensacionalistas descreviam a percepção como um mosaico de dados simples dos sentidos. Os pensadores dessa corrente menosprezaram constantemente o fato de que a própria sensação não é, de modo algum, um mero aglomerado ou feixe de impressões. A moderna psicologia gestaltiana corrigiu essa visão. Mostrou que os mais simples processos perceptuais implicam elementos estruturais fundamentais, certos padrões ou configurações. Este princípio serve tanto para o mundo humano quanto para o animal. Mesmo em estágios comparativamente baixos da vida animal, a presença desses elementos estruturais — em especial das estruturas espaciais e ópticas — foi provada por experiências[25]. A simples percepção das relações não pode, portanto, ser vista como uma característica específica da consciência humana. Contudo, encontramos no homem um tipo especial de pensamento relacional que não tem paralelo no mundo animal. No homem, desenvolveu-se uma capacidade de isolar relações — de considerá-las em seu significado abstrato. Para apreender esse significado, o homem não mais depende dos dados concretos dos sentidos, dos dados visuais, auditivos, tácteis e cinestésicos. Ele considera essas relações "em si mesmas" — αὐτὸ καθ' αὐτό, como disse Platão. A geometria é o exemplo clássico dessa virada na vida intelectual do homem. Nem mesmo na geometria elementar estamos atados à apreensão de figuras concretas individuais. Não nos ocupamos de coisas físicas ou objetos da percepção, pois estamos estudando relações espaciais universais para cuja expressão temos um simbolismo adequado. Sem a etapa preliminar da linguagem humana, tal realização não seria possível. Em todos os testes que foram feitos sobre os processos de abstração ou generalização em animais, isso ficou evidente. Koehler conseguiu demonstrar a capacidade dos chimpanzés para reagir à *relação* entre dois ou mais objetos, em vez de a um objeto em particular. Confrontado com duas caixas com alimento o chimpanzé, em virtude de seu treinamento geral anterior, escolhia constantemente a maior — mesmo que o objeto selecionado houvesse sido rejeitado como o menor do par em uma experiência anterior. Também foi demonstrada uma capacidade semelhante de reagir ao objeto mais próximo, mais brilhante, mais azul, em vez de a uma caixa em especial. Os resultados de Koehler foram confirmados e estendidos por experiências posteriores. Foi possível mostrar que os animais superiores são capazes daquilo que foi chamado de "isolamento de fatores perceptuais". Eles têm a potencialidade para isolar uma qualidade perceptual particular da situação experimental e reagir em conseqüência. Neste sentido, os animais são capazes de abstrair a cor do tamanho e do formato, ou o formato da cor e do tamanho. Em alguns experimentos feitos por Mrs. Kohts, um chimpanzé foi capaz de selecionar entre objetos que variavam extremamente em qualidades visuais aqueles que tivessem uma qualidade em comum; foi capaz, por exemplo, de apanhar todos os objetos de uma determinada cor e colocá-los em uma caixa receptora. Tais exemplos parecem provar que os animais superiores são capazes do processo que Hume, em sua teoria do conhecimento, chama de fazer uma *"distinção de razão"*[26]. Mas todos os investigadores envolvidos nessas pesquisas salientaram a raridade, o caráter rudimentar e a imperfeição desses processos. Mesmo após terem aprendido a isolar uma qualidade particular e selecioná-la, os animais são passíveis de todo tipo de enganos curiosos[27]. Se há certos vestígios de uma *distinctio rationis* no mundo animal, eles são, por assim dizer, podados em botão. Não conseguem desenvolver-se, pois não contam com a ajuda inestimável, e de fato indispensável, da fala humana, de um sistema de símbolos.

O primeiro pensador a ter uma clara compreensão deste problema foi Herder, que falou como um filósofo da humanidade que desejava colocar a questão em termos inteiramente "humanos". Rejeitando a tese metafísica ou teológica de uma origem sobrenatural ou divina para a linguagem, Herder começa com uma revisão crítica da própria questão. A fala não é um objeto, uma coisa física para a qual podemos buscar uma causa natural ou sobrenatural. É um processo, uma função geral da mente humana. Psicologicamente, não podemos descrever esse processo com a terminologia que foi usada por todas as escolas psicológicas do século XVIII. Segundo Herder, a fala não é uma criação artificial da razão, nem deve ser explicada por um mecanismo especial de associações. Em sua tentativa de estabelecer a natureza da linguagem, Herder põe toda a ênfase sobre o que chama de *reflexo*. O reflexo, ou pensamento reflexivo, é a capacidade que o homem tem de distinguir, dentre toda a massa indiscriminada da corrente de fenômenos sensuais flutuantes, certos elementos fixos para poder isolá-los e concentrar sua atenção neles.

> O homem manifesta a reflexão quando o poder de sua alma age de modo tão livre que consegue segregar de todo o oceano de sensação que irrompe por todos os seus sentidos *uma* onda, por assim dizer; e consegue deter essa onda, chamar a atenção para ela e ter consciência dessa atenção. Manifesta a reflexão quando, de todo o sonho bruxuleante de imagens que passam por seus sentidos, consegue apanhar-se em um momento de vigília, demorar-se em *uma* imagem espontaneamente, observá-la com clareza e com mais tranqüilidade e abstrair características que lhe mostram que *este* e não outro é o objeto. Assim, manifesta a reflexão não só quando consegue perceber vívida ou claramente todas as qualidades, mas também quando consegue *reconhecer* uma ou várias delas como qualidades distintivas... Ora, por quais meios ocorreu tal reconhecimento? Por uma característica que ele teve de abstrair e que,

como elemento de consciência, apresentou-se claramente. Bom, exclamemos então: Eureka! Esse caráter inicial da consciência foi a linguagem da alma. Com isso, a linguagem humana foi criada[28].

Isso parece mais um retrato poético que uma análise lógica da fala humana. A teoria de Herder sobre a origem da linguagem sempre foi inteiramente especulativa. Ela não procedia de uma teoria geral do conhecimento, nem de uma observação de fatos empíricos. Estava baseada no seu ideal de humanidade e na sua profunda intuição do caráter e do desenvolvimento da cultura humana. Mesmo assim, contém elementos lógicos e psicológicos da espécie mais valiosa. Todos os processos de abstração e generalização em animais que foram estudados e descritos com precisão[29] carecem claramente da marca distintiva enfatizada por Herder. Posteriormente, contudo, a visão de Herder teve uma confirmação e um esclarecimento vindos de um terreno totalmente diferente. Pesquisas recentes no campo da *psicopatologia da linguagem* levaram à conclusão de que a perda ou uma limitação grave da fala, causada por danos cerebrais, nunca é um fenômeno isolado. Um defeito assim altera todo o caráter do comportamento humano. Pacientes de afasia ou de outras doenças do mesmo tipo não só perderam o uso das palavras como também sofreram mudanças correspondentes na personalidade. Tais mudanças são dificilmente observáveis em suas maneiras externas, pois os pacientes tendem a agir de modo perfeitamente normal. Podem desempenhar as tarefas da vida quotidiana; alguns deles até desenvolvem uma considerável habilidade em todos os testes desse tipo. Mas ficam completamente perdidos quando a solução do problema exige alguma atividade teórica ou reflexiva específica. Não são mais capazes de pensar em conceitos ou categorias gerais. Tendo perdido o domínio dos universais, apegam-se aos fatos imediatos, às situações concretas. Tais pacientes são incapazes de desempenhar qualquer tarefa que só possa ser executada por meio de uma compreensão do abstrato[30]. Tudo isso é altamente significativo, pois mostra a que ponto o tipo de pensamento que Herder chamou de reflexivo é dependente do pensamento simbólico. Sem o simbolismo, a vida do homem seria como a dos prisioneiros na caverna do famoso símile de Platão. A vida do homem ficaria confinada aos limites de suas necessidades biológicas e seus interesses práticos; não teria acesso ao "mundo ideal" que lhe é aberto em diferentes aspectos pela religião, pela arte, pela filosofia e pela ciência.

CAPÍTULO IV

O MUNDO HUMANO DO ESPAÇO E DO TEMPO

O espaço e o tempo são a estrutura em que toda a realidade está contida. Não podemos conceber qualquer coisa real exceto sob as condições do espaço e do tempo. Nada no mundo, segundo Heráclito, pode exceder suas medidas — e estas são limitações espaciais e temporais. No pensamento mítico, o espaço e o tempo nunca são considerados como formas puras ou vazias. São vistos como as grandes forças misteriosas que governam todas as coisas, que regem e determinam não só a nossa vida mortal, mas também a vida dos deuses.

Descrever e analisar o caráter específico que o espaço e o tempo assumem na experiência humana é uma das tarefas mais atraentes e importantes de uma filosofia antropológica. Seria uma suposição ingênua e infundada considerar que a aparência do espaço e do tempo é necessariamente a mesma para todos os seres orgânicos. É óbvio que não podemos atribuir aos organismos inferiores o tipo de percepção espacial que tem o homem. E mesmo entre o mundo humano e o mundo dos antropóides superiores continua a haver, a este respeito, uma diferença inconfundível e indelével. No entanto, não será fácil dar conta dessa diferença se nos limitarmos a aplicar os nossos métodos psicológicos comuns. Devemos tomar uma via indireta: devemos analisar as formas da *cultura* humana para podermos descobrir o verdadeiro caráter do espaço e do tempo no nosso mundo humano.

A primeira coisa que fica clara com tal análise é que há *tipos* fundamentalmente diferentes de experiência espacial e temporal. Nem todas as formas dessa experiência estão no mesmo nível. Existem camadas superiores e inferiores, arranjadas de uma determinada maneira. A camada mais baixa pode ser descrita como *espaço e tempo orgânicos*. Todo organismo vive em um certo ambiente e deve adaptar-se constantemente às condições desse ambiente para sobreviver. Mesmo nos organismos inferiores a adaptação exige um sistema bastante complicado de reações, uma diferenciação entre estímulos físicos e uma reação adequada a esses estímulos. Nem tudo isso é aprendido pela experiência individual. Os animais recém-nascidos parecem ter um sentido bem fino e preciso de distância e direção espacial. Um frango acabado de sair do ovo orienta-se e apanha os grãos espalhados em seu caminho. As condições especiais de que depende esse processo de orientação espacial foram cuidadosamente estudadas por biólogos e psicólogos. Embora sejamos incapazes de responder às complexas questões relativas ao poder de orientação nas abelhas, formigas e aves migratórias, podemos ao menos dar uma resposta negativa. Não podemos presumir que esses animais, quando desempenhando essas complicadíssimas reações, sejam guiados por qualquer processo *ideacional*. Ao contrário, parecem conduzidos por impulsos corporais de um tipo especial; não têm qualquer imagem mental ou idéia de espaço, nenhum programa de relações espaciais.

À medida que nos vamos aproximando dos animais superiores, passamos a encontrar uma nova forma de espaço que podemos chamar de *espaço perceptual*. Este espaço não é um simples dado dos sentidos; é de natureza muito complexa, e contém elementos de todos os diferentes tipos de experiência dos sentidos — óptica, táctil, acústica e cinestésica. A maneira pela qual todos esses elementos cooperam na construção do espaço perceptual revelou-se como uma das questões mais difíceis da moderna psicologia dos sentidos. Um grande cientista, Hermann von Helmholtz, julgou ser necessária a inauguração de um ramo inteiramente novo de conhecimento, a criação da ciência da óptica fisiológica, para poder resolver os problemas com que deparamos aqui. Não obstante, restam ainda muitas questões que não podem, no presente, ser decididas de maneira clara e inequívoca. Na história da psicologia moderna, a luta no "obscuro campo de batalha do nativismo e do naturalismo" deu a impressão de ser interminável[1].

Não nos interessa aqui este aspecto do problema. A questão *genética*, a questão da origem da percepção espacial, que por muito tempo eclipsou todos os demais problemas, não é a única questão, nem a mais importante. Do ponto de vista de uma teoria geral do conhecimento e da filosofia antropológica, outra questão comanda agora o nosso interesse, e deve ser focalizada. Em vez de investigar a origem e o desenvolvimento do espaço perceptual, devemos analisar o *espaço simbólico*.

Ao abordar essa questão, estamos na fronteira entre os mundos animal e humano. Com relação ao espaço orgânico, o *espaço de ação*, o homem parece inferior aos animais em muitos aspectos. Uma criança tem de aprender muitos talentos com os quais o animal já nasce. Mas o homem compensa essa deficiência com outro dom que somente ele desenvolve, e que não tem qualquer analogia com coisa alguma da natureza orgânica. Não imediatamente, mas por um processo muito complexo e difícil de pensamento, ele chega à idéia do *espaço abstrato* — idéia esta que lhe abre o caminho não só para um novo campo de conhecimento, como também para uma direção inteiramente nova em sua vida cultural.

Desde o início, as maiores dificuldades foram encontradas pelos próprios filósofos, para explicar e descrever a verdadeira natureza do espaço abstrato ou simbólico. O fato da existência de uma coisa como o espaço abstrato foi uma das primeiras e mais importantes descobertas do pensamento grego. Tanto materialistas como idealistas enfatizaram o significado dessa descoberta, mas pensadores das duas correntes tiveram dificuldade para elucidar o seu caráter lógico. Tendiam a refugiar-se em afirmações paradoxais. Demócrito declara que o espaço é não-ser ($\mu\grave{\eta}\;\H{o}\nu$), mas que este não-ser tem, não obstante, uma verdadeira realidade. No *Timaeus*, Platão refere-se ao conceito de espaço como um $\lambda o\gamma\iota\sigma\mu\acute{o}\sigma\;\nu\acute{o}\theta o\varsigma$ — um "conceito híbrido", dificilmente descritível em termos adequados. E até na ciência e na filosofia modernas essas primeiras dificuldades ainda não foram solucionadas. Newton avisa que não devemos confundir o espaço abstrato — o verdadeiro espaço matemático — com o espaço da experiência dos nossos sentidos.

As pessoas comuns, diz ele, pensam no espaço, no tempo e no movimento seguindo apenas o princípio das relações que esses conceitos têm com objetos sensíveis. Mas deveremos abandonar esse princípio se quisermos alcançar qualquer verdade científica ou filosófica: na filosofia, temos de abstrair os dados dos nossos sentidos[2]. Essa visão newtoniana tornou-se o obstáculo de todos os sistemas sensacionalistas. Berkeley concentrou todos os seus ataques críticos nesse ponto. Sustentou que o "espaço matemático verdadeiro" de Newton não era na verdade mais que um espaço imaginário, uma ficção da mente humana. E, se admitirmos os princípios gerais da filosofia do conhecimento de Berkeley, será difícil refutarmos essa visão. Devemos admitir que o espaço abstrato não tem qualquer contrapartida e fundamento em nenhuma realidade física ou psicológica. Os pontos e linhas do geômetra não são objetos físicos, nem psicológicos; não são nada além de símbolos de relações abstratas. Se atribuirmos uma "verdade" a essas relações, o sentido do termo verdade terá de ser redefinido. Pois, no caso do espaço abstrato, não estamos lidando com a verdade das coisas, e sim com a verdade de proposições e juízos.

Mas, antes que esse passo pudesse ser dado e fundamentado sistematicamente, a filosofia e a ciência tiveram que percorrer um longo caminho e passar por muitos estágios intermediários. A história deste problema não foi escrita ainda, embora seja uma tarefa muito atraente acompanhar os passos individuais desse desenvolvimento. Eles proporcionam uma compreensão do próprio caráter e da tendência geral da vida cultural do homem. Devo contentar-me aqui em selecionar alguns estágios típicos. Na vida primitiva e nas condições da sociedade primitiva, raramente encontramos qualquer vestígio da idéia de um espaço abstrato. O espaço primitivo é um espaço de ação; e a ação revolve em torno a necessidades e interesses práticos imediatos. Na medida em que podemos falar de uma "concepção" primitiva do espaço, esta não tem um caráter puramente teórico. Está ainda repleta de sentimentos pessoais ou sociais concretos, de elementos emocionais. "Na medida em que o homem primitivo leva a cabo atividades técnicas no espaço", escreve Heinz Werner,

> na medida em que ele avalia distâncias, dirige sua canoa, atira sua lança a um certo alvo e assim por diante, seu espaço como espaço de ação, como espaço pragmático, não difere do nosso em sua estrutura. Mas, quando o homem primitivo faz desse espaço um tema de representação e de pensamento reflexivo, surge uma idéia especificamente primordial que difere radicalmente de qualquer versão intelectualizada. A idéia de espaço, para o homem primitivo, mesmo quando é sistematizada, está sincreticamente presa ao sujeito. Trata-se de uma noção muito mais afetiva e concreta que o espaço abstrato do homem de cultura avançada... Não tem um caráter tão objetivo, mensurável e abstrato. Exibe características egocêntricas ou antropomórficas e é fisionômica-dinâmica, enraizada no concreto e substancial[3].

Do ponto de vista da cultura e da mentalidade primitivas, é de fato uma tarefa quase impossível dar o passo decisivo que é o único que nos leva do espaço de ação a um conceito teórico ou científico de espaço — ao espaço da geometria. Neste último, todas as diferenças concretas da experiência imediata dos nossos sentidos são obliteradas. Deixamos de ter um espaço visual, táctil, acústico ou olfativo. O espaço geométrico abstrai toda a variedade e heterogeneidade que nos é imposta pela natureza díspar de nossos sentidos. Temos então um espaço homogêneo, universal. E foi apenas por meio dessa forma nova e característica de espaço que o homem pôde chegar ao conceito de uma ordem *cósmica* singular e sistemática. A idéia de uma tal ordem, da unidade e da obediência às leis do universo, nunca poderia ter sido alcançada sem a idéia de um espaço uniforme. Mas muito tempo se passou antes que fosse possível dar esse passo. O pensamento primitivo não é apenas incapaz de pensar um sistema de espaço; não pode sequer conceber um esquema do espaço. Seu espaço concreto não pode ser reduzido a uma forma *esquemática*. A etnologia mostra-nos que as tribos primitivas costumam ser dotadas de uma percepção extraordinariamente nítida do espaço. Um nativo dessas tribos tem olhos para os mínimos detalhes de seu ambiente. É extremamente sensível a toda mudança na posição dos objetos comuns à sua volta. Mesmo em circunstâncias muito difíceis ele é capaz de encontrar seu caminho. Quando está remando ou velejando, segue com grande precisão todas as voltas do rio que está subindo ou descendo. Examinando com mais atenção, porém, descobrimos para nossa surpresa que, a despeito dessa facilidade, parece haver uma estranha lacuna em sua apreensão do espaço. Se lhe pedem para fazer uma descrição geral, delinear o curso do rio, ele não é capaz de o fazer. Se lhe pedem que desenhe um mapa do rio e de suas voltas, ele dá a impressão de nem mesmo entender a pergunta. Percebemos aqui, com muita clareza, a diferença entre a apreensão concreta e a abstrata do espaço e das relações espaciais. O nativo está perfeitamente familiarizado com o curso do rio, mas essa familiaridade está longe do que podemos chamar de conhecimento, em um sentido abstrato, teórico. A familiaridade significa apenas apresentação; o conhecimento inclui e pressupõe a representação. A representação de um objeto é um ato totalmente diferente da mera manipulação desse objeto. Esta última não exige mais que uma série definida de ações, de movimentos corporais coordenados um com o outro e seguindo-se um ao outro. É uma questão de hábito, adquirido pelo desempenho invariável, constantemente repetido, de certos atos. Mas a representação do espaço e das relações espaciais significa muito mais. Para representar uma coisa, não basta sermos capazes de manipulá-la da maneira correta e para usos práticos. Devemos ter uma concepção geral do objeto e considerá-lo de diversos ângulos para podermos encontrar suas relações com outros objetos. Devemos situá-lo e determinar sua posição em um sistema geral.

Na história da cultura humana, essa grande generalização, que levou à concepção de uma ordem cósmica, parece ter sido feita pela primeira vez na astronomia babilônica. Nesta encontramos o primeiro indício definido de um pensamento que transcende a esfera da vida prática concreta do homem, que ousa abarcar o universo inteiro em uma visão abrangente. É por essa razão que a cultura babilônica foi considerada como o berço de toda a vida cultural. Muitos estudiosos sustentaram que todas as concepções mitológicas, religiosas e científicas da humanidade derivaram desta fonte. Não discutirei aqui essas teorias pan-babilônicas[4], pois quero levantar outra questão. Será possível alegar uma razão pela qual os babilônios não só foram os primeiros a observar os fenômenos celestiais, como também foram os primeiros a assentar as fundações de uma astronomia e uma cosmologia científicas? A importância dos fenômenos do céu nunca fora completamente negligenciada. O homem deve ter percebido logo o fato de que toda a sua vida dependia de certas condições cósmicas gerais. O nascer e o pôr do sol, da lua e das estrelas, o ciclo das estações — todos esses fenômenos naturais são fatos conhecidos que têm um papel importante na mitologia primitiva. Porém, para incorporá-los a um sistema de pensamento, era necessária outra condição, que só podia ser realizada sob circunstâncias especiais. Tais circunstâncias favoráveis prevaleceram nas origens da cultura babilônica. Otto Neugebauer escreveu um interessantíssimo estudo da história da matemática antiga, em que corrige muitas das opiniões anteriores a esse respeito. Os babilônios e os egípcios — presumia-se em geral — haviam tido um grande progresso prático e técnico; mas não haviam ainda descoberto os primeiros elementos de uma matemática teórica. Segundo Neugebauer, uma análise crítica das fontes disponíveis leva a uma interpretação diferente. Ficou claro que o progresso feito pela astronomia babilônica não foi um fenômeno isolado, mas dependeu de um fato mais fundamental — a descoberta e o uso de um novo instrumento intelectual. Os babilônios haviam descoberto uma *álgebra simbólica*. Sem dúvida, em comparação com o desenvolvimento posterior do pensamento matemático, essa álgebra era ainda muito simples e elementar. Apesar disso, continha uma concepção nova e extremamente fértil. Neugebauer encontra essa concepção nos primórdios da cultura babilônica. Para entender a forma característica da álgebra babilônica, diz ele, temos de levar em conta o passado histórico da civilização babilônica. Esta civilização evoluiu sob condições especiais. Foi produto do encontro e da colisão de duas raças diferentes — os sumérios e os acadianos. As duas raças têm origens diferentes e falam línguas sem qualquer relação uma com a outra. A língua dos acadianos pertence ao tipo semítico; a dos sumérios pertence a outro grupo, nem semítico, nem indo-europeu. Quando esses dois povos se encontraram, quando passaram a ter uma vida política, social e cultural comum, tiveram novos problemas para resolver, problemas para os quais acharam necessário desenvolver novos poderes intelectuais. A língua original dos sumérios não podia ser entendida; seus textos escritos só podiam ser decifrados pelos acadianos com grande dificuldade e constante esforço mental. Foi devido a esse esforço que os babilônios começaram a entender o sentido e os usos de um simbolismo abstrato. "Toda operação algébrica", diz Neugebauer,

> pressupõe a posse de certos símbolos fixos para as operações matemáticas e para as quantidades às quais são aplicadas essas operações. Sem tal simbolismo conceitual não seria possível combinar quantidades que não são numericamente determinadas e designadas, e não seria possível derivar delas novas combinações. Mas esse simbolismo apresentou-se imediata e necessariamente na escrita dos textos acadianos... Desde o princípio os babilônios puderam, portanto, dispor do mais importante fundamento do desenvolvimento algébrico — um simbolismo apropriado e adequado[5].

Na astronomia babilônia, contudo, encontramos apenas as primeiras fases do grande processo que finalmente levou à conquista intelectual do espaço e à descoberta de uma ordem cósmica, de um sistema do universo. O pensamento matemático não podia, como tal, levar a uma imediata solução do problema, pois na aurora da civilização jamais aparece em sua verdadeira forma lógica. Está, por assim dizer, envolto na atmosfera do pensamento mítico. Os primeiros descobridores de uma matemática científica não conseguiram romper esse véu. Os pitagóricos falavam do número como um poder mágico e misterioso, e mesmo em sua teoria do espaço usam uma linguagem mística. Essa interpenetração de elementos que parecem heterogêneos torna-se especialmente conspícua em todos os sistemas primitivos de cosmogonia. A astronomia babilônica, em seu conjunto, é ainda uma interpretação mítica do universo. Já não estava restrita à estreita esfera do espaço primitivo, concreto e corporal. É como se o espaço fosse transposto da terra para o céu. Quando se voltou para a ordem dos fenômenos celestiais, contudo, a humanidade não conseguiu esquecer-se de suas necessidades e interesses terrestres. Se o homem começou a dirigir os olhos para os céus, não foi para satisfazer uma curiosidade meramente intelectual. O que ele realmente procurava no firmamento era o seu próprio reflexo e a ordem de seu universo humano. Sentia que seu mundo estava preso por muitos laços visíveis e invisíveis à ordem geral do universo — e tentou penetrar nessa conexão misteriosa. Logo, os fenômenos celestiais não podiam ser estudados com o espírito distanciado de meditação abstrata e ciência pura. Eram vistos como senhores e soberanos do mundo e regentes da vida humana. Para organizar a vida política, social e moral do homem acabou sendo necessário voltar-se para os céus. Nenhum fenômeno humano parecia explicar a si mesmo; tinha de ser explicado com referência a um fenômeno celestial correspondente do qual dependia. Com base nestas considerações, fica claro que o espaço dos primeiros sistemas astronômicos não podia ser um mero espaço teórico, e por quê. Ele não consistia em pontos e linhas, de superfícies no sentido geométrico abstrato desses termos. Estava repleto de poderes mágicos, divinos e demoníacos. A primeira meta, essencial, da astronomia era obter uma compreensão da natureza e da atividade desses poderes, para poder prevê-los e evitar suas perigosas influências. A astronomia só podia surgir nessa forma mítica e mágica — na forma da *astrologia*. Ela conservou esse caráter por muitos milhares de anos; de certo modo, ainda era predominante nos primeiros séculos de nossa época, na cultura do Renascimento. Até Kepler, o verdadeiro fundador da nossa astronomia científica, teve de debater-se durante toda a vida com esse problema. Mas finalmente esse último passo teve de ser dado. A astronomia supera a astrologia; o espaço geométrico toma o lugar do espaço mítico e mágico. Foi uma forma falsa e errônea de pensamento simbólico que começou a pavimentar o caminho para um simbolismo novo e verdadeiro, o simbolismo da ciência moderna.

Uma das primeiras tarefas da filosofia moderna, e das mais difíceis, foi entender esse simbolismo em seu verdadeiro sentido e seu significado pleno. Se estudarmos a evolução do pensamento cartesiano, veremos que Descartes não começou com o *Cogito, ergo sum*. Partiu do conceito e ideal de uma *mathesis universalis*. Seu ideal estava fundado em uma grande descoberta matemática — a geometria analítica. Nisto, o pensamento simbólico deu mais um passo à frente, que viria a ter as mais importantes conseqüências sistemáticas. Ficou claro que todo o nosso conhecimento do espaço e das relações espaciais podia ser traduzido para uma nova linguagem, a dos números, e que mediante essa tradução e transformação o verdadeiro caráter lógico do pensamento geométrico poderia ser concebido de modo muito mais claro e adequado.

Encontramos o mesmo progresso característico quando passamos do problema do espaço para o *problema do tempo*. É verdade que existem não apenas analogias estritas, mas também diferenças marcantes no desenvolvimento de ambos os conceitos. Segundo Kant, o espaço é a forma de nossa "experiência exterior" e o tempo é a forma de nossa "experiência interior". Na interpretação de sua experiência interna, o homem teve novos problemas para enfrentar. Nesse caso, ele não podia usar os mesmos métodos que usara em sua primeira tentativa de organizar e sistematizar o conhecimento do mundo físico. Existe, no entanto, um passado comum para as duas questões. Também o tempo é pensado no início não como uma forma específica da vida humana, mas como uma condição geral da vida orgânica. A vida orgânica existe apenas na medida em que evolui no tempo. Não é uma coisa, mas um processo — um fluxo contínuo de eventos, que nunca se detém. Neste fluxo, nada jamais recorre com a mesma forma idêntica. O dito de Heráclito serve para toda a vida orgânica: "Não se entra duas vezes no mesmo rio." Ao tratar do problema da vida orgânica precisamos, antes e acima de tudo, livrar-nos daquilo que Whitehead chamou de preconceito da "localização simples". O organismo nunca está localizado em um único instante. Em sua vida, três modos de tempo — passado, presente e futuro — formam um todo que não pode ser dividido em seus elementos individuais. "Le présent est chargé du passé, et gros de l'avenir", disse Leibniz. Não podemos descrever o estado momentâneo de um organismo sem levar em consideração a sua história e sem referi-lo a um estado futuro para o qual este estado é apenas um ponto de passagem.

Um dos mais destacados fisiologistas do século XIX, Ewald Hering, defendia a teoria de que a *memória* deve ser vista como uma função geral de toda matéria orgânica[6]. Não é apenas um fenômeno de nossa vida consciente, mas está difundida por todo o domínio da natureza viva. Essa teoria foi aceita e desenvolvida ainda mais por R. Semon, que, com base nela, elaborou um novo esquema geral da psicologia. Segundo Semon, a única abordagem de uma psicologia científica era por meio de uma *"biologia mnêmica"*. Ele definia "mneme" como o princípio da conservação na mutabilidade de todos os acontecimentos orgânicos. A memória e a hereditariedade são dois aspectos da mesma função orgânica. Cada estímulo que age sobre um organismo deixa nele um "engrama", um traço fisiológico definido; e todas as futuras reações do organismo dependem da cadeia desses engramas, do "complexo de engramas" conectados[7]. Mesmo admitindo a tese geral de Hering e Semon, porém, ainda estaremos muito longe de ter explicado o papel e o significado da memória no nosso mundo humano. O conceito antropológico de mneme ou memória é algo totalmente diferente. Se entendemos a memória como uma função geral de toda a matéria orgânica, queremos apenas dizer que o organismo conserva alguns traços de sua antiga experiência, e que todos esses vestígios têm uma distinta influência sobre as suas futuras reações. Mas, para ter a memória no sentido humano da palavra, não basta que reste "um remanescente latente da ação anterior de um estímulo"[8]. A mera presença, a soma total desses remanescentes, não consegue explicar o fenômeno da memória. Esta implica um processo de reconhecimento e identificação, um processo ideacional de tipo muito complexo. As impressões anteriores não devem ser apenas repetidas; devem também ser ordenadas e localizadas, e referidas a diferentes pontos do tempo. Tal localização não é possível sem a concepção do tempo como um esquema geral — como uma *ordem serial* que compreende todos os eventos individuais. A percepção do tempo implica necessariamente o conceito de tal ordem serial correspondente àquele outro esquema que chamamos de espaço.

A memória como simples reprodução de um evento passado ocorre também entre os animais superiores. A que ponto ela depende de processos ideacionais comparáveis aos que encontramos no homem é um problema difícil e bastante controverso. Em seu último livro, Robert M. Yerkes dedica um capítulo especial à investigação e esclarecimento do problema. Será que esses animais, pergunta ele com referência aos chimpanzés,

> agem como se capazes de lembrar, rememorar, reconhecer experiências prévias, ou será que fora da vista quer mesmo di-

zer fora da mente? Poderão eles antecipar, ter expectativas, imaginar e, com base nessa percepção, preparar-se para eventos futuros?... Poderão eles resolver problemas e adaptar-se em geral a situações ambientais com ajuda de processos simbólicos análogos aos nossos símbolos verbais, bem como com associações que funcionam como signos?[9]

Yerkes inclina-se a responder pela afirmativa a todas essas perguntas. Mesmo que aceitemos todas as suas evidências, porém, a questão crucial permanece. Pois o que interessa aqui não é tanto o *fato* de processos ideacionais em homens e animais quanto a *forma* desses processos. No homem não podemos descrever a lembrança como um simples retorno de um evento, como uma vaga imagem ou cópia de impressões anteriores. Não é simplesmente uma repetição, mas antes um renascimento do passado; implica um processo criativo e construtivo. Não basta recolher dados isolados da nossa experiência passada; devemos realmente *re-colhê-las*, organizá-las e sintetizá-las e reuni-las em um foco de pensamento. É este tipo de lembrança que nos proporciona a forma humana característica da memória, e a distingue de todos os demais fenômenos na vida animal ou orgânica.

É claro que na nossa experiência ordinária encontramos muitas formas de lembrança ou memória que obviamente não correspondem a esta descrição. Muitos casos de memória, talvez a maioria deles, podem ser explicados de modo bastante adequado segundo a abordagem comum das escolas do sensacionalismo, ou seja, por um mecanismo simples de "associação de idéias". Muitos psicólogos convenceram-se de que não há melhor modo de testar a memória de uma pessoa que descobrir quantas palavras ou sílabas sem sentido ela pode conservar na mente e repetir após um certo lapso de tempo. As experiências feitas com base nessa pressuposição pareciam dar a única medida exata da memória humana. Uma das contribuições de Bergson para a psicologia consiste nos seus ataques contra todos essas teorias mecânicas da memória. Segundo a visão de Bergson, desenvolvida em *Matière et mémoire*, a memória é um fenômeno muito mais profundo e complexo. Ela significa "internalização" e intensificação; significa a interpenetração de todos os elementos de nossa vida passada. Na obra de Bergson, esta teoria tornou-se um novo ponto de partida metafísico, que revelou ser a pedra de toque de toda a sua filosofia da vida.

Não estamos preocupados aqui com esse aspecto metafísico do problema. Nosso objetivo é uma *fenomenologia da cultura humana*. Devemos, portanto, tentar ilustrar e elucidar a questão com exemplos tirados da vida cultural do homem. Uma ilustração clássica é a vida e a obra de Goethe. A memória simbólica é o processo pelo qual o homem não só repete sua experiência passada, mas também reconstrói essa experiência. A imaginação torna-se um elemento necessário da verdadeira lembrança. Foi por essa razão que Goethe intitulou sua autobiografia de *Poesia e Verdade* (*Dichtung und Wahrheit*). Não quis dizer com isso que havia introduzido quaisquer elementos imaginários ou fictícios. Queria descobrir e descrever a verdade sobre sua vida; mas tal verdade só podia ser encontrada dando aos fatos isolados e dispersos de sua vida uma forma poética, ou seja, simbólica. Outros poetas viram sua própria obra de maneira parecida. Ser poeta, declarou Henrik Ibsen, significa presidir como juiz a si mesmo[10]. A poesia é uma das formas pelas quais um homem pode passar veredicto sobre si mesmo e sua vida. É autoconhecimento e autocrítica. Tal crítica não deve ser entendida em um sentido moral. Não significa estima ou censura, justificativa ou condenação, e sim uma compreensão nova e mais profunda, uma reinterpretação da vida pessoal do poeta. O processo não se restringe à poesia; é possível em todos os outros meios de expressão artística. Se olharmos para os auto-retratos de Rembrandt, pintados em diferentes épocas de sua vida, encontraremos nas linhas toda a história da vida de Rembrandt, de sua personalidade, de seu desenvolvimento como artista.

Mas a poesia não é a única forma, e talvez não seja a mais característica, de memória simbólica. O primeiro grande exemplo de o que é e o que significa uma autobiografia foi dado pelas *Confissões* de Agostinho. Nela encontramos um tipo diferente de auto-exame. Agostinho não relata os eventos de sua própria vida, que para ele mal valiam a pena ser lembrados ou registrados. O drama contado por Agostinho é o drama religioso da humanidade. Sua própria conversão não é mais que a repetição e o reflexo do processo religioso universal — da queda e da redenção do homem. Cada linha do livro de Agostinho tem não só um sentido histórico, mas também um sentido simbólico oculto. Agostinho não podia entender sua própria vida ou falar dela a não ser na linguagem simbólica da fé cristã. Por esse procedimento, tornou-se ao mesmo tempo um grande pensador religioso e o fundador de uma nova psicologia, de um novo método de introspecção e auto-exame.

Até aqui levamos em consideração apenas um aspecto do tempo — a relação do presente com o passado. Mas há outro aspecto que parece ainda mais característico e importante para a estrutura da vida humana. Isso é o que poderia ser chamado de terceira dimensão do tempo, a dimensão do futuro. Na nossa consciência do tempo, o futuro é um elemento indispensável. Mesmo nos primeiros estágios da vida, esse elemento começa a ter um papel dominante. "É característico de todo o início do desenvolvimento da vida das idéias", escreve William Stern, "que elas não apareçam tanto como memórias que apontam para alguma coisa do passado, mas como expectativas dirigidas para o futuro — embora apenas para um futuro imediatamente próximo. Deparamos aqui pela primeira vez com uma lei geral do desenvolvimento. A referência ao futuro é apreendida pela consciência antes que a referência ao passado."[11] Mais adiante na vida, essa tendência torna-se ainda mais pronunciada. Vivemos muito mais em nossas dúvidas e temores, nossas ansiedades e esperanças sobre o futuro, do que em nossas lembranças ou em nossas experiências presentes. Isso pareceria, à primeira vista, um dom humano questionável, pois introduz um elemento de incerteza na vida humana que é estranho a todas as demais criaturas. Parece que o homem seria mais sábio e feliz caso se livrasse dessa idéia fantástica, dessa miragem do futuro. Filósofos, poetas e grandes pensadores religiosos de todos os tempos preveniram o homem contra essa fonte de constante auto-ilusão. A religião admoesta o homem a não temer o dia vindouro, e a sabedoria humana o aconselha a desfrutar o dia presente, sem ligar para o futuro. "Quid sit futurum cras fuge quaerere", diz Horácio. Mas o homem nunca foi capaz de seguir esse conselho. Pensar no futuro e viver no futuro é uma parte necessária de sua natureza.

De certo modo, essa tendência parece não exceder os limites da vida orgânica. É uma característica de todos os processos orgânicos o não poderem ser descritos sem referência ao futuro. A maioria dos instintos animais deve ser interpretada desse modo. As ações instintivas não são suscitadas por necessidades imediatas; são impulsos dirigidos para o futuro, e com freqüência para um futuro muito remoto. O efeito dessas ações não será visto pelo animal que as realiza, visto que ele se dá na vida da geração vindoura. Ao estudarmos um livro como *Souvenirs entomologiques*, de Jules Fabre, encontramos em quase todas as páginas exemplos notáveis dessa característica dos instintos animais.

Nada disso exige, nem prova, qualquer "idéia", qualquer concepção ou consciência do futuro nos animais inferiores. Assim que abordamos a vida dos animais superiores, o caso fica duvidoso. Muitos observadores competentes falaram da capacidade de previsão dos animais superiores; tem-se a impressão de que, sem essa suposição, dificilmente faríamos uma descrição adequada do comportamento deles. Se nas experiências de Wolfe um animal aceita fichas no lugar de recompensas verdadeiras, isso parece implicar uma antecipação consciente de fatos futuros; o animal "espera" que as fichas possam ser mais tarde trocadas por comida. "É pequeno o número de observações", escreve Wolfgang Koehler,

em que é reconhecível algum cálculo baseado em uma contingência futura, e parece-me ser de importância teórica que a consideração mais clara de um evento futuro ocorra quando o evento antecipado é um ato planejado *do próprio animal*. Em tal caso, pode realmente acontecer que o animal passe um tempo considerável em um trabalho preparatório (em um sentido inequívoco)... Onde quer que esse trabalho preliminar, obviamente empreendido com vistas ao objetivo final, dure muito tempo, mas não proporcione por si mesmo nenhuma aproximação visível desse objetivo, teremos os indícios de pelo menos algum sentido de futuro[12].

Com base nessas evidências, parece seguir-se que a antecipação de eventos futuros e até mesmo o planejamento de ações futuras não estão inteiramente fora do alcance da vida animal. Nos seres humanos, porém, a consciência do futuro sofre a mesma mudança característica de sentido que observamos em relação à idéia do passado. O futuro não é apenas uma imagem; torna-se um "ideal". O sentido dessa transformação manifesta-se em todas as fases da vida cultural do homem. Enquanto ele está envolvido por inteiro em suas atividades práticas, a diferença não é claramente observável. Parece ser apenas uma diferença de grau, e não uma diferença específica. É claro que o futuro avistado pelo homem estende-se por uma área muito mais ampla, e seu planejamento é muito mais consciente e cuidadoso. Mas isso ainda pertence ao domínio da prudência, não ao da sabedoria. O termo "prudência" (*prudentia*) está etimologicamente ligado a "providência" (*providentia*). Significa a capacidade de prever eventos futuros e preparar-se para as necessidades futuras. Mas a idéia *teórica* do futuro — idéia que é um pré-requisito de todas as atividades culturais superiores do homem — é de um tipo totalmente diferente. É mais que mera expectativa; torna-se um imperativo da vida humana. E esse imperativo vai muito além das necessidades práticas imediatas do homem — em sua forma mais elevada, vai além dos limites de sua vida empírica. Trata-se do *futuro simbólico* do homem, que corresponde ao seu passado simbólico e está em estrita analogia com ele. Podemos chamá-lo de futuro "profético", pois em nenhuma outra parte é mais bem expressado que na vida dos grandes profetas religiosos. Esses mestres religiosos não se contentavam em prever simplesmente os eventos futuros ou em se prevenir contra males futuros. Nem falavam como áugures e aceitavam os indícios de agouros e presságios. A meta deles era outra — na verdade, era o exato oposto da dos vaticinadores. O futuro de que falavam não era um fato empírico, mas uma tarefa ética e religiosa. Assim, a previsão era transformada em profecia. A profecia não significa uma simples previsão; significa uma promessa. Esta é a nova característica que se torna evidente pela primeira vez nos profetas de Israel — em Isaías, Jeremias e Ezequiel. Seu futuro ideal significa a negação do mundo empírico, o "fim de todos os dias"; mas contém ao mesmo tempo a esperança e a garantia de "um novo céu e uma nova terra". Também aqui o poder simbólico do homem aventura-se para além de todos os limites da sua existência finita. Mas essa negação implica um novo e grandioso ato de integração; marca uma fase decisiva na vida ética e religiosa do homem.

CAPÍTULO V

FATOS E IDEAIS

Em sua *Crítica do Juízo*, Kant levanta a questão de saber se é possível descobrir um critério geral com o qual possamos descrever a estrutura fundamental do intelecto humano e distinguir essa estrutura de todos os demais modos possíveis de conhecer. Após uma análise penetrante, ele é levado à conclusão de que tal critério deve ser procurado no caráter do conhecimento humano, que é tal que o entendimento está sujeito à necessidade de fazer uma distinção nítida entre a realidade e a possibilidade das coisas. É esse caráter do conhecimento humano que determina o lugar do homem na corrente geral do ser. Uma diferença entre "real" e "possível" não existe nem para os seres abaixo do homem, nem para os que estão acima dele. Os seres abaixo do homem estão confinados ao mundo de suas percepções sensoriais. São suscetíveis a estímulos físicos reais e reagem a tais estímulos. Mas não conseguem formar nenhuma idéia de coisas "possíveis". Por outro lado, o intelecto sobre-humano, a mente divina, não conhece distinção entre realidade e possibilidade. Deus é *actus purus*. Tudo que ele concebe é real. A inteligência de Deus é um *intellectus archetypus* ou *intuitus originarius*. Ele não pode pensar em uma coisa sem, pelo próprio ato de pensar, criar e produzir essa coisa. É só no homem, na sua "inteligência derivativa" (*intellectus ectypus*) que ocorre o problema da possibilidade. A diferença entre realidade e possibilidade não é metafísica, mas epistemológica. Não denota qualquer caráter das coisas em si; aplica-se apenas ao nosso conhecimento das coisas. Com isso Kant não quis afirmar de maneira positiva e dogmática que um intelecto divino, um *intuitus originarius*, exista de fato. Ele apenas empregou o conceito de um tal "entendimento intuitivo" para descrever a natureza e os limites do intelecto humano. Este último é um "entendimento discursivo", que depende de dois elementos heterogêneos. Não podemos pensar sem imagens, e não podemos intuir sem conceitos. "Os conceitos sem intuições são vazios; as intuições sem conceitos são cegas." É este dualismo nas condições fundamentais do conhecimento que, segundo Kant, está na base de nossa distinção entre realidade e possibilidade[1].

Do ponto de vista do nosso problema presente, esse trecho kantiano — um dos mais importantes e mais difíceis das obras críticas de Kant — tem um interesse especial. Ele indica um problema crucial para qualquer filosofia antropológica. Em vez de dizer que o intelecto humano é um intelecto que "precisa de imagens"[2], deveríamos antes dizer que precisa de símbolos. O conhecimento humano é por sua própria natureza um conhecimento simbólico. É este traço que caracteriza tanto a sua força como as suas limitações. E, para o pensamento simbólico, é indispensável fazer uma distinção clara entre real e possível, entre coisas reais e ideais. Um símbolo não tem existência real como parte do mundo físico; tem um "sentido". No pensamento primitivo ainda é muito difícil diferenciar entre as duas esferas de ser e sentido. As duas são constantemente confundidas: um símbolo é visto como se fosse dotado de poderes mágicos ou físicos. Com o avanço do progresso da cultura humana, porém, a diferença entre as coisas e os símbolos é sentida com mais clareza, o que significa que a distinção entre realidade e possibilidade também fica cada vez mais pronunciada.

Essa interdependência pode ser provada de maneira indireta. Vemos que em condições especiais, em que a função do pensamento simbólico é obstruída ou obscurecida, a diferença entre realidade e possibilidade também fica confusa. Não pode mais ser percebida claramente. A patologia da fala lançou uma luz interessante sobre este problema. Nos casos de afasia, viu-se com muita freqüência que os pacientes não só haviam perdido o uso de classes especiais de palavras, mas também demonstravam ao mesmo tempo uma curiosa deficiência em sua atitude intelectual geral. Em termos práticos, muitos desses pacientes não se desviavam tanto do comportamento de pessoas normais. Mas quando eram confrontados com um problema que exigisse um modo mais abstrato de pensamento, quando tinham de pensar em meras possibilidades em vez de realidades, experimentavam no mesmo instante uma grande dificuldade. Não conseguiam pensar, nem falar, em coisas "irreais". Um paciente que estava sofrendo de hemiplegia, de paralisia da mão direita, por exemplo, era incapaz de pronun-

ciar as palavras: "Posso escrever com a mão direita."
Recusava-se até mesmo a repetir essas palavras quando eram pronunciadas para ele pelo médico. Mas conseguia dizer com facilidade: "Posso escrever com a mão esquerda", pois para ele tratava-se de uma declaração de fato, e não de um caso hipotético ou irreal[3]. "Estes exemplos e outros semelhantes", declara Kurt Goldstein,

> mostram que o paciente é totalmente incapaz de lidar com qualquer situação apenas "possível". Assim, podemos também descrever a deficiência desses pacientes como a falta de capacidade de abordar uma situação "possível"... Nossos pacientes têm a maior dificuldade em dar início a qualquer atividade que não seja determinada diretamente por estímulos externos... têm grandes problemas com o deslocamento voluntário, em passar voluntariamente de um tema a outro. Por conseguinte, falham em tarefas em que tais deslocamentos são necessários... O deslocamento pressupõe que tenho em mente, ao mesmo tempo, o objeto ao qual estou reagindo no momento e aquele ao qual reagirei. Um está no primeiro plano, o outro está no fundo. Mas é essencial que o objeto que está no fundo esteja lá como um objeto possível para uma reação futura. Só então eu poderei mudar de um para o outro. Isso pressupõe a capacidade de abordar coisas que são apenas imaginadas, coisas "possíveis", coisas que não estão dadas na situação concreta. O homem mentalmente enfermo não é capaz de fazer isso devido à sua incapacidade de apreender o que é abstrato. Nossos pacientes são incapazes de copiar ou imitar qualquer coisa que não faça parte de sua experiência concreta imediata. É uma interessante expressão dessa incapacidade que eles tenham a maior dificuldade em repetir uma sentença que não tenha sentido para eles — isto é, cujo conteúdo não corresponda à

realidade que são capazes de apreender... Aparentemente, dizer essas coisas requer que se tome uma atitude muito difícil. Exige, por assim dizer, a capacidade de viver em duas esferas, a esfera concreta em que as coisas reais ocorrem, e a esfera não-concreta, a esfera meramente "possível"... Isso o paciente é incapaz de fazer. Ele pode viver e agir apenas na esfera concreta[4].

Chegamos aqui a um problema universal, um problema de suma importância para todo o caráter e o desenvolvimento da cultura humana. Os empiristas e os positivistas sempre sustentaram que a mais alta tarefa do conhecimento humano é fornecer-nos fatos, e nada mais que fatos. Uma teoria que não se baseia em fatos seria na verdade um castelo nas nuvens. Mas esta não é uma resposta para o problema de um método científico verdadeiro; é, ao contrário, o próprio problema. Pois qual é o sentido de um "fato científico"? É óbvio que nenhum fato desse tipo é dado em qualquer observação casual ou em uma mera acumulação de dados sensoriais. Os dados científicos sempre implicam um elemento teórico, ou seja, simbólico. Muitos, se não a maioria, desses fatos científicos que mudaram todo o curso da história da ciência foram fatos hipotéticos antes de se tornarem fatos observáveis. Quando Galileu fundou sua nova ciência da dinâmica, teve de começar com a concepção de um corpo inteiramente isolado, um corpo que se move sem a influência de qualquer força externa. Tal corpo nunca fora observado e jamais poderia ser observado. Não se tratava de um corpo real, mas possível — e, de certo modo, não era sequer possível, pois a condição na qual Galileu baseou sua conclusão, a ausência de todas as forças externas, nunca é realizada na natureza[5]. Já se enfatizou, corretamente, que todas as concepções que levaram à descoberta do princípio da inércia não são, de modo algum, evidentes ou naturais; que para os gregos, bem como para os homens da Idade Média, essas concepções pareceriam evidentemente falsas, até absurdas[6]. Não obstante, sem o auxílio dessas concepções totalmente irreais, Galileu não poderia ter proposto a sua teoria do movimento; nem poderia ter desenvolvido "uma nova ciência que trata de um tema muito antigo". E o mesmo vale para quase todas as outras grandes teorias científicas. Ao surgirem, foram invariavelmente grandes paradoxos, que exigiram uma coragem intelectual incomum para serem postuladas e defendidas.

Talvez não haja melhor maneira de provar isso que considerando a *história da matemática*. Um dos conceitos mais fundamentais da matemática é o número. Desde o tempo dos pitagóricos, o número tem sido reconhecido como o tema central do pensamento matemático. A descoberta de uma teoria abrangente e adequada do número tornou-se a maior e mais urgente tarefa dos estudiosos desse campo. A cada passo nesta direção, porém, os matemáticos e filósofos enfrentavam a mesma dificuldade. Estavam constantemente sujeitos à necessidade de ampliar seu campo e introduzir números "novos". Todos esses números novos tinham um caráter altamente paradoxal. Seu surgimento suscitava as mais profundas desconfianças dos matemáticos e lógicos. Eram considerados absurdos ou impossíveis. Podemos acompanhar esse desenvolvimento na história dos números negativos, irracionais e imaginários. O próprio termo "irracional" (ἄρρητον) significa uma coisa em que não se pode pensar e da qual não se pode falar. Os números negativos apareceram pela primeira vez no século XVI, na *Arithmetica integra* de Michael Stifel — que os chamou de "números fictícios" (*numeri ficti*). Por muito tempo, até os maiores matemáticos olharam para a idéia de números imaginários como um mistério insolúvel. O primeiro a dar uma explicação satisfatória e uma teoria sólida desses números foi Gauss. As mesmas dúvidas e hesitações ocorreram no campo da geometria, quando os primeiros sistemas não-euclidianos — os de Lobatschevski, Bolyai e Riemann — começaram a aparecer. Em todos os grandes sistemas de racionalismo, a matemática fora considerada o orgulho da razão humana — a província das idéias "claras e distintas". Mas essa reputação pareceu ter sido posta subitamente em causa. Longe de serem claros e distintos, os conceitos matemáticos fundamentais revelaram-se repletos de armadilhas e obscuridades. Essas obscuridades não poderiam ser removidas até que o caráter geral dos conceitos matemáticos fosse claramente reconhecido — até que fosse reconhecido que a matemática não é uma teoria de coisas, e sim uma teoria de símbolos.

A lição que derivamos da história do pensamento matemático pode ser suplementada e confirmada por outras considerações que, à primeira vista, parecem pertencer a uma diferente esfera. A matemática não é o único tema em que a função geral do pensamento simbólico pode ser estudada. A verdadeira natureza e a plena força deste pensamento ficam ainda mais evidentes quando nos voltamos para o desenvolvimento de nossas *idéias e ideais éticos*. A observação de Kant de que para o entendimento humano é ao mesmo tempo necessário e indispensável distinguir entre a realidade e a possibilidade das coisas exprime não só uma característica geral da razão teórica, mas também uma verdade sobre a razão prática. É característico de todos os grandes filósofos o não pensarem em termos de mera realidade. Suas idéias não podem avançar um único passo sem ampliar e até transcender os limites do mundo real. Possuídos de grande poder intelectual e moral, os mestres éticos da humanidade foram dotados também de uma profunda imaginação. Sua visão imaginativa permeia e anima todas as suas afirmações.

Os escritos de Platão e seus seguidores sempre estiveram sujeitos à objeção de que se referem a um mundo completamente irreal. Mas os grandes pensadores éticos não temiam essa objeção. Eles aceitavam-na e procediam abertamente a desafiá-la. "A República platônica", escreve Kant na *Crítica da Razão Pura*,

> sempre foi vista como um exemplo notável de perfeição puramente imaginária. Tornou-se um caso proverbial de algo que só poderia existir no cérebro de um pensador ocioso... Faríamos melhor, no entanto, se déssemos prosseguimento ao seu pensamento e esforço para colocá-la sob uma luz mais clara por nossos próprios esforços, em vez de colocá-la de lado como inútil, sob o pretexto miserável e perigosíssimo de sua impraticabilidade... Pois nada pode ser mais nocivo e mais indigno de um filósofo que o apelo vulgar ao que é chamado de experiência adversa, que possivelmente poderia não ter jamais existido se no momento adequado houvessem sido formadas instituições segundo essas idéias, e não segundo concepções grosseiras que, por terem sido derivadas apenas da experiência, frustraram todas as boas intenções.

Todas as teorias éticas e políticas modernas moldadas segundo a *República* de Platão foram concebidas na mesma linha de pensamento. Quando Thomas More escreveu a *Utopia*, expressou essa visão no próprio título de sua obra. Uma Utopia não é um retrato do mundo real, nem da ordem política ou social real. Não existe em nenhum momento do tempo e em nenhum ponto do espaço; é um "nenhures". Mas foi precisamente essa concepção de um nenhures que resistiu ao teste e provou sua força no desenvolvimento do mundo moderno. Faz parte da própria natureza e do caráter do pensamento ético o não poder jamais condescender a aceitar "o dado". O mundo ético nunca é dado; está sempre em processo de ser feito. "Viver no mundo ideal", disse Goethe, "é tratar o impossível como se fosse possível."[7] Os grandes reformadores políticos e sociais laboram de fato sob a constante necessidade de tratar o impossível como se fosse possível. Em seus primeiros escritos políticos, Rousseau parece falar como um naturalista determinado. Deseja restaurar os direitos naturais do homem, e levá-lo de volta ao seu estado original, o estado da natureza. O homem natural (*l'homme de nature*) deve substituir o homem convencional, social (*l'homme de l'homme*). Mas, se acompanhamos o desenvolvimento posterior do pensamento de Rousseau, torna-se claro que mesmo esse "homem natural" está longe de ser um conceito físico, que na verdade se trata de um conceito simbólico. O próprio Rousseau não pôde negar-se a admitir esse fato. "Comecemos", diz ele na Introdução ao seu *Discours sur l'origine et les fondements de l'inégalité parmi les hommes*,

> pondo de lado os fatos [*par écarter tous les faits*]; pois eles não afetam a questão. As pesquisas em que nos podemos envolver nesta ocasião não devem ser vistas como verdades históricas, mas apenas como raciocínios hipotéticos e condicionais, mais adequados para ilustrar a natureza das coisas que para mostrar sua verdadeira origem; tal como aqueles sistemas que nossos naturalistas fazem todos os dias acerca da formação do mundo.

Com estas palavras, Rousseau tenta introduzir o método hipotético que Galileu empregara para o estudo dos fenômenos naturais no campo das ciências morais; e está convencido de que só por meio de tais "raciocínios hipotéticos e condicionais" (*des raisonnements hypothétiques et conditionelles*) podemos chegar a um verdadeiro entendimento da natureza do homem. A descrição de Rousseau do estado da natureza não pretendia ser uma narrativa histórica do passado. Era uma interpretação simbólica concebida para retratar e formar um novo futuro para a humanidade. Na história da civilização, a Utopia sempre cumpriu essa tarefa. Na filosofia do Iluminismo, tornou-se um gênero literário de direito próprio e revelou ser uma das armas mais poderosas em todos os ataques contra a ordem política e social existente. Foi empregada com esse fim por Montesquieu, Voltaire e Swift. No século XIX, Samuel Butler deu-lhe um uso semelhante. A grande missão da Utopia é abrir passagem para o possível, no sentido de oposto a uma aquiescência passiva do estado presente real de coisas. É o pensamento simbólico que supera a inércia natural do homem e lhe confere uma nova capacidade, a capacidade de reformular constantemente o seu universo humano.

PARTE II

O HOMEM E A CULTURA

CAPÍTULO VI

A DEFINIÇÃO DO HOMEM NOS TERMOS DA CULTURA HUMANA

O momento em que Platão interpretou a máxima "Conhece-te a ti mesmo" em um sentido inteiramente novo constituiu-se em uma virada na cultura e no pensamento dos gregos. Essa interpretação introduziu um problema que não só era estranho ao pensamento pré-socrático como também ia muito além do método socrático. Para obedecer à exigência do deus délfico, para cumprir o dever religioso de auto-exame e autoconhecimento, Sócrates abordara o homem individual. Platão reconheceu as limitações do modo de indagação socrático. Para resolver o problema, declarou, devemos projetá-lo a um plano mais amplo. Os fenômenos que encontramos em nossa experiência individual são tão variados, tão complexos e contraditórios, que mal conseguimos desemaranhá-los. O homem não deve ser estudado em sua vida individual, mas em sua vida política e social. A natureza humana, segundo Platão, é como um texto difícil, cujo sentido deve ser decifrado pela filosofia. Na nossa experiência pessoal, porém, esse texto é escrito em letras tão diminutas que se torna ilegível. O primeiro trabalho da filosofia deve ser aumentar essas letras. A filosofia não pode dar-nos uma teoria satisfatória do homem sem antes desenvolver uma teoria do estado. A natureza do homem está escrita em letras maiúsculas na natureza do estado. Nesta, o sentido oculto do texto surge de repente, e o que parecia obscuro e confuso torna-se claro e legível.

Mas a vida política não é a única forma de existência comunitária humana. Na história da humanidade o estado, em sua forma presente, é um produto tardio do processo civilizador. Muito antes de o homem descobrir essa forma de organização social, ele havia feito outras tentativas de organizar seus sentimentos, desejos e pensamentos. Tais organizações e sistematizações estão contidas na linguagem, no mito, na religião e na arte. Deveremos aceitar essa base mais ampla se quisermos desenvolver uma teoria do homem. O estado, por mais importante que seja, não é tudo. Não pode expressar ou absorver todas as outras atividades do homem. É claro que essas atividades, em sua evolução histórica, estão intimamente ligadas ao desenvolvimento do estado; em muitos aspectos, elas dependem das formas de vida política. No entanto, embora não possuam uma existência histórica separada, têm mesmo assim um propósito e um valor próprios.

Na filosofia moderna, Comte foi um dos primeiros a abordar este problema e a formulá-lo de maneira clara e sistemática. É um tanto paradoxal que a esse respeito devamos considerar o positivismo de Comte como um paralelo moderno da teoria platônica do homem. Comte, é claro, nunca foi platônico. Nunca pôde aceitar os pressupostos lógicos e metafísicos sobre os quais se baseia a teoria das idéias de Platão. Contudo, por outro lado, ele era fortemente contrário às opiniões dos ideologistas franceses. Em sua hierarquia do conhecimento humano, duas novas ciências, a ciência da ética social e a da dinâmica social, ocupam o mais alto posto. Deste ponto de vista sociológico, Comte ataca o psicologismo de sua época. Uma das máximas fundamentais de sua filosofia é que o nosso método de estudar o homem deve, na verdade, ser subjetivo, mas que não pode ser individual. Pois o que queremos conhecer não é a consciência individual, mas o sujeito universal. Se nos referirmos a este sujeito pelo termo "humanidade", deveremos então afirmar que a humanidade não será explicada pelo homem, e sim o homem pela humanidade. O problema deve ser reformulado e reexaminado; deve ser posto sobre uma base mais ampla e mais sólida. Foi essa base que descobrimos no pensamento sociológico e histórico. "Para conhecer-te a ti mesmo", diz Comte, "conhece a história." A partir desse momento, a psicologia histórica suplementa e supera todas as formas anteriores de psicologia individual. "As chamadas observações feitas sobre a mente, considerada em si mesma e *a priori*", escreveu Comte em uma carta, "são puras ilusões. Tudo o que chamamos *de lógica, metafísica e ideologia* é uma fantasia ociosa e um sonho, quando não um absurdo."[1]

No *Cours de philosophie positive* de Comte, podemos acompanhar passo a passo a transição dos ideais metodológicos no século XIX. Comte começou apenas como cientista, interessando-se de maneira aparentemente total por problemas matemáticos, físicos e químicos. Em sua hierarquia do conhecimento humano, a escala vai da astronomia à biologia, passando pela matemática, pela física e pela química. Vem então o que parece ser uma súbita inversão dessa ordem. Quando abordamos o mundo humano, os princípios da matemática ou das ciências naturais não se tornam inválidos mas deixam de ser suficientes. Os fenômenos sociais estão sujeitos às mesmas regras que os fenômenos físicos, mas são de um caráter diferente e muito mais complicado. Não devem ser descritos apenas em termos de física, química e biologia. "Em todos os fenômenos sociais", diz Comte,

> percebemos a ação das leis fisiológicas do indivíduo, e algo mais que modifica seus efeitos e que pertence à influência dos indivíduos uns sobre os outros — o que é singularmente complicado no caso da raça humana pela influência das gerações sobre suas sucessoras. Assim, fica claro que nossa ciência social deve-se originar daquilo que se relaciona à vida do indivíduo. Por outro lado, não há ocasião para supor, como fizeram alguns fisiologistas eminentes, que a Física Social é apenas um apêndice da Fisiologia. Os fenômenos das duas não são idênticos, embora sejam homogêneos; e é importantíssimo manter as duas ciências separadas. Como as condições sociais modificam a operação das leis fisiológicas, a Física Social deve ter um conjunto próprio de observações[2].

Os discípulos e seguidores de Comte, porém, não estavam inclinados a aceitar essa distinção. Negavam a diferença entre a fisiologia e a sociologia porque temiam que reconhecê-la levasse de volta a um dualismo metafísico. Sua ambição era estabelecer uma teoria puramente naturalista do mundo social e cultural. Para tal fim, julgaram necessário negar e destruir todas as barreiras que parecem separar o mundo humano do animal. A teoria da evolução havia, evidentemente, apagado todas essas diferenças. Mesmo antes de Darwin, o progresso da história natural havia frustrado todas as tentativas de uma tal diferenciação. Nos primeiros estágios da observação empírica, ainda era possível que o cientista nutrisse a esperança de acabar encontrando um caráter anatômico reservado para o homem. Ainda no século XVIII aceitava-se em geral a teoria de que há uma diferença marcada, e em alguns casos um claro contraste, entre a estrutura anatômica do homem e a dos outros animais. Um dos grandes méritos de Goethe no campo da anatomia comparada foi ter combatido com vigor essa teoria. A mesma homogeneidade, não apenas na estrutura anatômica e fisiológica, mas também na mental do homem, ainda precisava ser demonstrada. Para tal propósito, todos os ataques contra o velho modo de pensar tinham de ser concentrados em um ponto. A coisa a ser provada era que o que chamamos de inteligência do homem não é de modo algum uma faculdade original, dependente apenas de si mesma. Os defensores das teorias naturalistas podiam buscar suas provas nos princípios da psicologia estabelecidos pelas velhas escolas do sensacionalismo. Taine desenvolveu a base psicológica para a sua teoria geral da cultura humana em uma obra sobre a inteligência do homem[3]. Segundo Taine, aquilo que chamamos de "comportamento inteligente" não é um princípio especial ou privilégio da natureza humana; é apenas uma ação mais requintada e complicada do mesmo mecanismo associativo e automatismo que encontramos em todas as reações animais. Se aceitamos essa explicação, a diferença entre a inteligência e o instinto torna-se desprezível; é uma mera diferença de grau, não de qualidade. A própria inteligência torna-se um termo inútil e cientificamente sem sentido.

A característica mais surpreendente e paradoxal das teorias desse tipo é o contraste marcante entre o que elas prometem e o que de fato nos dão. Os pensadores que conceberam essas teorias foram muito severos quanto aos seus princípios metodológicos. Não se contentavam em falar da natureza humana em termos da nossa experiência comum, pois aspiravam a um ideal muito mais elevado, um ideal de absoluta exatidão científica. Mas, quando comparamos os resultados obtidos por eles com esse padrão, não podemos evitar a decepção. "Instinto" é um termo muito vago. Pode ter um certo valor descritivo, mas é óbvio que não tem qualquer valor explicativo. Ao reduzir algumas classes de fenômenos orgânicos ou humanos a certos instintos fundamentais, não alegamos uma nova causa, mas apenas introduzimos um novo nome. Fizemos uma pergunta, em vez de responder. Na melhor das hipóteses, o termo "instinto" nos proporciona um *idem per idem*, e na maioria dos casos é um *obscurum per obscurius*. Até mesmo na descrição do comportamento animal, a maioria dos biólogos e psicobiologistas modernos tornaram-se muito cautelosos para usá-lo. Previnem-nos contra as falácias que parecem estar inextricavelmente ligadas a ele. Tentam antes evitar ou abandonar o "conceito carregado de erros de instinto e o conceito excessivamente simplista de inteligência". Em uma de suas publicações mais recentes, Robert M. Yerkes declara que os termos "instinto" e "inteligência" estão fora de moda e que os conceitos que representam estão tristemente necessitados de uma redefinição[4]. Mas no campo da filosofia antropológica estamos ainda, aparentemente, longe de qualquer redefinição desse tipo. Nela, esses termos são ainda aceitos com total ingenuidade, sem análise crítica. Usado desse modo, o conceito de instinto torna-se um exemplo do erro metodológico típico que foi descrito por William James como a falácia do psicólogo. A palavra "instinto", que pode ser usada para a descrição do comportamento humano ou animal, é hipostasiada em uma espécie de poder natural. É curioso que esse erro tenha sido cometido com freqüência por pensadores que, em todos os demais aspectos, sentiam-se seguros contra as recaídas no realismo escolástico ou na "psicologia-faculdade". Uma crítica muito clara e impressionante desse modo de pensar é feita em *Human Nature and Conduct*, de John Dewey. "Não é científico", escreve ele,

> tentar restringir as atividades originais a um número definido de classes claramente demarcadas de instintos. E o resultado prático dessa tentativa é pernicioso. Classificar é, na verdade, tão útil quanto natural. A multidão indefinida de eventos particulares e mutáveis é enfrentada pela mente com atos de definição, inventariação, listagem, redução a verbetes comuns e separação em grupos... mas, quando presumimos que nossas listas e grupos representam separações fixas e coleções *in rerum natura*, obstruímos em vez de ajudar as nossas transações com as coisas. Somos culpados de uma presunção que a natu-

reza pune prontamente. Ficamos impotentes para lidar efetivamente com as sutilezas e novidades da natureza e da vida... A tendência a esquecer o ofício das distinções e classificações e a tomá-las como coisas marcantes em si mesmas é a atual falácia do especialismo científico... essa atitude que floresceu outrora na ciência física rege agora a teorização sobre a natureza humana. O homem foi resolvido em uma coleção definida de instintos primários que podem ser numerados, catalogados e descritos exaustivamente um por um. Os teóricos diferem apenas, ou principalmente, quanto ao seu número e classificação. Alguns dizem um, o amor a si mesmo; outros, dois, o egoísmo e o altruísmo; outros ainda, três, a cobiça, o medo e a glória, enquanto hoje em dia escritores de uma veia mais empírica elevam o número para cinqüenta ou sessenta. Na verdade, porém, há tantas reações específicas a diferentes condições estimulantes quanto há tempo para elas, e nossas listas são apenas classificações para um propósito[5].

Após este breve levantamento dos diferentes métodos que foram até aqui empregados para responder à pergunta sobre o que é o homem, chegamos agora à nossa questão central. Serão esses métodos suficientes e exaustivos? Ou haverá ainda mais uma abordagem para uma filosofia antropológica? Haverá qualquer outro caminho além do da introspecção psicológica, da observação e experimentação biológica e da investigação histórica? Esforcei-me para descobrir uma abordagem alternativa assim em meu livro *Filosofia das Formas Simbólicas*[6]. O método dessa obra não é de modo algum uma inovação radical. Não foi concebido para abolir, mas para complementar as visões anteriores. A filosofia das formas simbólicas parte do pressuposto de que, se houver qualquer definição da natureza ou "essência" do homem, tal definição só poderá ser entendida como sendo funcional, e não substancial. Não podemos definir o homem com base em qualquer princípio inerente que constitua a sua essência metafísica — nem podemos defini-lo por qualquer faculdade ou instinto inato que possa ser verificado pela observação empírica. A característica destacada do homem, sua marca distintiva, não é a sua natureza metafísica ou física, mas o seu trabalho. É este trabalho, o sistema das atividades humanas, que define e determina o círculo da "humanidade". Linguagem, mito, religião, arte, ciência e história são os constituintes, os vários setores desse círculo. Uma "filosofia do homem" seria portanto uma filosofia que nos proporcionasse uma compreensão da estrutura fundamental de cada uma dessas atividades humanas, e que ao mesmo tempo nos permitisse entendê-las como um todo orgânico. A linguagem, o mito e a religião não são criações isoladas, aleatórias. Estão unidas por um vínculo comum. Mas este vínculo não é um *vinculum substantiale*, como foi imaginado e descrito pelo pensamento escolástico; é antes um *vinculum functionale*. É a função básica da fala, do mito, da arte e da religião que devemos buscar por trás de suas inumeráveis formas e expressões, e para a qual em última instância devemos tentar encontrar uma origem comum.

É óbvio que no desempenho desta tarefa não devemos menosprezar nenhuma possível fonte de informação. Devemos examinar todas as evidências empíricas disponíveis, e utilizar todos os métodos de introspecção, observação biológica e indagação histórica. Esses métodos anteriores não devem ser eliminados, mas reportados a um novo centro intelectual, e portanto vistos de um novo ângulo. Ao descrever a estrutura da linguagem, do mito, da religião, da arte e da ciência, sentimos a necessidade constante de uma terminologia psicológica. Falamos de "sentimento" religioso, de "imaginação" artística ou mítica, de pensamento lógico ou racional. E não podemos ingressar em todos esses mundos sem um sólido método psicológico científico. A psicologia infantil fornece-nos pistas valiosas para o estudo do desenvolvimento geral da fala humana. Ainda mais valiosa parece ser a ajuda que obtemos do estudo da sociologia geral. Não podemos entender a forma do pensamento mítico primitivo sem levar em consideração as formas da sociedade primitiva. E ainda mais urgente é o uso de métodos históricos. A questão de o que "são" a linguagem, o mito e a religião não pode ser respondida sem um estudo profundo de seu desenvolvimento histórico.

Mas, mesmo que fosse possível dar uma resposta a todas essas questões psicológicas, sociológicas e históricas, ainda estaríamos nos limites do mundo propriamente "humano"; não teríamos passado o seu limiar. Todas as obras humanas surgem em condições históricas e sociológicas particulares. Mas nunca poderíamos entender essas condições especiais se não fôssemos capazes de apreender os princípios estruturais gerais subjacentes a tais obras. No nosso estudo da linguagem, da arte e do mito, o problema do sentido tem precedência sobre o problema do desenvolvimento histórico. E também neste caso podemos verificar uma lenta e contínua mudança nos conceitos e ideais metodológicos da ciência empírica. Na lingüística, por exemplo, a concepção de que a história da linguagem cobre todo o campo dos estudos lingüísticos foi por muito tempo um dogma aceito. Esse dogma deixou sua marca em todo o desenvolvimento da lingüística durante o século XIX. Hoje em dia, contudo, essa unilateralidade parece ter sido totalmente superada.

A necessidade de métodos independentes de análise descritiva é reconhecida por todos[7]. Não podemos ter esperanças de medir a profundidade de um determinado ramo da cultura humana a menos que tal medida seja precedida por uma análise descritiva. Esta visão estrutural da cultura deve preceder a visão meramente histórica. A própria história ficaria perdida na massa ilimitada de fatos desconexos se não tivesse um esquema estrutural com o qual classificar, ordenar e organizar esses fatos. No campo da história da arte, um esquema assim foi desenvolvido, por exemplo, por Heinrich Wölfflin. Tal como insiste Wölfflin, um historiador da arte seria incapaz de caracterizar a arte de épocas diferentes ou de artistas diferentes se não possuísse algumas *categorias* fundamentais de descrição artística. Encontra essas categorias estudando e analisando os diferentes modos e possibilidades de expressão artística. Essas possibilidades não são ilimitadas; na verdade, podem ser reduzidas a um pequeno número. Foi com base neste ponto de vista que Wölfflin fez sua famosa descrição do clássico e do barroco. Nela, os termos "clássico" e "barroco" não foram usados como nomes para fases históricas definidas. Pretendiam designar alguns padrões estruturais gerais que não se restringiam a uma época particular. "Não é a arte dos séculos XVI e XVII", diz Wölfflin no final de seu livro *Principles of Art History*,

> que devia ser analisada, mas apenas o esquema e as possibilidades visuais e criativas em que a arte se manteve em ambos os casos. Para ilustrar isso, naturalmente, só poderíamos proceder fazendo referências à obra de arte individual, mas tudo que foi dito de Rafael e Ticiano, de Rembrandt e Velasquez pretendia apenas elucidar o curso geral das coisas... Tudo é transição, e é difícil responder ao homem que considera a história como um fluxo sem fim. Para nós, a autopreservação intelectual exige que classifiquemos a infinidade de eventos com referência a uns poucos resultados[8].

Se o lingüista e o historiador da arte precisam de categorias estruturais fundamentais para sua "autopreservação intelectual", tais categorias são ainda mais necessárias para uma descrição filosófica da civilização humana. A filosofia não pode contentar-se em analisar as formas individuais da cultura humana. Ela procura uma visão universal sintética que inclua todas as formas individuais. Mas não seria uma tal visão abrangente uma tarefa impossível, uma simples quimera? Na experiência humana não encontramos, de maneira alguma, as várias atividades que constituem o mundo da cultura existindo em harmonia. Ao contrário, vemos o atrito perpétuo entre forças conflitantes. O pensamento científico contradiz e suprime o pensamento mítico. A religião, em seu mais alto desenvolvimento teórico e ético, vê-se na necessidade de defender a pureza de seu próprio ideal contra as fantasias extravagantes do mito ou da arte. Assim, a unidade e a harmonia da cultura humana parecem ser pouca coisa mais que um *pium desiderium* — um embuste virtuoso — que é constantemente frustrado pelo curso real dos acontecimentos.

Neste ponto, porém, necessitamos fazer uma distinção clara entre o ponto de vista material e o formal. A cultura humana está sem dúvida dividida em várias atividades que procedem segundo linhas diferentes e perseguem fins diferentes. Se nos contentamos em contemplar os resultados dessas atividades — as criações do mito, os ritos ou credos religiosos, obras de arte, teorias científicas — parece impossível reduzi-los a um denominador comum. Uma síntese filosófica, porém, significa algo diferente. O que procuramos aqui não é uma unidade de efeitos, mas uma unidade de ação; uma unidade não de produtos, mas do *processo criativo*. Se o termo "humanidade" quer dizer alguma coisa, quer dizer que, a despeito de todas as diferenças e oposições que existem entre suas várias formas, todas elas estão, mesmo assim, trabalhando para um fim comum. A longo prazo, deve ser encontrado um traço destacado, um caráter universal, sobre o qual todas concordam e se harmonizam. Se pudermos determinar esse caráter, os raios divergentes poderão ser reunidos e concentrados em um foco de pensamento. Tal como foi assinalado, essa organização dos fatos da cultura humana já foi iniciada nas ciências particulares — na lingüística, no estudo comparativo do mito e da religião, na história da arte. Todas essas ciências estão esforçando-se por encontrar certos princípios, "categorias" definidas, com as quais seja possível reduzir os fenômenos da religião, da arte e da linguagem a uma ordem sistemática. Não fosse por essa síntese prévia efetuada pelas próprias ciências, a filosofia não teria um ponto de partida. A filosofia, por outro lado, não pode parar aqui. Ela deve procurar alcançar uma condensação e uma centralização ainda maiores. Na ilimitada multiplicidade e variedade de imagens míticas, dogmas religiosos, formas lingüísticas, obras de arte, o pensamento filosófico revela a unidade de uma função geral por meio da qual todas essas criações são mantidas unidas. O mito, a religião, a arte, a linguagem e até a ciência são hoje vistos como diversas variações de um tema comum — e a tarefa da filosofia é tornar esse tema audível e compreensível.

CAPÍTULO VII

MITO E RELIGIÃO

De todos os fenômenos da cultura humana, o mito e a religião são os mais refratários a uma análise meramente lógica. O mito, à primeira vista, parece ser apenas caos — uma massa disforme de idéias incoerentes. Procurar as "razões" para tais idéias parece fútil e vão. Se existe alguma coisa que seja característica do mito, é o fato de que ele "não tem pé, nem cabeça". Quanto ao pensamento religioso, não está de modo algum em oposição, necessariamente, ao pensamento racional ou filosófico. Determinar a verdadeira relação entre esses dois modos de pensamento foi uma das principais tarefas da filosofia medieval. Nos sistemas do alto escolasticismo, o problema parecia ter sido solucionado. Segundo Tomás de Aquino, a verdade religiosa é supranatural e supra-racional; mas não é "irracional". Com base apenas na razão, não podemos penetrar os mistérios da fé. No entanto, esses mistérios não contradizem, mas completam e aperfeiçoam, a razão.

Apesar disso, sempre houve pensadores religiosos profundos que discordavam de todas essas tentativas de reconciliar as duas forças opostas. Sustentavam uma tese muito mais radical e inflexível. O dito de Tertuliano, *Credo quia absurdum*, nunca perdeu sua força. Pascal declarou que a obscuridade e a incompreensibilidade eram os próprios elementos da religião. O verdadeiro Deus, o Deus da religião cristã, nunca deixa de ser um *Deus absconditus*, um deus oculto[1]. Kierkegaard descreve a vida religiosa como o grande "paradoxo". Para ele, uma tentativa de atenuar esse paradoxo significava a negação e a destruição da vida religiosa. E a religião é um enigma não só no sentido teórico, mas também no sentido ético. Está repleta de antinomias teóricas e contradições éticas. Promete-nos uma comunhão com a natureza, com os homens, com os poderes sobrenaturais e com os próprios deuses. No entanto, o seu efeito é precisamente o oposto. Em sua aparência concreta ela se torna a fonte das mais profundas dissensões e lutas fanáticas entre os homens. A religião alega estar de posse de uma verdade absoluta; mas a sua história é uma história de erros e heresias. Oferece-nos a promessa e a perspectiva de um mundo transcendente — bem além dos limites de nossa experiência humana — e permanece humana, demasiado humana.

Todavia, o problema apresenta-se sob uma nova perspectiva assim que decidimos mudar nosso ponto de vista. Uma filosofia da cultura humana não faz a mesma pergunta que um sistema metafísico ou teológico. Não estamos indagando aqui acerca do tema da imaginação mítica e do pensamento religioso, e sim acerca da sua forma. Os assuntos, os temas e motivos do pensamento mítico são imensos. Se abordamos o mundo mítico por este lado ele nunca deixa de ser — nas palavras de Milton —

> um negro oceano ilimitável,
> sem confim, sem dimensão, em que comprimento, largura e altura,
> E Tempo e lugar se perdem.

Não há nenhum fenômeno natural, e nenhum fenômeno da vida humana, que não seja passível de uma interpretação mítica, e que não peça uma tal interpretação. Todas as tentativas das diversas escolas de mitologia comparativa no sentido de unificar as idéias mitológicas, reduzi-las a um certo tipo uniforme, estavam destinadas a acabar em um completo fracasso. Apesar dessa variedade e discrepância das produções mitológicas, porém, a função de feitura dos mitos não deixa de ter uma certa homogeneidade. Antropólogos e etnólogos freqüentemente ficaram bastante surpresos ao encontrar os mesmos pensamentos elementares dispersos por todo o mundo, e em condições culturais e sociais totalmente diferentes. O mesmo vale para a história da religião. Os artigos de fé, os credos dogmáticos e os sistemas teológicos estão envolvidos em uma disputa interminável. Até mesmo os ideais éticos de diferentes religiões são amplamente divergentes e dificilmente conciliáveis entre si. Mas nada disso afeta a forma específica do sentimento religioso e a unidade interna do pensamento religioso[2]. Os símbolos religiosos mudam incessantemente, mas o princípio subjacente, a atividade simbólica como tal, permanece a mesma: *una est religio in rituum varietate*.

Uma *teoria* do mito, porém, está carregada de dificuldades desde o início, o mito é não-teórico em seu próprio sentido e essência. Ele desafia e enfrenta as nossas categorias fundamentais de pensamento. Sua lógica —

se é que tem alguma lógica — não pode ser medida por nenhuma de nossas concepções de verdade empírica ou científica. Mas a filosofia nunca poderia admitir uma tal bifurcação. Estava convencida de que as criações da função de fazer mitos devem ter um "sentido" filosófico, compreensível. Se o mito esconde esse sentido sob todos os tipos de imagens e símbolos, tornou-se tarefa da filosofia desmascará-lo. Desde o tempo dos estóicos, a filosofia desenvolveu uma técnica especial, muito elaborada, de interpretação alegórica. Por muitos séculos essa técnica foi vista como o único acesso possível ao mundo mítico. Ela prevaleceu durante toda a Idade Média, e estava ainda em pleno vigor no início da era moderna. Bacon escreveu um tratado especial sobre a "Sabedoria dos Antigos", no qual demonstrou uma grande sagacidade na interpretação da mitologia antiga.

Se estudarmos esse tratado, ficaremos inclinados a sorrir diante das interpretações alegóricas que na maioria dos casos, para um estudioso moderno, parecem ser extremamente ingênuas. Mesmo assim, nossos próprios métodos muito mais requintados e sofisticados são em grande medida passíveis da mesma objeção. A "explicação" que eles fazem dos fenômenos míticos torna-se no fim uma total negação desses fenômenos. O mundo mítico aparece como um mundo artificial, como simulação de outra coisa qualquer. Em vez de ser uma crença, é um mero faz-de-conta. O que distingue esses métodos modernos das formas mais antigas de interpretação alegórica é o fato de não mais considerarem o mito como uma simples invenção feita para um propósito especial. Embora o mito seja fictício, trata-se de uma ficção inconsciente, e não consciente. A mente primitiva não tinha consciência do sentido de suas próprias criações. Mas cabe a nós, cabe à nossa análise científica, revelar esse sentido — detectar o rosto verdadeiro por trás dessas inúmeras máscaras. Essa análise pode proceder em uma direção dupla. No primeiro caso, ela tentará classificar os *objetos* do pensamento mítico; no segundo, tentará classificar os seus *motivos*. Uma teoria parecerá ser tanto mais perfeita quanto mais longe for neste processo de simplificação. Se no final ela conseguir descobrir *um* único objeto ou *um* único motivo que contenha e abranja todos os demais, terá atingido a sua meta e cumprido a sua tarefa. A etnologia e a psicologia modernas tentaram essas duas vias. Muitas escolas etnológicas e antropológicas partiram do pressuposto de que antes e acima de tudo temos que procurar por um centro objetivo para o mundo mítico. "Para os autores desta escola", diz Malinowski,

> todo mito contém em seu âmago ou em sua realidade suprema um fenômeno natural qualquer, elaboradamente tecido em uma história, a tal ponto que esta às vezes quase o mascara e oblitera. Esses estudiosos não concordam muito quanto a qual tipo de fenômeno natural está na base da maioria das produções mitológicas. Existem mitologistas lunares tão completamente aluados com sua idéia que não admitem que qualquer outro fenômeno possa prestar-se a uma interpretação rapsódica selvagem além do satélite noturno da terra... Outros... consideram o sol como o único tema em torno ao qual o homem primitivo teceu suas histórias simbólicas. Há também a história dos interpretadores meteorológicos que consideram o vento, o clima e as cores dos céus como a essência do mito... Alguns desses mitologistas departamentais lutam ferrenhamen-

te por seu corpo celestial ou princípio; outros têm um gosto mais católico, e preparam-se para concordar que o homem primevo fez sua sopa mitológica com todos os corpos celestiais tomados em conjunto[3].

Na teoria psicanalítica do mito de Freud, por outro lado, declara-se que todas as produções míticas são variações e disfarces de um único e mesmo tema psicológico — a sexualidade. Não precisamos entrar aqui nos detalhes de todas essas teorias. Por mais divergentes que sejam em seus conteúdos, todas elas exibem a mesma atitude metodológica. Têm esperanças de fazer-nos entender o mundo mítico por um processo de redução intelectual. Mas nenhuma delas pode alcançar seus objetivos sem apertar e esticar constantemente os fatos para transformar a teoria em um todo homogêneo.

O mito combina um elemento teórico e um elemento de criação artística. O que nos impressiona em primeiro lugar é a sua íntima associação com a poesia. "O mito antigo", disseram, "é a 'massa' a partir da qual a poesia moderna cresceu lentamente mediante os processos que os evolucionistas chamam de diferenciação e especialização. A mente do criador do mito é o protótipo; e a mente do poeta... ainda é essencialmente mitopoética."[4] Mas, a despeito desta conexão genética, não podemos deixar de reconhecer a diferença específica entre o mito e a arte. Uma chave para isso pode ser encontrada na declaração de Kant de que a contemplação estética é "inteiramente indiferente à existência ou não-existência de seu objeto". É precisamente uma indiferença assim, porém, que é inteiramente estranha à imaginação mítica. Na imaginação mítica está sempre implicado um ato de *crença*. Sem a crença na realidade de seu objeto, o mito perderia o seu fundamento. Por meio dessa condição intrínseca e necessária, parecemos ser transportados ao pólo oposto. A esse respeito, parece ser possível e mesmo indispensável comparar o pensamento mítico ao científico. É claro que eles não seguem os mesmos caminhos, mas parecem estar em busca da mesma coisa: a realidade. Na antropologia moderna, esta relação foi enfatizada por Sir James Frazer. Frazer postula a tese de que não há qualquer limite claro que separe a arte mágica de nossos modos de pensamento científico. A magia, por mais imaginários e fantásticos que sejam os seus meios, também é científica em seus fins. Falando teoricamente, a magia é ciência, embora seja na prática uma ciência elusiva — uma pseudociência. Pois até a magia argumenta e age com base no pressuposto de que na natureza um evento segue-se a outro necessária e invariavelmente, sem necessidade da intervenção de qualquer agência espiritual ou pessoal. A convicção aqui é "que o curso da natureza não é afetado pelas paixões ou pelo capricho de seres pessoais, mas pela operação de leis imutáveis que agem mecanicamente". Logo, a magia é fé: implícita, mas real e firme, na ordem e uniformidade da natureza[5]. No entanto, essa tese não resistiu ao teste da crítica; a antropologia moderna parece ter abandonado inteiramente os pontos de vista de Frazer[6]. Hoje é geralmente admitido que é uma concepção muito inadequada do mito e da magia considerá-los como tipicamente etiológicos ou explicativos. Não podemos reduzir o mito a certos elementos estáticos fixos; devemos esforçar-nos para apreendê-lo em sua vida interior, em sua mobilidade e versatilidade, em seu princípio dinâmico.

Será mais fácil abordar esse princípio se abordarmos o problema de um ângulo diferente. O mito, por assim dizer, tem uma face dupla. Por um lado nos mostra uma estrutura conceitual, por outro uma perceptual. Não é uma simples massa de idéias desorganizadas e confusas; depende de um modo de percepção definido. Se o mito não *percebesse* o mundo de modo diferente, não poderia julgá-lo ou interpretá-lo à sua maneira específica. Devemos voltar a essa camada mais profunda de percepção para podermos entender o caráter do pensamento mítico. O que nos interessa no pensamento empírico são os traços constantes da nossa experiência sensorial. Neste caso, fazemos sempre uma distinção entre o que é substancial ou acidental, necessário ou contingente, invariável ou passageiro. Por essa discriminação somos levados ao conceito de um mundo de objetos físicos dotados de qualidades fixas e determinadas. Mas tudo isso envolve um processo analítico que está em oposição à estrutura fundamental da percepção e do pensamento mítico. O mundo mítico está, por assim dizer, em um estágio muito mais fluido e flutuante que o nosso mundo teórico de coisas e propriedades, de substâncias e acidentes. Para apreender e descrever essa diferença, podemos dizer que o que o mito percebe primariamente não são caracteres objetivos, mas *fisionômicos*. A natureza, em seu sentido empírico ou científico, pode ser definida como "a existência de coisas enquanto for determinada por leis gerais"[7]. Uma "natureza" assim não existe para os mitos. O mundo do mito é um mundo dramático — um mundo de ações, de forças, de poderes conflitantes. Em todo fenômeno da natureza ele vê a colisão desses poderes. A percepção mítica está sempre impregnada dessas qualidades emocionais. Tudo o que é visto ou sentido está rodeado por uma atmosfera especial — uma atmosfera de alegria ou pesar, de angústia, de excitação, de exultação ou depressão. Não podemos falar aqui de "coisas" como matéria morta ou indiferente. Todos os objetos são benignos ou malignos, amistosos ou hostis, familiares ou estranhos, atraentes e fascinantes ou repelentes e ameaçadores. Podemos reconstruir facilmente essa forma elementar da experiência humana, pois nem mesmo na vida do homem civilizado ela perdeu seu poder original. Quando estamos sob a tensão de uma emoção violenta, temos ainda essa concepção dramática de todas as coisas. Elas não têm mais o rosto de sempre; mudam abruptamente de fisionomia, ficam tingidas da cor específica de nossas paixões, de amor ou ódio, de medo ou esperança. Dificilmente pode haver um contraste maior que o existente entre essa direção original da nossa experiência e o ideal de verdade que é introduzido pela ciência. Todos os esforços do pensamento científico são dirigidos para a meta de obliterar todos os vestígios dessa visão anterior. Diante da nova luz da ciência, a percepção mítica deve desaparecer. Mas isso não quer dizer que todos os dados da nossa experiência fisionômica como tais sejam destruídos e aniquilados. Perderam todo valor objetivo ou cosmológico, mas seu valor antropológico persiste. No nosso mundo humano, não podemos negá-los e não podemos deixar de vê-los; eles mantêm seu lugar e seu significado. Na vida social, em nossas relações diárias com os homens, não podemos apagar esses dados. Até na ordem genética a distinção entre qualidades fisionômicas parece preceder a distinção entre qualidades perceptuais. Uma criança parece ser sensível a elas nos primeiros estágios do seu desenvolvimento[8]. Embora a ciência tenha de abstrair essas qualidades para cumprir sua tarefa, não pode suprimi-las totalmente. Elas não são extirpadas pela raiz; ficam apenas restritas ao seu próprio campo. É esta restrição das qualidades subjetivas que marca o modo geral da ciência. A ciência delimita a objetividade delas, mas não pode destruir por inteiro sua realidade. Pois cada aspecto da nossa experiência humana tem uma reivindicação à realidade. Em nossos conceitos científicos, reduzimos a diferença entre duas cores, digamos vermelho e azul, a uma diferença numérica. Mas declarar que o número é mais real que a cor é uma maneira muito inadequada de falar. O que se quer de fato dizer é que ele é mais geral. A expressão matemática oferece-nos uma visão nova e mais abrangente, um horizonte de conhecimento mais livre e mais amplo. Mas hipostasiar o número como faziam os pitagóricos, falar dele como a realidade suprema, a própria essência e substância das coisas, é uma falácia metafísica. Quando argumentamos com base neste princípio metodológico e epistemológico, até mesmo a camada mais baixa da nossa experiência sensorial — a camada de nossas "qualidades de sentimento" — aparece em uma nova luz. O mundo das nossas percepções sensoriais, das chamadas "qualidades secundárias", está em uma posição intermediária. Ele abandonou e superou o primeiro estágio rudimentar de nossa experiência fisionômica, sem ter alcançado aquela forma de generalização que se atinge em nossos conceitos científicos — nossos conceitos do mundo físico. Mas cada um desses três estágios tem seu valor funcional definido. Nenhum deles é uma simples ilusão; cada um deles, a seu modo, é um passo no nosso caminho para a realidade.

O melhor e mais claro enunciado deste problema foi a meu ver feito por John Dewey. Ele foi um dos primeiros a reconhecer e a enfatizar o direito relativo nas qualidades de sentimento que provam todo o seu poder na percepção mítica e que são aqui consideradas como os elementos básicos da realidade. Foi precisamente a sua concepção da tarefa de um genuíno empirismo que o levou a esta conclusão. "Empiricamente", diz Dewey,

> as coisas são pungentes, trágicas, belas, cômicas, assentadas, perturbadas, confortáveis, tediosas, desoladas, ásperas, consoladoras, esplêndidas, temíveis; são-no imediatamente, por direito próprio e em seu próprio nome... Em si mesmos estes traços estão precisamente no mesmo nível que as cores, sons, qualidades de contato, sabor e aroma. Qualquer critério que considere estes últimos como dados supremos e "concretos", se aplicado imparcialmente, chegará à mesma conclusão sobre os primeiros. *Qualquer* qualidade como tal é final; é ao mesmo tempo inicial e terminal; é precisamente o que é, tal como existe. Pode ser usada em referência a outras coisas, pode ser tratada como efeito ou como sinal. Mas isso envolve extensão e uso extrínsecos. Leva-nos para além da qualidade em sua qualitatividade imediata... O abandono das qualidades imediatas, sensoriais e significantes, como objetos da ciência e como formas apropriadas de classificação e entendimento, na verdade deixou essas qualidades imediatas precisamente como eram; visto que são *dadas* não há necessidade de *conhecê-las*. Mas... a visão tradicional de que o objeto do conhecimento é a realidade *par excellence* levou à conclusão de que o objeto da ciência era preeminentemente real do ponto de vista metafísico. Logo, as qualidades imediatas, sendo estendidas do ob-

jeto da ciência, foram com isso deixadas penduradas do objeto "real". Como sua *existência* não podia ser negada, foram reunidas em um reinado psíquico do ser, colocadas contra o objeto da física. Dada esta premissa, todos os problemas que dizem respeito à relação entre mente e matéria, entre psíquico e corporal, seguem-se necessariamente. Mude-se a premissa metafísica; ou seja, restaurem-se as qualidades imediatas à posição que lhes cabe como qualidades de situações inclusivas, e os problemas em questão deixam de ser problemas epistemológicos. Tornam-se problemas científicos especificáveis; isto é, questões de como tal e tal evento com tais e tais qualidades de fato ocorre[9].

Logo, se quisermos dar conta do mundo da percepção mítica e da imaginação mítica, não deveremos começar com uma crítica de ambas do ponto de vista dos nossos ideais teóricos de conhecimento e verdade. Deveremos aceitar as qualidades da experiência mítica por sua "qualitatividade imediata". Pois o que precisamos aqui não é de uma explicação de meros pensamentos ou crenças, mas de uma interpretação da vida mítica. O mito não é um sistema de credos dogmáticos. Consiste muito mais em ações que em simples imagens ou representações. É marca de um distinto progresso na antropologia moderna e na moderna história da religião que esta visão se torne cada vez mais predominante. Que o ritual é anterior ao dogma, tanto em um sentido histórico como no psicológico, parece ser agora uma máxima adotada pela maioria. Mesmo que conseguíssemos analisar o mito em elementos conceituais fundamentais, seria possível que com tal processo analítico nunca apreendêssemos o seu princípio vital, que é dinâmico, e não estático, e só pode ser descrito em termos de ação. O homem primitivo não expressa seus sentimentos e emoções em meros símbolos abstratos, mas de maneira concreta e imediata; e devemos estudar o conjunto dessa expressão para podermos tomar consciência da estrutura do mito e da religião primitiva.

Uma das teorias mais claras e coerentes sobre essa estrutura foi oferecida pela escola sociológica francesa, na obra de Durkheim e de seus discípulos e seguidores. Durkheim parte do princípio de que não poderemos explicar adequadamente o mito enquanto procurarmos suas fontes no mundo físico, em uma intuição dos fenômenos naturais. O verdadeiro modelo do mito é a sociedade, não a natureza. Todos os seus motivos fundamentais são projeções da vida social do homem. Através dessas projeções a natureza torna-se a imagem do mundo social; reflete todos os seus aspectos fundamentais, sua organização e sua estrutura, suas divisões e subdivisões[10]. A tese de Durkheim alcançou seu pleno desenvolvimento na obra de Lévy-Bruhl. Mas nela encontramos uma característica mais geral. O pensamento mítico é descrito como "*pensamento pré-lógico*". Se precisa de causas, estas não são nem lógicas, nem empíricas; são "causas místicas". "Nossa atividade cotidiana implica uma confiança serena e perfeita na invariabilidade das leis naturais. A atitude do homem primitivo é muito diferente. Para ele, a natureza em que vive apresenta-se sob um aspecto inteiramente diverso. Todas as coisas e todas as criaturas que há nela estão envolvidas em uma rede de participações e exclusões místicas." Segundo Lévy-Bruhl, esse caráter místico da religião primitiva decorre do próprio fato de que suas representações são "representações coletivas". A estas não podemos aplicar as regras de nossa própria lógica, concebidas para propósitos bastante diferentes. Quando abordamos esse campo, até mesmo a lei da contradição, e todas as demais leis do pensamento racional tornam-se inválidas[11]. A meu modo de ver, a escola sociológica francesa forneceu uma prova plena e conclusiva da primeira parte de sua tese, mas não da segunda. O caráter social fundamental do mito é incontestado. Mas que toda a mentalidade primitiva seja necessariamente pré-lógica ou mística parece estar em contradição com nossas evidências antropológicas e etnológicas. Vemos muitas esferas da vida e da cultura primitivas que apresentam conhecidas características da nossa própria vida cultural. Enquanto presumirmos uma absoluta heterogeneidade entre nossa própria lógica e a da mente primitiva, enquanto as considerarmos especificamente diferentes e radicalmente opostas entre si, será difícil explicar esse fato. Até na vida primitiva achamos sempre uma esfera profana ou secular fora da esfera sagrada. Há uma tradição secular que consiste em regras consuetudinárias ou legais e que determina a maneira pela qual a vida social é conduzida. "As regras que encontramos aqui", diz Malinowski,

> são completamente independentes da magia, de sanções sobrenaturais, e nunca são acompanhadas por quaisquer elementos cerimoniais ou rituais. É um engano supor que, em um estágio primitivo de desenvolvimento, o homem vivia em um estado confuso, em que o real e o irreal formavam uma mistura, em que o misticismo e a razão eram tão intercambiáveis quanto as moedas falsas e as verdadeiras em um país desorga-

nizado. Para nós, a questão mais essencial sobre a magia e o ritual religioso é que só vêm à frente quando o conhecimento fracassa. O cerimonial de fundamento sobrenatural surge da vida, mas nunca estultifica os esforços práticos do homem. Em seu ritual de magia ou religião, o homem tenta representar milagres, não porque ignore as limitações de seus poderes mentais, mas, ao contrário, porque tem plena consciência delas. Para dar mais um passo à frente, o reconhecimento disso parece-me indispensável se quisermos estabelecer de uma vez por todas a verdade de que a religião tem seu próprio tema, seu próprio campo legítimo de desenvolvimento[12].

E mesmo neste último campo, no campo legítimo do mito e da religião, a concepção de natureza e de vida humana não está, de modo algum, privada de sentido racional. Aquilo que, de nosso próprio ponto de vista, podemos chamar de irracional, pré-lógico e místico são as premissas de que parte a interpretação mítica ou religiosa, mas não o modo de interpretação. Se aceitarmos essas premissas e as entendermos direito — se as virmos sob a mesma luz que o homem primitivo — as inferências feitas com base nelas deixarão de parecer ilógicas ou antilógicas. É claro que todas as tentativas de intelectualizar o mito — explicá-lo como uma expressão alegórica de uma verdade teórica ou moral — fracassaram completamente[13]. Ignoraram os fatos fundamentais da experiência mítica. O verdadeiro substrato do mito não é um substrato de pensamento, mas de sentimento. O mito e a religião primitiva não são, de maneira alguma, inteiramente incoerentes, não são vazios de sentido ou razão. Sua coerência, porém, depende muito mais de unidade de pensamento que de regras lógicas. Esta unidade é um dos impulsos mais fortes e mais profundos do pensamento primitivo. Se o pensamento científico pretende descrever e explicar a realidade, é forçado a usar seu método geral, que é o da classificação e da sistematização. A vida é dividida em províncias separadas que são claramente distinguidas umas das outras. Os limites entre os reinos das plantas, dos animais, do homem — as diferenças entre espécies, famílias, gêneros — são fundamentais e indeléveis. Mas a mente primitiva as ignora e rejeita. Sua visão da vida é sintética, e não analítica. A vida não é dividida em classes e subclasses. É sentida como um todo contínuo e ininterrupto que não admite distinções nítidas e claras. Os limites entre as diferentes esferas não são barreiras insuperáveis; são fluentes e flutuantes. Não há qualquer diferença específica entre os vários domínios da vida. Nada tem uma forma definida, invariável e estática. Por uma súbita metamorfose, tudo pode ser transformado em tudo. Se existe algum aspecto característico e destacado do mundo mítico, qualquer lei que o governe, é a lei da metamorfose. Mesmo assim, dificilmente poderíamos explicar a instabilidade do mundo mítico pela incapacidade do homem primitivo para apreender as diferenças empíricas das coisas. Quanto a isso, o selvagem muitas vezes prova a sua superioridade em relação ao homem civilizado. É suscetível a muitos aspectos distintivos que escapam à nossa atenção. Os desenhos e pinturas de animais que encontramos nos estágios mais baixos da cultura humana, na arte paleolítica, foram muitas vezes admirados por seu caráter naturalista. Mostram um surpreendente conhecimento de todos os tipos de formas animais. Toda a existência do homem primitivo depende em grande parte de seus dons de observação e discriminação. Se for um caçador, deverá estar familiarizado com os mais mínimos detalhes da vida animal; deverá ser capaz de distinguir as pistas de vários animais. Nada disso é condizente com a suposição de que a mente primitiva, por sua própria natureza e essência, é indiferenciada ou confusa, uma mente prélógica ou mística.

O que é característico da mentalidade primitiva não é a sua lógica, mas o seu sentimento geral da vida. O homem primitivo não olha para a vida com os olhos de um naturalista que deseja classificar coisas para poder satisfazer uma curiosidade intelectual. Ele não a aborda com um interesse apenas pragmático ou técnico. Para ele, a natureza não é nem um simples objeto de conhecimento, nem o campo de suas necessidades práticas imediatas. Temos o costume de dividir nossa vida nas duas esferas de atividade, a prática e a teórica. Nessa divisão, estamos inclinados a esquecer que há uma camada subjacente às duas. O homem primitivo não é passível desse tipo de esquecimento. Todos os seus pensamentos e sentimentos estão ainda mergulhados nessa camada inferior original. Sua visão da natureza não é nem apenas teórica, nem simplesmente prática: é *simpática*. Se deixarmos de ver isso, não poderemos encontrar uma abordagem para o mundo mítico. O aspecto mais fundamental do mito não é uma direção especial de pensamento, nem uma direção especial da imaginação humana. O mito é um produto da emoção, e seu fundamento emocional imbui todas as suas produções de sua própria cor específica. O homem primitivo não carece da capacidade de apreender as diferenças empíricas das coisas. Na sua concepção da natureza e da vida, porém, todas essas diferenças são obliteradas por um sentimento mais forte: a profunda convicção de uma fundamental e indelével *solidariedade da vida* que passa por cima da multiplicidade e da variedade de suas formas isoladas. Ele não atribui a si mesmo um papel singular e privilegiado na escala da natureza. A consangüinidade de todas as formas de vida parece ser um pressuposto geral do pensamento primitivo. Os credos totêmicos estão entre os traços mais característicos da cultura primitiva. Toda a vida social e religiosa da maioria das tribos primitivas — tal como, por exemplo, a das tribos aborígenes australianas, que foram cuidadosamente estudadas e descritas por Spencer e Gillen[14] — é governada por concepções totêmicas. E mesmo em um estágio muito mais avançado, na religião de nações altamente cultas, encontramos um sistema muito complexo e elaborado de veneração animal. No totemismo, o homem não vê a si mesmo apenas como descendente de uma certa espécie animal. Um vínculo que está presente e é real, além de genético, liga toda a sua existência física e social a seus ancestrais totêmicos. Em muitos casos, essa ligação é sentida e expressada como identidade. O etnólogo Karl von den Steinen relata que os membros de certos clãs totêmicos de uma tribo indígena afirmavam ser uma única e mesma coisa que os animais de que derivavam a sua origem: declaravam expressamente que *eram* animais aquáticos ou papagaios vermelhos[15]. Frazer conta que na tribo Dieri, na Austrália, as pessoas falavam do chefe de um totem que consistia em um tipo especial de semente como *sendo* a própria planta que dá a semente[16].

Vemos por esses exemplos de que modo a firme crença na unidade da vida eclipsa todas aquelas diferenças que, do nosso ponto de vista, parecem inconfundíveis e inelutáveis. De maneira alguma precisamos supor que tais diferenças sejam totalmente desprezadas. Elas não são negadas em um sentido empírico, mas declaradas irrelevantes em um sentido religioso. Para o sentimento mítico e religioso, a natureza torna-se uma grande sociedade, a *sociedade da vida*. O homem não possui uma posição de destaque nessa sociedade. Faz parte dela, mas não é em aspecto algum superior a qualquer outro membro. A vida possui a mesma dignidade religiosa em suas mais humildes e em suas mais altas formas. Homens e animais, animais e plantas, estão todos no mesmo nível. Nas sociedades totêmicas vemos plantas-totem lado a lado com animais-totem. E encontramos o mesmo princípio — o da solidariedade e da unidade ininterrupta da vida — se passamos do espaço para o tempo. Ele serve não somente para a ordem da simultaneidade, mas também para a ordem da sucessão. As gerações de homens formam uma única corrente ininterrupta. Os estágios anteriores da vida são preservados pela reencarnação. A alma do avô aparece na alma de um recém-nascido em um estado rejuvenescido. Presente, passado e futuro misturam-se sem qualquer linha clara de demarcação; os limites entre as gerações dos homens tornam-se incertos.

O sentimento da unidade indestrutível da vida é forte e inabalável a ponto de negar e desafiar o fato da morte. No pensamento primitivo, a morte nunca é vista como um fenômeno natural que obedece a leis gerais. Sua ocorrência não é necessária, mas acidental. Depende sempre de causas individuais e fortuitas. É obra de bruxaria ou magia, ou de alguma outra influência pessoal hostil. Em sua descrição das tribos aborígenes da Austrália, Spencer e Gillen assinalam que uma coisa como a morte natural nunca é percebida pelo nativo. Um homem que morre foi, necessariamente, morto por outro homem, ou talvez até por outra mulher; e mais cedo ou mais tarde esse homem ou essa mulher será vítima de um ataque[17]. A morte não existiu sempre; passou a existir em virtude de um evento particular, pelo fracasso do homem ou por algum acidente. Muitas histórias míticas referem-se à origem da morte. A concepção de que o homem é mortal, por sua natureza e essência, parece ser inteiramente estranha ao pensamento mítico e religioso primitivo. A este respeito, há uma notável diferença entre a crença mítica na imortalidade e todas as formas posteriores de crença filosófica pura. Quando lemos o *Fedo*, de Platão, sentimos todo o esforço do pensamento filosófico no sentido de apresentar uma prova clara e irrefutável da imortalidade da alma humana. No pensamento mítico, o caso é bem diferente. Nele, o ônus da prova sempre cabe ao lado contrário. Se alguma coisa precisa de prova, não é o fato da imortalidade, mas o da morte. E o mito e a religião primitiva nunca admitem essas provas. Negam enfaticamente a própria possibilidade da morte. De certo modo, o conjunto do pensamento mítico pode ser interpretado como uma constante e obstinada negação do fenômeno da morte. Em virtude dessa convicção da unidade e continuidade ininterruptas da vida, o mito deve superar esse fenômeno. A religião primitiva é talvez a mais forte e mais enérgica afirmação de vida que encontramos na cultura humana. Em uma descrição dos mais antigos textos das Pirâmides, Breasted diz que a nota principal e dominante em todos eles é um protesto insistente, até apaixonado, contra a morte. "Pode-se dizer que são o registro da primeira revolta elementar da humanidade contra a grande escuridão silenciosa da qual ninguém retorna. A palavra 'morte' nunca ocorre nos Textos da Pirâmide, exceto na negativa ou aplicada a um inimigo. Ouvimos reiteradamente a garantia indômita de que os mortos vivem."[18]

Em seu sentimento individual e social, o homem primitivo está pleno dessa garantia. A vida do homem não tem limites definidos no espaço ou no tempo. Estende-se por sobre todo o domínio da natureza e sobre o conjunto da história do homem. Herbert Spencer propôs a tese de que o culto aos ancestrais deve ser considerado como a primeira fonte e a origem da religião. Seja como for, trata-se de um dos motivos religiosos mais gerais. Parece haver poucas raças no mundo que não pratiquem, de uma forma ou de outra, uma espécie de culto da morte. Um dos mais importantes deveres religiosos do sobrevivente, após a morte de um genitor, é fornecer-lhe alimento e outras coisas necessárias para mantê-lo no novo estado em que entrou[19]. Em muitos casos, o culto aos ancestrais aparece como o traço difuso que caracteriza e determina toda a vida religiosa e social. Na China, esse culto aos ancestrais, sancionado e regulamentado pela religião oficial, é concebido como a única religião permitida ao povo. Isso significa, segundo diz de Groot em sua descrição da religião chinesa,

> que os laços de família com os mortos não são rompidos, e que os mortos continuam a exercer sua autoridade e proteção.

São as divindades padroeiras naturais do povo chinês, seus deuses domésticos, que proporcionam proteção contra os espectros, criando assim a felicidade... É o culto aos ancestrais que, conferindo ao homem a proteção do membro falecido de sua família, traz-lhe riqueza e prosperidade. Portanto, na verdade, suas possessões são dos mortos; com efeito, estes continuam a morar e a viver com ele e as leis da autoridade paternal e patriarcal decretarão que os genitores são donos de tudo o que os filhos possuam... Devemos, então, considerar o culto aos genitores e ancestrais como o próprio núcleo da vida religiosa e social do povo chinês[20].

A China é o país clássico do culto aos ancestrais, onde podemos estudar todos os seus aspectos fundamentais e implicações especiais. Contudo, os motivos religiosos gerais que estão na base do culto aos ancestrais não dependem de condições culturais ou sociais especiais. Encontramo-los em ambientes culturais inteiramente distintos. Quando olhamos para a antiguidade clássica deparamos com os mesmos motivos na religião romana — e nela também marcaram todo o caráter da vida romana. Em seu conhecido livro *La cité antique*, Fustel de Coulanges fez uma descrição da religião romana na qual tenta mostrar que o conjunto da vida social e política dos romanos traz a marca do culto aos Manes por eles praticado. O culto aos ancestrais sempre foi uma das características básicas e predominantes da religião romana[21]. Por outro lado, um dos traços marcantes da religião dos índios americanos, compartilhada por quase todas as inúmeras tribos do Alasca à Patagônia, é a crença na vida após a morte, baseada na crença igualmente geral na comunicação entre a humanidade e os espíritos dos mortos[22]. Tudo isso mostra de maneira clara e inequívoca que temos aqui uma característica realmente universal, irredutível e essencial, da religião primitiva. E será impossível entender esse elemento em seu verdadeiro sentido se partirmos do pressuposto de que toda a religião tem origem no medo. Deveremos procurar por outra fonte mais profunda se quisermos entender o vínculo comum que une o fenômeno do totemismo ao fenômeno do culto aos ancestrais. É certo que o Santo, o Sagrado e o Divino contêm sempre um elemento de medo; trata-se, ao mesmo tempo, de um *mysterium fascinosum* e de um *mysterium tremendum*[23]. Mas quando seguimos o nosso instrumento geral — quando julgamos a mentalidade do homem primitivo por suas ações e por suas representações ou credos — descobrimos que essas ações implicam um motivo diferente e mais forte. De todos os lados, e em todos os momentos, a vida do homem primitivo é ameaçada por perigos desconhecidos. O velho dito *Primus in orbe deos fecit timor* contém, portanto, uma verossimilhança psicológica interna. Tem-se a impressão, porém, de que mesmo nos estágios mais antigos e primitivos da civilização o homem já havia encontrado uma força nova com a qual conseguia enfrentar e banir o medo da morte. O que ele opunha ao fato da morte era a sua confiança na solidariedade, na unidade ininterrupta e indestrutível da vida. Até o totemismo expressa essa profunda convicção de uma comunidade de todos os seres vivos — uma comunidade que deve ser preservada e reforçada pelos esforços constantes do homem e pelo cumprimento estrito de rituais mágicos e observâncias religiosas. Um dos maiores méritos do livro de W. Robertson-Smith sobre a religião dos semitas é a ênfase dada a esta questão. Desse modo, ele foi capaz de ligar os fenômenos do totemismo a outros fenômenos da vida religiosa que, à primeira vista, parecem ser de um tipo totalmente diferente. Mesmo as superstições mais grosseiras e cruéis aparecem sob uma luz diferente quando vistas deste ângulo. "Alguns dos aspectos mais notáveis e constantes de todo o paganismo antigo", diz Robertson-Smith,

> do totemismo dos selvagens em diante, encontram explicação suficiente na afinidade física que une os membros humanos e sobre-humanos da mesma comunidade religiosa e social... O laço indissolúvel que une os homens ao seu deus é o mesmo laço de irmandade de sangue que na sociedade primitiva é o primeiro elo de união entre o homem e o homem, o primeiro princípio sagrado de obrigação moral. E vemos assim que mesmo em suas formas mais grosseiras a religião era uma força moral... Desde os tempos mais antigos a religião, no sentido de oposta à magia ou à feitiçaria, dirige-se a seres bondosos e amistosos, que podem com efeito ficar irados com os seus por algum tempo, mas são sempre clementes, a não ser com os inimigos de seus fiéis ou com os membros renegados da comunidade... A religião, neste sentido, não é filha do terror, e a diferença entre ela e o pavor que o selvagem tem de inimigos invisíveis é tão absoluta e fundamental nos primeiros quanto nos últimos estágios de desenvolvimento[24].

Os ritos fúnebres que encontramos em todas as partes do mundo tendem para o mesmo ponto. O medo da morte é sem dúvida um dos instintos humanos mais gerais e mais profundamente enraizados. A primeira reação do homem para com o cadáver deve ter sido de abandoná-lo à sua sina e fugir dele, aterrorizado. Mas tal reação é encontrada apenas em uns poucos casos excepcionais. Ela é logo substituída pela atitude oposta, pelo desejo de reter ou chamar de volta o espírito dos mortos. O material etnológico à nossa disposição mostra a luta entre esses dois impulsos. Todavia, é o último que geralmente parece levar a melhor. É claro que encontramos muitas tentativas de impedir que o espírito do morto volte para casa. Cinzas são espalhadas atrás do caixão quando ele está sendo levado para o túmulo, para que o fantasma erre o caminho. O costume de fechar os olhos de um cadáver foi explicado como uma tentativa de vendar o morto e impedir que este veja o caminho pelo qual está sendo levado para o túmulo[25]. Na maioria dos casos, porém, prevalece a tendência contrária. Com todos os seus poderes, os sobreviventes lutam para manter o espírito nas vizinhanças. Muitas vezes o corpo é enterrado na própria casa, onde mantém sua morada permanente. Os fantasmas dos mortos tornam-se os deuses familiares; a vida e a prosperidade da família dependem da assistência e do favor deles. Quando um genitor morre, implora-se para que não se vá. "Sempre te amamos e te quisemos", diz uma canção citada por Tylor, "e por muito tempo vivemos juntos sob o mesmo teto. Não o desertes agora! Vem para a tua casa! Ela está varrida para ti, e limpa; e nós, que sempre te amamos, estamos lá; e o arroz está servido para ti; e água. Vem para casa, vem para casa, volta para nós."[26]

Quanto a isso, não há qualquer diferença radical entre o pensamento mítico e o religioso. Ambos têm origem nos mesmos fenômenos fundamentais da vida humana. No desenvolvimento da cultura humana, não podemos fixar um ponto em que o mito acaba ou começa a religião. Em todo o curso de sua história, a religião permanece indissoluvelmente ligada a elementos míticos, e impregnada deles. Por outro lado o mito, mesmo em suas formas mais grosseiras e rudimentares, traz em si alguns motivos que de certo modo antecipam os ideais religiosos superiores que chegam depois. Desde o início, o mito é religião em potencial. O que leva de um estágio para o outro não é nenhuma crise repentina de pensamento, nem qualquer revolução de sentimento. Em *Les deux sources de la morale et de la religion*, Henri Bergson tenta convencer-nos de que há uma oposição irreconciliável entre o que descreve como "Religião Estática" e "Religião Dinâmica". A primeira é produto da pressão social; a última baseia-se na liberdade. Na religião dinâmica, não cedemos a uma pressão, mas a uma atração — e por tal atração rompemos todos os laços sociais anteriores com uma moralidade estática, convencional e tradicional. Não chegamos à mais alta forma de religião, a uma religião da humanidade, por etapas, através dos estágios da família e da nação. "Devemos", diz Bergson,

> de um único salto, ser levados muito além dela e, sem ter feito disso a nossa meta, alcançá-la ultrapassando-a... Quer falemos a linguagem da religião ou a da filosofia, quer seja uma questão de amor ou respeito, de uma moralidade diferente, outro tipo de obrigação sobrevém, acima e além da pressão social... Enquanto a obrigação natural é uma pressão ou força propulsiva, uma moralidade completa e perfeita tem o efeito de um apelo... Não é por um processo de expansão do eu que podemos passar do primeiro estado para o segundo... Quan-

do nos desfazemos das aparências para alcançar a realidade... nos dois extremos encontramos pressão e aspiração: a primeira tanto mais perfeita quanto mais impessoal, e a última mais poderosa segundo seja mais obviamente suscitada em nós por pessoas definidas, e quanto mais aparentemente triunfar sobre a natureza[27].

É um tanto supreendente que em sua última obra Bergson, cuja doutrina foi muitas vezes descrita como uma filosofia biológica, como a filosofia da vida e da natureza, pareça estar inclinado para um ideal moral e religioso que está muito além desse campo.

O homem defrauda a natureza quando amplia a solidariedade social na fraternidade dos homens; mas mesmo assim ele a está enganando, pois as sociedades cujo projeto foi prefigurado na estrutura original da alma humana... exigiam que o grupo fosse intimamente unido, mas que entre grupo e grupo houvesse uma virtual hostilidade... O homem, recém-saído das mãos da natureza, era um ser ao mesmo tempo inteligente e social, sendo a sua sociabilidade concebida para encontrar seu escopo em comunidades pequenas, e sendo sua inteligência concebida para ajudar a vida individual e em grupo. Mas a inteligência, ampliando-se por seus próprios esforços, desenvolveu-se inesperadamente. Libertou os homens das restrições a que estavam condenados pelas limitações de sua natureza. Sendo assim, não era impossível que alguns deles, especialmente talentosos, reabrissem o que estava fechado e fizessem, pelo menos para si mesmos, aquilo que a natureza não podia ter feito pela humanidade[28].

A ética de Bergson é conseqüência e corolário de sua metafísica. A tarefa que ele se impôs foi a de interpretar a vida ética do homem nos termos de seu sistema metafísico. Em sua filosofia da natureza, o mundo orgânico fora descrito como resultado de uma luta entre duas forças contrárias. Por um lado encontramos o mecanicismo da matéria, por outro o poder criativo e construtivo do *élan vital*. O pêndulo da vida oscila sem cessar de um pólo a outro. A inércia da matéria resiste à energia do impulso vital. Segundo Bergson, a vida ética do homem reflete a mesma disputa metafísica entre um princípio ativo e um princípio passivo. A vida social repete e espelha o processo universal que encontramos na vida orgânica. Está dividida entre duas forças opostas. Uma tende a manter e tornar eternos o presente estado de coisas; a outra luta por novas formas de vida humana que nunca existiram antes. A primeira tendência é característica da religião estática, a segunda da religião dinâmica. As duas nunca podem ser reduzidas ao mesmo denominador. Só por um salto repentino a humanidade pode passar de um ponto a outro; da passividade à atividade, da pressão social a uma vida ética individual e dependente de si mesma.

Não nego que exista uma diferença fundamental entre as duas formas de religião descritas por Bergson como as da "pressão" e do "apelo". Seu livro faz uma análise muito clara e impressionante dessas duas formas. No entanto, um sistema metafísico não pode contentar-se com uma simples descrição analítica dos fenômenos, deve tentar rastreá-los até suas causas básicas. Bergson, portanto, teve de derivar os dois tipos de vida religiosa e moral de duas forças divergentes: uma que rege a vida social primitiva, outra que rompe as cadeias da sociedade para criar um novo ideal de vida pessoal livre.

Se aceitamos essa tese, não existe qualquer processo contínuo que possa levar de uma forma para outra. É uma crise repentina do pensamento e uma revolução do sentimento que marca a passagem da religião estática para a dinâmica.

No entanto, é pouco provável que um estudo mais atento da história da religião corrobore essa concepção. De um ponto de vista histórico, é difícil sustentar a distinção clara entre as duas fontes da religião e da moralidade. Com certeza, Bergson não pretendia apoiar sua teoria ética e religiosa em razões meramente metafísicas. Ele sempre se baseia na evidência empírica contida nas obras dos sociólogos e dos antropólogos. Com efeito, há muito que entre os estudiosos da antropologia era corrente a opinião de que, nas condições da vida social primitiva, não podemos falar de qualquer atividade por parte do indivíduo. Na sociedade primitiva — presumia-se — o indivíduo ainda não ingressara na arena. Os sentimentos, pensamentos e atos de um homem não procediam dele mesmo; eram impostos a ele por uma força externa. A vida primitiva é caracterizada por um mecanicismo rígido, uniforme e inexorável. A tradição e o costume eram obedecidos de maneira submissa e inconsciente por simples inércia mental, ou por força de um instinto grupal difuso. Essa submissão automática de cada membro da tribo às suas leis foi por muito tempo vista como o axioma fundamental subjacente à investigação da ordem primitiva e da adesão às regras. A pesquisa antropológica recente fez muito para abalar esse dogma sobre o completo mecanicismo e automatismo da vida social primitiva. Segundo Malinowski, esse dogma colocou a realidade da vida nativa em uma perspectiva falsa. Tal como ele assinala, o selvagem tem sem dúvida o maior respeito por seus costumes e tradições tribais como tais; mas a força do costume e da tradição não é a única na vida selvagem. Mesmo em níveis bem inferiores da cultura humana há vestígios de uma força diferente[29]. Uma vida de pura pressão, uma vida humana em que todas as atividades individuais são completamente suprimidas e eliminadas, parece ser mais uma idéia sociológica ou metafísica que uma realidade histórica.

Na história da cultura grega encontramos um período em que os deuses antigos, os deuses de Homero e Hesíodo, começam a declinar. As concepções populares desses deuses são vigorosamente atacadas. Surge um novo ideal religioso formado por homens individuais. Os grandes poetas e os grandes pensadores — Ésquilo e Eurípedes, Xenófanes, Heráclito, Anaxágoras — criam novos padrões intelectuais e morais. Quando medidos por esses padrões, os deuses homéricos perdem a autoridade. Seu caráter antropomórfico é claramente visto e duramente atacado. Mas esse antropomorfismo da religião popular grega não era, de modo algum, desprovido de valor e significado. A humanização dos deuses foi um passo indispensável na evolução do pensamento religioso. Em muitos cultos gregos regionais encontramos ainda vestígios definidos de um culto aos animais e até de um credo totemista[30]. "O progresso da religião grega", diz Gilbert Murray,

> acontece naturalmente em três estágios, todos importantes do ponto de vista histórico. Primeiro há a *Euetheia* primitiva, ou Idade da Ignorância, antes que Zeus viesse perturbar a mente

dos homens, um estágio para o qual nossos antropólogos e exploradores encontraram paralelos em todas as partes do mundo... Em certos aspectos caracteristicamente grego, em outros tão típico de estágios parecidos do pensamento em outras partes que ficamos tentados a considerá-lo como o começo normal de toda religião, ou quase como a matéria bruta normal de que é feita a religião[31].

Vem então o processo que no trabalho de Gilbert Murray é chamado de "conquista olímpica". Depois dessa conquista, o homem passou a conceber a natureza e o seu lugar nela em um sentido diferente. O sentimento geral de solidariedade da vida cedeu o lugar a um motivo novo, mais forte — ao sentido específico da individualidade do homem. Já não havia qualquer afinidade natural, uma consangüinidade que liga o homem às plantas ou aos animais. Em seus deuses pessoais, o homem começou a ver sua própria personalidade sob uma nova luz. Esse avanço é sentido com clareza no desenvolvimento do deus mais alto, do Zeus olímpico. Mesmo Zeus é um deus da natureza, um deus venerado no alto das montanhas, que controla as nuvens, a chuva, o trovão. Mas gradualmente vai assumindo uma nova forma. Em Ésquilo ele já se tornou a expressão dos mais altos ideais éticos, guardião e protetor da justiça. "A religião homérica", diz Murray,

> é uma etapa na auto-realização da Grécia... O mundo era concebido como nem totalmente sem governo externo, nem meramente sujeito às incursões de serpentes e touros *mana* e pedras-trovão e monstros, mas como governado por um corpo organizado de deuses pessoais e razoáveis, pais bondosos

e generosos, como o homem em mente e forma, só que indizivelmente superiores[32].

Nesse progresso do pensamento religioso travamos conhecimento com o despertar de uma nova força e uma nova atividade da mente humana. Filósofos e antropólogos disseram muitas vezes que a fonte verdadeira e fundamental da religião é o sentimento de dependência do homem. Segundo Schleiermacher, a religião surgiu do "sentimento de absoluta dependência do homem em relação ao Divino". Em *The Golden Bough*, J.G. Frazer adotou essa tese. "A religião, assim", diz ele, "começando como um reconhecimento ligeiro e parcial de poderes superiores ao homem, com o aumento do conhecimento tende a aprofundar-se em uma confissão de uma inteira e absoluta dependência do homem em relação ao divino; sua velha conduta livre é substituída por uma atitude de abjeta prostração perante os poderes misteriosos do invisível."[33] Mas, se essa descrição da religião contém qualquer verdade, apresenta-nos apenas a metade dela. Em nenhum campo da cultura humana uma "atitude de abjeta prostração" pode ser considerada como o impulso genuíno e decisivo. De uma atitude inteiramente passiva nenhuma energia produtiva consegue desenvolver-se. A esse respeito, mesmo a magia deve ser considerada um passo importante no desenvolvimento da consciência humana. A fé na magia é uma das mais antigas e mais notáveis expressões da nascente autoconfiança do homem. Com ela, já não se sente à mercê de forças naturais ou sobrenaturais. Ele começa a desempenhar seu próprio papel, torna-se um ator no espetáculo da natureza. Toda prática mágica baseia-se na convicção de que os efeitos naturais dependem, em larga medida, de feitos humanos. A vida da natureza depende da correta distribuição e cooperação de forças humanas e sobre-humanas. Um ritual estrito e elaborado regula essa operação. Cada campo particular tem suas próprias regras mágicas. Há regras especiais para a agricultura, para a caça, para a pesca. Nas sociedades totemistas, os diferentes clãs possuem diferentes ritos mágicos que são seu privilégio e seu segredo. Tais ritos tornam-se tanto mais necessários quanto mais difícil e perigosa for a tarefa. A magia não é usada para propósitos práticos, para sustentar o homem em suas necessidades cotidianas. É destinada a metas superiores, a empreendimentos ousados e perigosos. Em sua descrição da mitologia dos nativos das ilhas Trobriand, na Melanésia, Malinowski relata que em todas as tarefas que não exigem quaisquer esforços particulares e excepcionais, coragem ou resistência especial, não encontramos nenhuma magia ou mitologia. Quando o empreendimento é perigoso e seus resultados incertos, porém, sempre ocorre uma magia altamente desenvolvida, e ligada a ela uma mitologia. Nas empresas econômicas menores, tais como as artes e ofícios, a caça, a coleta de raízes e a colheita de frutos, o homem não precisa de magia[34]. É apenas sob uma forte tensão emocional que ele recorre aos ritos mágicos. Mas é precisamente o desempenho desses ritos que lhe proporciona um novo sentimento de seus próprios poderes — sua força de vontade e sua energia. O que o homem conquista com a magia é a mais alta concentração de todos os seus esforços, que em circunstâncias comuns ficam dispersos ou incoerentes. É a técnica da própria magia que exige essa concentração intensa. Toda arte mágica precisa da mais alta atenção. Se não for realizada na ordem correta e segundo as mesmas regras invariáveis, ela falha em seu efeito. A este respeito, pode-se dizer que a magia foi a primeira escola pela qual o homem primitivo teve de passar. Mesmo sem ser capaz de levar aos fins práticos desejados, mesmo que não possa satisfazer as aspirações do homem, ela lhe ensina a ter confiança em seus próprios poderes — a ver-se como um ser que não precisa simplesmente submeter-se às forças da natureza, mas que é capaz, através da energia espiritual, de regulá-las e controlá-las.

A relação entre a magia e a religião é um dos assuntos mais obscuros e controversos. Os antropólogos filosóficos tentaram reiteradamente esclarecer esta questão, mas suas teorias divergem amplamente e com freqüência estão em flagrante oposição entre si. É natural desejar uma definição clara que nos permita traçar uma linha nítida de demarcação entre a magia e a religião. Falando teoricamente, estamos convencidos de que não podem significar a mesma coisa, e abomina-nos atribuir-lhes uma origem comum. Pensamos na religião como a expressão simbólica de nossos mais altos ideais morais; pensamos na magia como um agregado grosseiro de superstições. A crença religiosa parece tornar-se mera credulidade supersticiosa se admitimos qualquer relação com a magia. Por outro lado, o caráter do nosso material antropológico e etnográfico faz com que seja difícil separar os dois campos. As tentativas feitas nesse sentido tornaram-se cada vez mais questionáveis. Parece ser um dos postulados da antropologia moderna que há uma completa continuidade entre a magia e a religião[35]. Frazer foi um dos primeiros a tentar provar que, mesmo de um ponto de vista antropológico, a magia e a religião não podem ser agrupadas sob um título comum. Segundo ele, as duas são inteiramente diferentes em origem psicológica, e tendem a metas opostas. O fracasso e o colapso da magia pavimentaram o caminho para a religião. A magia teve de cair para que a religião pudesse ascender. "O homem viu que havia tomado por causa o que não era causa alguma, e que todos os seus esforços para agir por meio dessas causas haviam sido vãos. Seus penosos labores haviam sido perdidos, sua engenhosidade curiosa havia sido desperdiçada sem qualquer propósito. Ele estivera puxando cordões aos quais não havia nada amarrado." Foi perdendo a esperança na magia que o homem encontrou a religião e descobriu seu verdadeiro sentido. "Se o grande mundo seguia em frente sem a ajuda dele ou de seus companheiros, com certeza devia ser porque havia outros seres, como ele, mas muito mais fortes, que, sem serem vistos, dirigiam os seus rumos e causavam toda a variada série de eventos que até então ele acreditara serem dependentes de sua própria magia."[36]

Essa distinção, porém, parece ser um tanto artificial, de um ponto de vista sistemático e também no tocante aos fatos etnológicos. Não temos absolutamente nenhuma prova empírica de que tenha jamais havido uma era da magia que fosse seguida e substituída por uma era da religião[37]. Até a análise psicológica, na qual se baseia essa distinção entre as duas eras, é questionável. Frazer considera a magia como produto de uma atividade teórica ou científica, resultado da curiosidade do homem. Essa curiosidade incitou-o a indagar das causas das coisas; porém, como ele era incapaz de descobrir as causas reais, teve de satisfazer-se com causas fictícias[38]. A religião, por outro lado, não tem qualquer meta teórica, é uma expressão de ideais éticos. Mas essas duas posições parecem insustentáveis quando olhamos para os fatos da religião primitiva. Desde o início, a religião teve de cumprir uma função teórica e uma função prática. A religião traz em si uma cosmologia e uma antropologia; responde à questão da origem do mundo e da origem da sociedade humana, e deriva desta origem os deveres e as obrigações do homem. Esses dois aspectos não são claramente definidos; combinam-se e fundem-se naquele sentimento fundamental que tentamos descrever como o sentimento de solidariedade da vida. Aqui encontramos uma fonte comum para a magia e a religião. A magia não é uma espécie de ciência, uma pseudociência. Nem deve ser derivada do princípio que foi descrito na psicanálise moderna como a "onipotência do pensamento" (*Allmacht des Gedankens*)[39]. Nem o simples desejo de saber, nem o simples desejo de possuir e controlar a natureza podem dar conta do fato da magia. Frazer faz uma distinção clara entre duas formas de magia que chama de "magia imitativa" e "magia simpática"[40]. Mas toda magia é "simpática" em sua origem e seu significado, pois o homem não pensaria em estabelecer um contato mágico com a natureza se não tivesse a convicção de que existe um vínculo comum que une todas as coisas — que a separação entre ele e os diferentes tipos de objetos naturais é, afinal de contas, artificial e não real.

Na linguagem filosófica, essa convicção foi expressada pela máxima estóica, συμπάθεια τῶν ὅλων, que de certo modo exprime de maneira bem concisa a crença fundamental que está na base de todos os rituais mágicos. É verdade que parece ser perigoso e arbitrário aplicar uma concepção da filosofia grega às crenças mais rudimentares da humanidade. Mas os estóicos, que cunharam esse conceito da "simpatia do Todo", não haviam de modo algum superado completamente as visões da religião popular. Em virtude do seu princípio das *notitiae communes* — as noções comuns que podem ser encontradas em todo o mundo e em todas as épocas — eles se esforçaram em reconciliar o pensamento mítico com o filosófico; admitiam que até este último continha alguns elementos de verdade. Eles próprios não hesitavam em usar o argumento da "simpatia do Todo" para interpretar e justificar as crenças populares. Na verdade, a doutrina estóica de um $\pi\nu\epsilon\tilde{u}\mu\alpha$ difuso — um sopro espalhado por todo o universo que confira a todas as coisas a tensão pela qual são mantidas unidas — mostra ainda notáveis analogias com conceitos primitivos, com o mana dos polinésios, o orenda iroquês, o wakan sioux, o manitu algonquino[41]. É claro que seria absurdo colocar a interpretação filosófica no mesmo nível da mítico-mágica. Mas mesmo assim podemos encontrar para ambas uma raiz comum, em uma camada muito profunda de sentimento religioso. Para podermos penetrar nessa camada, não devemos tentar idear uma teoria da magia baseada nos princípios da psicologia empírica, especialmente nos princípios da associação de idéias[42]. Devemos abordar o problema do ponto de vista do ritual mágico. Malinowski fez uma descrição bastante impressionante das festividades tribais dos nativos das ilhas Trobriand. São sempre acompanhadas por histórias míticas e cerimônias mágicas. Durante a estação sagrada, o período de celebração da colheita, os mais velhos fazem lembrar à geração mais jovem que os espíritos de seus ancestrais estão prestes a retornar do mundo inferior. Por algumas semanas os espíritos vêm e se estabelecem de novo nas aldeias, encarapitados nas árvores, sentados em plataformas altas erigidas especialmente para eles, assistindo às danças mágicas[43]. Um rito mágico como esse nos proporciona uma impressão clara e concreta do verdadeiro sentido da "magia simpática" e das suas funções sociais e religiosas. Os homens que comemoram essas festividades, que fazem as danças mágicas, estão fundidos entre si e fundidos com todas as coisas da natureza. Não estão isolados; sua alegria é sentida por toda a natureza, e partilhada por seus antepassados. O espaço e o tempo desvaneceram-se; o passado tornou-se o presente; a idade de ouro da humanidade voltou[44].

A religião nunca teve o poder, nem a tendência, para suprimir e erradicar esses instintos mais profundos da humanidade. Tinha uma tarefa diferente a cumprir — usá-los e dirigi-los para novos canais. A crença na "simpatia do Todo" é um dos mais firmes fundamentos da própria religião. Mas a simpatia religiosa é de um tipo diferente da simpatia mítica e da mágica. Abre espaço para um novo sentimento, o da individualidade. Aparentemente, contudo, confrontamo-nos aqui com uma das antinomias fundamentais do pensamento religioso. A individualidade parece ser uma negação, ou pelo menos uma restrição, da universalidade de sentimento que é postulada pela religião: *omnis determinatio est negatio*. Ela significa uma existência finita — e, enquanto não rompermos as barreiras dessa existência finita, não poderemos apreender o infinito. Era essa dificuldade e esse enigma que tinham de ser resolvidos pelo progresso do pensamento religioso. Podemos acompanhar esse progresso em uma direção tripla. Podemos descrevê-lo em suas implicações psicológicas, sociológicas e éticas. O desenvolvimento do individual, do social e da consciência moral tende para o mesmo ponto. Apresenta uma diferenciação progressiva que acaba levando a uma nova integração. As concepções da religião primitiva são muito mais vagas e indeterminadas que nossas próprias concepções e ideais. O mana dos polinésios, tal como as concepções correspondentes que encontramos em outras partes do mundo, apresenta esse caráter vago e flutuante. Não tem individualidade alguma, subjetiva ou objetiva. É concebido como uma matéria misteriosa comum que permeia todas as coisas. Segundo a definição de Codrington, que foi o primeiro a descrever o conceito de mana, ele é "um poder ou influência, não física, e de um certo modo sobrenatural; mas apresenta-se na força física, ou em qualquer tipo de poder ou excelência que um homem possua"[45]. Pode ser o atributo de uma alma ou espírito; mas não é em si mesmo um espírito — não é uma concepção animista, mas pré-animista[46]. É encontrado em toda e qualquer coisa, independentemente de sua natureza especial e de sua distinção genérica. Uma pedra que chama a atenção por seu tamanho ou sua forma singular está repleta de mana e exercerá poderes mágicos[47]. Não está preso a nada em particular, o mana de um homem pode ser roubado dele e transferido para um novo possuidor. Não podemos distinguir nele nenhum aspecto individual, nenhuma identidade pessoal. Uma das primeiras e mais importantes funções de todas as religiões superiores foi a de descobrir e revelar tais elementos pessoais no que era chamado de Santo, Sagrado, Divino.

Mas, para atingir essa meta, o pensamento religioso teve de percorrer um longo caminho. O homem só pôde dar aos seus deuses uma forma individual definida depois de encontrar um novo princípio de diferenciação em sua própria vida e em sua vida social. Não o encontrou no pensamento abstrato, mas em seu trabalho. Na verdade, foi a divisão do trabalho que introduziu uma nova era de pensamento religioso. Muito antes do surgimento dos deuses pessoais, vemos aqueles deuses que foram chamados de deuses funcionais. Não são ainda os deuses pessoais da religião grega, os deuses olímpicos de Homero. Por outro lado, não têm mais o caráter vago das concepções míticas primitivas. São seres concretos, mas concretos em suas ações, não em sua aparência ou existência pessoal. Logo, não têm nomes próprios — como Zeus, Hera, Apolo — mas nomes adjetivais que caracterizam sua função ou atividade especial. Em muitos casos, estão presos a um lugar específico; são deuses locais, e não gerais. Se quisermos entender o verdadeiro caráter desses deuses funcionais e o papel que representam no desenvolvimento do pensamento religioso, deveremos olhar para a religião romana. Nela, a diferenciação alcançou o mais alto grau. Na vida de um lavrador romano, cada ato, por mais especializado, tem seu sentido religioso específico. Havia uma classe de deidades — os *Di Indigites* — que presidia o ato da semeadura, o ato de gradear, ou de adubar; havia um Sator, um Occator, um Sterculinus[48]. Em todo o trabalho agrícola, não havia um único ato que não estivesse sob a orientação e a proteção das deidades funcionais, e cada classe tinha seus próprios ritos e observâncias.

Neste sistema religioso vemos todos os traços típicos da mente humana. Trata-se de uma mente sóbria, prática e enérgica, dotada de grande poder de concentração. Para um romano, a vida significava uma vida ativa. E ele tinha um talento especial para organizar essa vida ativa, regulando-a e coordenando todos os seus esforços. A expressão religiosa dessa tendência pode ser encontrada nos deuses funcionais romanos. Estes têm de cumprir tarefas práticas definidas. Não são produto da imaginação ou da inspiração religiosa, mas são concebidos como regentes de atividades particulares. São, por assim dizer, deuses administrativos que dividiam entre si as diferentes províncias da vida humana. Não têm uma personalidade definida; contudo, são claramente diferenciados por seu ofício, e deste ofício depende a sua dignidade religiosa.

De um tipo diferente são os deuses que eram reverenciados em todas os lares romanos: os deuses da chama da lareira. Não têm origem em uma esfera especial e restrita da vida prática. Exprimem os sentimentos mais profundos da vida familiar romana; são o centro sagrado do lar romano. Esses deuses surgiram da piedade para com os ancestrais. Mas tampouco eles têm uma fisionomia individual. São os *Di Manes* — os "bons deuses" — concebidos em um sentido coletivo, não pessoal. O termo "manes" nunca aparece no singular. Foi somente em um período posterior, quando a influência grega tornou-se preponderante, que esses deuses assumiram uma forma mais pessoal. Em seu estado mais primitivo, os Di Manes são ainda uma massa indefinida de espíritos unidos por sua relação especial com a família. Foram descritos como meras potencialidades tomadas em grupo em vez de isoladamente. "Os séculos subseqüentes", foi dito, "saturados de filosofia grega e repletos de uma idéia de individualidade que faltava inteiramente nos primeiros dias de Roma, identificaram essa pobre potencialidade indistinta à alma humana, e enxergaram na questão toda uma crença na imortalidade." Em Roma, era "a *idéia* da família, tão fundamental na estrutura da vida romana, que triunfava sobre o túmulo e possuía uma imortalidade que o indivíduo não conseguia obter"[49].

Uma tendência de pensamento totalmente diversa parece ter prevalecido desde os primeiros tempos na religião grega. Nela também encontramos vestígios distintos de culto aos ancestrais[50]. A literatura clássica grega preservou muitos desses vestígios. Ésquilo e Sófocles descrevem os presentes — as libações de leite, as guirlandas de flores, os cachos de cabelo — oferecidos na tumba de Agamenon por seus filhos. Mas, sob a influência dos poemas homéricos, todos esses aspectos arcaicos da religião grega começaram a desaparecer. Foram eclipsados por uma nova direção do pensamento mítico e religioso. A arte grega pavimentou o caminho para uma nova concepção dos deuses. Tal como diz Heródoto, Homero e Hesíodo "deram aos deuses gregos seus nomes e retrataram suas formas". E o trabalho que fora iniciado pela poesia grega foi completado na escultura grega: mal dá para pensar no Zeus olímpico sem representá-lo na forma que recebeu de Fídias. O que era negado à mente ativa e prática romana foi realizado pela mente contemplativa e artística dos gregos. Não foi uma tendência moral que criou os deuses homéricos. Os filósofos gregos tinham razão em queixar-se do caráter desses deuses. "Homero e Hesíodo", diz Xenófanes, "atribuíram aos deuses todos os feitos que são uma vergonha e uma desgraça entre os homens: roubo, adultério, fraude." Contudo, essa própria carência e defeito dos deuses pessoais gregos foi capaz de preencher a lacuna entre a natureza humana e a divina. Nos poemas homéricos não encontramos qualquer barreira definida entre os dois mundos. O que o homem retrata em seus deuses é ele mesmo, em toda a sua variedade e multiformidade, sua disposição mental, seu temperamento e até suas idiossincrasias. Mas não é, tal como na religião romana, o lado prático de sua natureza que o homem projeta na deidade. Os deuses homéricos não representam ideais morais, mas exprimem ideais mentais muito característicos. Não são deidades funcionais e anônimas que devem assistir a uma atividade especial do homem: estão interessados em homens individuais, e favorecem-nos. Cada deus ou deusa tem seus favoritos, que são apreciados, amados e auxiliados, não com base em uma mera predileção pessoal, mas em virtude de um tipo de relação mental que liga o deus ao homem. Mortais e imortais não são a corporificação de ideais morais, mas de talentos e tendências mentais especiais. Nos poemas homéricos encontramos com freqüência expressões muito claras e características deste novo sentimento religioso. Quando Ulisses volta a Ítaca sem saber que chegou ao seu país natal, Atenas aparece-lhe na forma de um jovem pastor, e pergunta-lhe o seu nome. Ulisses, que está ansioso para manter-se incógnito, inventa imediatamente uma história cheia de mentiras e enganos. A deusa sorri da história, reconhecendo o que ela mesma lhe havia conferido:

> Sagaz deve ser e velhaco aquele que te supere em todo tipo de astúcia, sim, mesmo que fosse um deus a te encontrar. Homem ousado, engenhoso no conselho, insaciável no engano, nem mesmo em tua própria terra, parece, deverias tu deixar-te de astúcias e histórias enganosas, às quais amas do fundo do teu coração. Mas vem, não falemos mais disso, sendo ambos bem versados em engenho, visto que és de longe o melhor de todos os homens no conselho e na fala, e eu entre todos os deuses sou famosa pela sabedoria e pelo engenho... Sempre é este o pensamento em teu peito, e logo é que não te posso deixar em teu pesar, pois és suave de fala, incisivo no juízo e prudente[51].

Nas grandes religiões monoteístas deparamos com um aspecto totalmente diverso do Divino. Essas religiões são produto de forças morais; concentram-se em um único ponto, no problema do bem e do mal. Na religião de Zoroastro existe apenas o Ser Supremo Ahura Mazda, o "sábio senhor". Fora dele, além dele e sem ele nada existe. Ele é o primeiro e o mais destacado, o ser mais perfeito, o soberano absoluto. Não encontramos aqui nenhuma individualização, nenhuma pluralidade de deuses que sejam os representantes de diferentes poderes naturais ou diferentes qualidades mentais. A mitologia primitiva é atacada e superada por uma nova força, uma força puramente ética. Nas primeiras concepções do sagrado, do sobrenatural, uma força assim é totalmente desconhecida. O mana, o wakan ou o orenda podem ser usados para bons ou maus propósitos — funcionam sempre do mesmo modo. Agem, tal como diz Codrington, "de todos os tipos de modos para o bem e para o mal"[52]. O mana pode ser descrito como a primeira dimensão, ou dimensão existencial, do sobrenatural — mas não tem nada a ver com sua dimensão moral. Nele, as boas manifestações do poder sobrenatural difuso estão no mesmo nível que as malignas ou destrutivas[53]. Desde o início, a religião de Zoroastro é radicalmente contrária a essa indiferença mítica ou a essa indiferença estética que é característica do politeísmo grego. Esta religião não é produto da imaginação mítica ou estética; é a expressão de uma grande vontade moral pessoal. Até a natureza assume uma nova forma, pois é vista exclusivamente no espelho da vida ética. Nenhuma religião pôde jamais pensar em cortar, ou sequer afrouxar, os laços entre o homem e a natureza. Mas nas grandes religiões éticas esse laço é feito e apertado em um novo sentido. A ligação simpática que encontramos na magia e na mitologia primitiva não é negada ou destruída; mas a natureza é agora abordada do ponto de vista racional, em vez do emocional. Se a natureza contém um elemento divino, ele não aparece na abundância da sua vida, mas na simplicidade da sua ordem. A natureza não é, como na religião politeísta, a grande e benigna mãe, o regaço divino do qual toda a vida se origina. É concebida como a esfera da lei e da obediência às leis. E só por esse fato prova a sua origem divina. Na religião zoroastriana a natureza é descrita pelo conceito de *Asha*. O Asha é a sabedoria da natureza que reflete a sabedoria de seu criador, de Ahura Mazda, o "sábio senhor". Essa ordem universal, eterna e inviolável governa o mundo e determina cada acontecimento isolado: o caminho do sol, da lua e das estrelas, o crescimento das plantas e animais, o rumo dos ventos e das nuvens. Nada disso é mantido e preservado por meras forças físicas, mas pela força do Bem. O mundo tornou-se um grande drama moral no qual tanto a natureza quanto o homem devem representar seus papéis.

Mesmo em um estágio muito primitivo do pensamento mítico encontramos uma convicção de que o homem, para atingir um fim desejado, deve cooperar com a natureza e seus poderes divinos ou demoníacos. A natureza não lhe dá seus presentes sem a ativa assistência dele. Na religião de Zoroastro, deparamos com a mesma concepção. Mas aqui ela aponta para uma direção inteiramente nova. O sentido ético substituiu e superou o sentido mágico. Toda a vida do homem torna-se uma luta ininterrupta em prol da virtude. A tríade de "bons pensamentos, boas palavras e boas ações" tem o papel mais importante nessa luta. O Divino não é mais procurado ou abordado por poderes mágicos, mas pelo poder da virtude. A partir desse momento, não há mais um único passo na vida cotidiana prática do homem que seja considerado, em um sentido religioso e moral, insignificante ou indiferente. Nada pode ficar de fora no combate entre o poder divino e o demoníaco, entre Ahura Mazda e Angra Mainyu. Os dois espíritos primordiais, diz um dos textos, que se revelaram em visão como gêmeos são o Melhor e o Mau. Entre os dois o sábio sabia como escolher bem, e o tolo não. Todo ato, por mais comum ou humilde, tem seu valor ético distinto e está tingido de cor ética específica. Significa ordem ou desordem, preservação ou destruição. O homem que cultiva ou rega o solo, que planta uma árvore, mata um animal perigoso, cumpre um dever religioso; ele prepara e garante a vitória final do poder do bem, do "sábio senhor", contra o seu adversário demoníaco. Em tudo isso sentimos um esforço heróico da humanidade; um esforço para livrar-se da pressão e da compulsão das forças mágicas, um novo ideal de liberdade. Pois neste caso é só através da liberdade, através de uma decisão que dependa apenas de si mesma, que o homem pode fazer contato com o divino. Por essa decisão o homem torna-se um aliado da divindade.

> A decisão entre os dois modos de vida cabe ao indivíduo. O homem é árbitro de seu destino. Tem o poder e a liberdade para escolher entre a verdade e a falsidade, a virtude e a perversidade, o bem e o mal. É responsável pela escolha moral que faz e, conseqüentemente, por suas ações. Se fizer a escolha certa e abraçar a virtude, colherá as recompensas desta, mas, se como agente livre, escolher a perversidade, a responsabilidade será dele e seu próprio daena ou ser o levará à retaliação... [No final chegará] o período em que cada indivíduo, em sua própria capacidade, abraçará e exercerá a virtude, fazendo assim com que todo o mundo da humanidade gravite para Asha... Todos... têm de contribuir para essa obra grandiosa. Os virtuosos que vivem em lugares e épocas diferentes são os membros de um único grupo virtuoso, no sentido de que são todos impelidos por um único e mesmo motivo e trabalham para a causa comum[54].

É esta forma de simpatia ética universal que, nas religiões monoteístas, conquista a vitória sobre o sentimento primitivo de uma solidariedade natural ou mágica da vida.

Quando a filosofia grega abordou o problema, dificilmente poderia ter superado a grandeza e a sublimidade desses pensamentos religiosos. A filosofia grega, no período helenista posterior, reteve grande número de motivos religiosos e até míticos. Na filosofia estóica, é central o conceito de uma providência universal ($πρό$ $νοια$) que conduz o mundo à sua meta. E mesmo neste caso o homem, como ser consciente e racional, tem de trabalhar a favor da providência. O universo é uma grande sociedade de Deus e dos homens, "urbs Dis hominibusque communis"[55]. "Viver com os Deuses" ($συζῆν$ $θεοῖς$) significa trabalhar com eles. O homem não é um simples espectador; ele é, segundo a sua medida, o criador da ordem mundial. O sábio é um sacerdote e ministro dos deuses[56]. Aqui também encontramos a concepção da "simpatia do Todo", mas agora entendida e interpretada em um novo sentido ético.

Tudo isso só podia ser alcançado por um desenvolvimento lento e contínuo do pensamento e do sentimento religioso. A transição das formas mais rudimentares para as formas mais altas e superiores não podia ser feita por um salto repentino. Bergson declara que sem um salto assim a humanidade não teria sido capaz de encontrar uma religião puramente dinâmica — uma religião que não se baseia na pressão social e na obrigação, mas na liberdade. Mas seria difícil dizer que sua própria tese metafísica da "evolução criativa" favorece essa visão. Sem os grandes espíritos criativos, sem os profetas que se sentiam inspirados pelo poder de Deus e destinados a revelar a vontade dele, a religião não teria encontrado o seu caminho. Mas nem mesmo esses poderes individuais poderiam mudar seu caráter fundamentalmente social. Não podiam criar uma religião nova a partir do nada. Os grandes reformistas religiosos individuais não viviam no espaço vazio, no espaço de suas próprias experiência e inspiração religiosas. Mil vínculos ligavam-nos ao seu ambiente social. Não é por uma espécie de revolta que a humanidade passa da obrigação moral à liberdade religiosa. Até Bergson admite que, em termos históricos, o espírito místico que ele julga ser o espírito da verdadeira religião não é uma ruptura de continuidade. O misticismo nos revela, ou antes nos revelaria se assim quiséssemos, uma perspectiva maravilhosa; mas não queremos isso, e na maior parte dos casos não podemos querer isso; a tensão nos abateria. Ficamos, portanto, com uma religião mista. Encontramos na história transições interpostas entre duas coisas que são na verdade radicalmente distintas em sua natureza e que, à primeira vista, nem parecem merecer o mesmo nome[57]. Para o filósofo, para o metafísico, essas duas formas de religião serão sempre antagônicas. Não pode derivá-las da mesma fonte, pois são expressões de forças totalmente diversas. Uma baseia-se inteiramente no instinto; foi o instinto de vida que criou a função de fazer mitos. Mas a religião não nasce do instinto, nem da inteligência ou da razão. Ela precisa de um ímpeto novo, um tipo especial de intuição e inspiração.

> Para chegar à própria essência da religião e entender a história da humanidade, é preciso passar imediatamente da religião estática e exterior para a religião dinâmica e interior. A primeira foi concebida para afastar os perigos aos quais a inteligência poderia expor o homem; era infra-intelectual... Mais tarde, e por um esforço que facilmente poderia nunca ter sido

feito, o homem libertou-se desse movimento seu em torno de seu próprio eixo. Mergulhou novamente na corrente da evolução, empurrando-a ao mesmo tempo para a frente. Nela estava a religião dinâmica, sem dúvida associada à intelectualidade superior, mas distinta dela. A primeira forma de religião fora infra-intelectual... a segunda era supra-intelectual[58].

Contudo, uma distinção dialética de tal clareza entre três poderes fundamentais — instinto, inteligência e intuição mística — está em desacordo com os fatos da história da religião. Até mesmo a tese de Frazer, segundo a qual a humanidade começou por uma era da magia que mais tarde foi seguida e substituída por uma era da religião, é insustentável. A magia perdeu terreno por um processo muito lento. Quando olhamos para a história de nossa própria civilização européia, vemos que mesmo nos estágios mais avançados, nos estágios de uma cultura intelectual altamente desenvolvida e muito requintada, a crença na magia não foi abalada com seriedade. A própria religião podia, até certo ponto, admitir essa crença. Ela proibia e condenava algumas práticas mágicas, mas havia uma esfera de magia "branca" que era considerada inócua. Os pensadores do Renascimento — Pomponazzi, Cardano, Campanella, Bruno, Giambattista della Porta, Paracelso — apresentaram suas próprias teorias filosóficas científicas da arte mágica. Um dos pensadores mais nobres e mais devotos do Renascimento, Giovanni Pico della Mirandola, estava convencido de que a magia e a religião estão ligadas uma à outra por laços indissolúveis. "Nulla est scientia", diz ele, "quae nos magis certificet de divinitate Christi quam Magia et Cabala." Podemos inferir desses exemplos o que de fato significa a evolução religiosa. Não significa a destruição completa das primeiras e mais fundamentais características do pensamento mítico. Se os grandes reformadores religiosos individuais quisessem ser ouvidos e entendidos, tinham de falar não só a linguagem de Deus, mas também a do homem. Mas os grandes profetas de Israel já não falavam apenas para suas próprias nações. O Deus deles era um deus de Justiça e Sua mensagem não se restringia a um grupo especial. Os profetas previram um novo céu e uma nova terra. O que é realmente novo não é o conteúdo dessa religião profética, mas sua tendência interna, seu sentido ético. Um dos maiores milagres que todas as religiões superiores precisaram realizar foi desenvolver seu novo caráter, sua interpretação ética e religiosa da vida, a partir da tosca matéria-prima das mais primitivas concepções, das mais grosseiras superstições.

Talvez não haja melhor exemplo dessa transformação que o desenvolvimento do conceito de tabu. Há muitos estágios da civilização humana em que não encontramos qualquer idéia distinta de poderes divinos e nenhum animismo definido — nenhuma teoria da alma humana. Mas parece não haver nenhuma sociedade, por mais primitiva, que não tenha desenvolvido um sistema de tabu — e na maioria dos casos esse sistema era uma estrutura bastante complexa. Nas ilhas polinésias das quais deriva o termo "tabu", o nome refere todo o sistema de religião[59]. E vemos muitas sociedades primitivas em que o único delito conhecido é a violação do tabu[60]. Nos estágios elementares da civilização, o termo cobre todo o campo da religião e da moralidade. Neste sentido, muitos historiadores da religião atribuíram um valor bem alto ao sistema de tabu. A despeito de seus óbvios defeitos, ele foi declarado como o primeiro e indispensável germe de uma vida cultural superior; chegou-se a dizer que ele foi um princípio apriorístico do pensamento moral e religioso. Jevons descreve o tabu como uma espécie de imperativo categórico, o único que o homem primitivo conhecia, e que lhe era acessível. O sentimento de que há certas coisas que "não devem ser feitas", diz ele, é puramente formal e sem conteúdo. A essência do tabu é que sem recurso à experiência ele pronuncia *a priori* que certas coisas são perigosas.

> Essas coisas, na verdade, em um certo sentido não eram perigosas, e a crença na sua periculosidade era irracional. No entanto, se a crença não houvesse existido, hoje não haveria qualquer moralidade, e por conseguinte nenhuma civilização. A crença era uma falácia... Mas essa falácia era a casca que encerrava e protegia uma concepção que deveria florescer e crescer em um fruto inestimável — a concepção de Obrigação Social[61].

Mas como foi possível que tal concepção se desenvolvesse a partir de uma convicção que, por si só, não tinha qualquer relação com valores éticos? Em seu sentido original e literal, o tabu parece significar apenas uma coisa que é marcada — que não está no mesmo nível das outras coisas comuns, profanas e inofensivas. Está rodeada por uma atmosfera de temor e perigo. Tal perigo foi com freqüência descrito como sendo sobrenatural, mas de modo algum é moral. Se é diferenciado das outras coisas, essa diferenciação não significa uma discriminação moral, e não implica um juízo moral. Um homem que comete um crime torna-se tabu, mas o mesmo acontece com uma mulher em trabalho de parto. A "impureza infecciosa" estende-se para todas as esferas da vida. Um toque do Divino é tão perigoso quanto o toque de coisas fisicamente impuras; o sagrado e o abominável estão no mesmo nível. A "infecção de santidade" tem o mesmo resultado que a "poluição de impureza". Aquele que toca um cadáver torna-se impuro; mas até uma criança recém-nascida é temida do mesmo modo. Entre alguns povos, no dia do nascimento as crianças eram tão tabus que sequer podiam ser postas no chão. E, em virtude do princípio da transmissibilidade da infecção original, não há limite possível para a propagação. "Uma única coisa tabu", foi dito, "pode infectar o universo inteiro."[62] Nesse sistema, não há nem sombra de responsabilidade individual. Se um homem comete um crime não é só ele que fica marcado — sua família, seus amigos e toda a sua tribo trazem a mesma marca. Ficam estigmatizados; partilham o mesmo miasma. E os mitos de purificação correspondem a essa concepção. A ablução deve ser alcançada por meios simplesmente físicos e externos. A água corrente pode lavar a mancha do crime. Às vezes o pecado é transferido para um animal, para um "bode expiatório" ou para um pássaro, que voa para longe com ele[63].

Todas as religiões superiores tiveram extrema dificuldade para superar esse sistema de um tabuísmo muito primitivo, mas depois de grandes esforços elas conseguiram realizar essa tarefa. Para tal, precisaram do mesmo processo de discriminação e individualização que tentamos descrever acima. O primeiro passo necessário foi encontrar uma linha de demarcação que separasse a esfera sagrada da esfera do impuro ou do fantástico. Não pode haver dúvida de que todas as religiões semíticas, quando apareceram, baseavam-se em um complicadíssimo sistema de tabus. Em sua investigação da religião dos semitas, W. Robertson-Smith declara que, em sua origem, as primeiras regras semíticas de santidade e impureza não se distinguiam dos tabus selvagens. Mesmo nas religiões baseadas nos mais puros motivos éticos conservam-se ainda muitos aspectos que apontam para um estágio anterior de pensamento religioso, em que pureza e impureza eram entendidas em um sentido puramente físico. A religião de Zoroastro, por exemplo, contém prescrições rigorosíssimas contra a poluição dos elementos físicos. Sujar o elemento puro do fogo pelo contato de um cadáver ou qualquer outra coisa impura é considerado pecado mortal. É crime até mesmo levar fogo para uma casa em que morreu um homem, por nove noites no inverno e um mês no verão[64]. Mesmo para as religiões superiores era impossível ignorar ou reprimir todas essas regras e esses ritos purificadores. O que podia ser alterado e o que teve de ser alterado ao longo do progresso do pensamento religioso não foram os próprios tabus, mas os motivos que estavam por trás deles. No sistema original, esses motivos eram totalmente irrelevantes. Além da região das nossas coisas comuns e familiares há outra, repleta de poderes e perigos desconhecidos. Uma coisa que pertença a esse campo fica marcada, mas é apenas a distinção em si, e não a direção desta, que lhe confere a sua marca especial. Ela pode ser tabu por sua superioridade ou por sua inferioridade, por sua virtude ou por seu vício, por sua excelência ou por sua depravação. No início, a religião não se atreve a rejeitar o tabu, pois com um ataque a essa esfera sagrada ela se arriscaria a uma perda em seu próprio terreno. Mas ela começa por introduzir um novo elemento. "O fato de todos os semitas terem regras de impureza e regras de santidade", diz Robertson-Smith,

> de que o limite entre as duas seja muitas vezes vago, e que tanto as primeiras como as segundas apresentem a mais surpreendente concordância em questões de detalhe com os *tabus* selvagens, não deixa qualquer dúvida razoável quanto à origem e às relações fundamentais da idéia de santidade. Por outro lado, o fato de que os semitas... distinguem entre o santo e o impuro marca um avanço real em relação à selvageria. Todos os tabus são inspirados pelo assombro do sobrenatural, mas há uma grande diferença moral entre as precauções contra a invasão de poderes hostis misteriosos e as precauções baseadas no respeito às prerrogativas de um deus amistoso. A primeira pertence ao campo da superstição mágica... o qual, baseado apenas no medo, funciona só como uma barreira ao progresso e um impedimento para o uso livre da natureza pela energia e industriosidade humanas. Mas as restrições à liberdade de ação individual que são devidas ao respeito por um poder conhecido e amistoso aliado do homem, por mais triviais ou absurdas que nos possam parecer em seus detalhes, trazem em si princípios germinantes de progresso social e ordem moral[65].

Para desenvolver esses princípios, era imperativo fazer uma distinção clara entre a violação subjetiva e a objetiva de uma lei religiosa. Tal distinção é inteiramente estranha ao sistema primitivo de tabus. Neste, o que interessa é a própria ação, e não o seu motivo. O perigo de tornar-se tabu é um perigo físico. Está inteiramente fora do alcance dos nossos poderes morais. O efeito é o mesmo no caso de um ato involuntário ou voluntário. A infecção é inteiramente impessoal, e transmitida de modo apenas passivo. Falando de maneira geral, o sentido do tabu pode ser descrito como uma espécie de *Noli me tangere* — é o intocável, uma coisa que não pode ser abordada com ligeireza. O modo ou a intenção da abordagem não conta. Um tabu pode ser transmitido não só pelo toque, mas também pela audição ou pela visão. E as conseqüências são as mesmas, não importando se eu olho deliberadamente para um objeto tabu ou se o vislumbro de maneira acidental e involuntária. Ser visto por uma pessoa tabu, por um sacerdote ou rei, é tão perigoso quanto olhar para ela.

> ... a ação do tabu é sempre mecânica; o contato com o objeto tabu comunica a sua infecção com tanta certeza quanto o contato com a água comunica umidade, ou com uma corrente elétrica comunica um choque elétrico. As intenções daquele que viola um tabu não têm qualquer efeito sobre a ação do tabu; pode tocar por ignorância, ou para benefício da pessoa tocada, mas torna-se tabu com tanta certeza quanto se o seu motivo fosse irreverente, ou hostil a sua ação. A disposição das pessoas sagradas, do Mikado, do chefe polinésio, da sacerdotisa de Artemis Hymnia, tampouco modifica a ação do tabu; o toque ou o olhar delas é igualmente fatal para amigos e inimigos, para a vida das plantas ou dos homens. Menos ainda interessa a moralidade do violador do tabu, a penalidade cai como chuva sobre os justos e os injustos[66].

Mas aqui começa aquele lento processo que tentamos designar como uma "mudança de sentido" religiosa. Se olharmos para o desenvolvimento do judaísmo, veremos como foi completa e decisiva essa mudança de sentido. Nos livros proféticos do Velho Testamento encontramos uma direção inteiramente nova de pensamento e sentimento. O ideal de pureza significa algo totalmente diferente de todas as concepções míticas precedentes. Procurar por pureza ou impureza em um objeto, em uma coisa material, passou a ser impossível. Mesmo as ações humanas, como tais, deixaram de ser vistas como puras ou impuras. A única pureza que tem significado e dignidade do ponto de vista da religião é a pureza do coração.

E com essa primeira discriminação somos levados a outra que não é menos importante. O sistema de tabus impõe ao homem inúmeros deveres e obrigações. Mas todos esses deveres têm um caráter comum. São inteiramente negativos; não incluem qualquer ideal positivo. Algumas coisas devem ser evitadas; é preciso abster-se de algumas ações. O que vemos aqui são inibições e proibições, e não exigências morais ou religiosas. O que domina o sistema de tabus é o medo, e este só sabe proibir, não sabe dirigir. Previne contra o perigo, mas não pode suscitar uma nova energia ativa ou moral no homem. Quanto mais desenvolvido o sistema de tabus, mais ele ameaça congelar a vida do homem em uma completa passividade. Ele não pode comer ou beber, não pode ficar parado, nem caminhar. Até a fala torna-se preocupante; a cada palavra o homem é ameaçado por perigos desconhecidos. Na Polinésia não é apenas proibido pronunciar o nome de um chefe ou de um morto; até as outras palavras em que esse nome aparece não podem ser usadas em conversas comuns. Foi nisso que a religião, em seu progresso, encontrou uma nova tarefa. Mas o problema que teve de enfrentar era extremamente difícil, e de certo modo parecia insolúvel. Em que pesem todos os seus óbvios defeitos, o sistema de tabus era o único sistema de restrição e obrigação social descoberto pelo homem. Era a pedra fundamental de toda a ordem social. Não havia nenhuma parte do sistema social que não fosse regulada por tabus especiais. A relação entre soberanos e súditos, a vida política, a vida sexual e a vida familiar não possuíam nenhum outro vínculo, nem nada mais sagrado. O mesmo vale para toda a vida econômica. Até mesmo a propriedade parece ser, em sua origem, uma instituição tabu. O primeiro modo de tomar posse de uma coisa ou pessoa, ocupar um pedaço de terreno ou casar-se com uma mulher foi marcá-los com um sinal de tabu. Era impossível para a religião abolir esse complexo sistema de interdições. Suprimi-lo teria significado uma total anarquia. No entanto, os grandes mestres religiosos da humanidade encontraram um novo impulso pelo qual, a partir de então, toda a vida do homem foi levada em uma nova direção. Descobriram em si mesmos um poder positivo, não de inibição, mas de inspiração e aspiração. Transformaram a obediência passiva em um sentimento religioso ativo. O sistema de tabus ameaça fazer da vida do homem uma carga que no fim se torna insuportável. Toda a existência do homem, física e moral, fica esmagada pela pressão contínua desse sistema. É aqui que a religião intervém. Todas as religiões éticas superiores — a religião dos profetas de Israel, o zoroastrismo, o cristianismo — propuseram-se uma tarefa comum. Elas aliviam o peso intolerável do sistema de tabus, mas em compensação descobrem um sentido mais profundo de obrigação religiosa, que em vez de ser uma restrição ou compulsão é a expressão de um novo ideal positivo de liberdade humana.

CAPÍTULO VIII

A LINGUAGEM

1

A linguagem e o mito são parentes próximos. Nos primeiros estágios da cultura humana, sua relação é tão íntima e sua cooperação tão óbvia que é quase impossível separar um do outro. São dois brotos diferentes de uma única e mesma raiz. Sempre que encontramos o homem, vemo-lo em possessão da faculdade da fala e sob a influência da função de fazer mitos. Logo, para uma antropologia filosófica, é tentador colocar essas duas características especificamente humanas sob um mesmo título. Tentativas nesse sentido foram feitas com freqüência. F. Max Müller desenvolveu uma teoria curiosa, na qual o mito era explicado como um simples subproduto da linguagem. Ele considerava o mito como uma espécie de doença da mente humana, cujas causas devem ser procuradas na faculdade da fala. A linguagem, por sua própria natureza e essência, é metafórica. Incapaz de descrever as coisas diretamente, ela recorre a modos indiretos de descrição, a termos ambíguos e equívocos. É a esta ambigüidade inerente à linguagem que o mito, segundo Max Müller, deve a sua origem, e na qual sempre encontrou sua nutrição mental. "A questão da mitologia", diz Müller,

> tornou-se de fato uma questão de psicologia, e, como a nossa mente torna-se objetiva para nós principalmente através da linguagem, tornou-se uma questão da Ciência da Linguagem. Isso explica por que... chamei [o mito] de Doença da Linguagem em vez de do Pensamento... A linguagem e o pensamento são inseparáveis, e... uma doença da linguagem é portanto a mesma coisa que uma doença do pensamento... Representar o deus supremo cometendo todo tipo de crime, sendo enganado pelos homens, ficando irado com sua esposa e violento com seus filhos, é com certeza prova de uma doença, de uma condição incomum de pensamento, ou, para falar mais claramente, de verdadeira loucura... É um caso de patologia mitológica...
> A linguagem antiga é um instrumento difícil de manipular, em especial com propósitos religiosos. Na linguagem humana, é impossível abstrair idéias a não ser por metáforas, e não é exagero dizer que todo o dicionário da religião antiga é feito de metáforas... Eis aqui uma fonte constante de mal-entendidos, muitos dos quais conservaram seu lugar na religião e na mitologia do mundo antigo[1].

Considerar, porém, uma atividade humana fundamental como uma mera monstruosidade, uma espécie de doença mental, dificilmente pode passar por uma interpretação adequada dessa atividade. Não precisamos de teorias estranhas e forçadas como essa para ver que para a mente primitiva o mito e a linguagem são, por assim dizer, irmãos gêmeos. Ambos baseiam-se em uma experiência muito geral e muito primitiva da humanidade, uma experiência de natureza antes social que física. Muito antes de aprender a falar, a criança já descobriu outros meios mais simples de se comunicar com as pessoas. Os gritos de desconforto, dor e fome, medo e susto que encontramos em todo o mundo orgânico começam a assumir uma nova forma. Deixam de ser reações instintivas simples, pois são empregados de maneira mais consciente e deliberada. Quando é deixada sozinha, a criança exige por sons mais ou menos articulados a presença da babá ou da mãe, e percebe que essas exigências surtem o efeito desejado. O homem primitivo transfere essa primeira experiência social elementar para a totalidade da natureza. Para ele, natureza e sociedade não estão apenas interligadas pelos mais fortes vínculos; formam um todo coerente e indistinguível. Nenhuma linha clara de demarcação separa os dois domínios. A própria natureza não passa de uma grande sociedade — a sociedade da vida. A partir desse ponto de vista, podemos entender facilmente o uso e a função específica da palavra mágica. A crença na magia está baseada em uma profunda convicção da solidariedade da vida[2]. Para a mente primitiva o poder social da palavra, experimentado em inúmeras ocasiões, torna-se uma força natural, e até sobrenatural. O homem primitivo sente-se rodeado por todo tipo de perigos visíveis e invisíveis. Não pode ter esperanças de superar esses perigos por meios meramente físicos. Para ele, o mundo não é uma coisa morta ou muda; ele pode ouvir e entender. Logo, se os poderes da natureza forem convocados da maneira correta, não poderão negar-se a ajudar. Nada resiste à palavra mágica, *carmina vel coelo possunt deducere lunam*.

Quando o homem começou a perceber que essa confiança era vã — que a natureza era inexorável não porque relutasse em atender às exigências dele, mas porque não entendia a linguagem que ele falava — a descoberta deve ter sido um choque. Nessa altura, ele teve de enfrentar um novo problema que marcou uma virada e uma crise em sua vida intelectual e moral. A partir desse momento, o homem deve ter descoberto em si mesmo uma profunda solidão, ficando sujeito a uma sensação de total abandono e de absoluta desesperança. Dificilmente ele teria superado isso se não tivesse desenvolvido uma nova força espiritual, que barrou o caminho da magia, mas ao mesmo tempo abriu outra estrada mais promissora. Toda esperança de subjugar a natureza mediante a palavra mágica fora frustrada. Mas, como resultado, o homem começou a ver a relação entre a linguagem e a realidade sob uma nova luz. A função mágica da palavra foi eclipsada e substituída por sua função semântica. A palavra deixa de ser dotada de poderes misteriosos, não tem mais uma influência física ou sobrenatural direta. Não pode mudar a natureza das coisas e não pode forçar a vontade dos deuses ou demônios. Nem por isso passa a não ter sentido ou poder. Não é simplesmente *flatus vocis*, um mero sopro de ar. Contudo, o aspecto decisivo não é o seu caráter físico, mas o lógico. Fisicamente a palavra pode ser declarada impotente, mas logicamente ela é elevada a uma posição mais alta, na verdade a mais alta de todas. O *Logos* torna-se o princípio do universo e o primeiro princípio do conhecimento humano.

Essa transição ocorreu nos primórdios da filosofia grega. Heráclito pertence ainda àquela classe de pensadores gregos a que a *Metafísica* de Aristóteles se refere como os "antigos fisiologistas" (αἱ ἀρχαῖοι φυσιόλογοι). Todo o seu interesse concentra-se no mundo fenomenal. Ele não admite que acima do mundo fenomenal, o mundo do "devir", exista uma esfera superior, uma ordem ideal ou eterna de puro "ser". Mas não se contenta com o simples *fato* da mudança; ele busca o *princípio* da mudança. Segundo Heráclito, esse princípio não pode ser encontrado em uma coisa material. Não é no mundo material, mas no humano, que está a chave para uma interpretação correta da ordem cósmica. Neste mundo humano, a faculdade da fala ocupa um lugar central. Portanto, precisamos entender o que a fala significa para entendermos o "significado" do universo. Se deixarmos de encontrar essa abordagem — a abordagem pelo meio da linguagem em vez de pelos fenômenos físicos — não enxergaremos a porta para a filosofia. Até no pensamento de Heráclito a palavra, o Logos, não é um fenômeno meramente antropológico. Ela não está confinada aos estreitos limites de nosso mundo humano, pois possui a verdade cósmica universal. Mas em vez de ser um poder mágico a palavra é entendida em sua função semântica e simbólica. "Não dês ouvidos a mim", escreve Heráclito, "mas à Palavra, e confessa que todas as coisas são uma."

O pensamento grego primitivo passou assim de uma filosofia da natureza para uma filosofia da linguagem. Mas nesta ele deparou com novas e graves dificuldades. É possível que não haja problema mais desconcertante e controvertido que o do "significado do significado"[3].

Mesmo nos nossos dias, lingüistas, psicólogos e filósofos sustentam opiniões amplamente divergentes sobre esse assunto. A filosofia antiga não podia enfrentar diretamente esse intricado problema em todos os seus aspectos. Podia apenas dar uma solução tentativa. Essa solução baseava-se em um princípio que tinha aceitação geral no pensamento grego primitivo, e que parecia estar firmemente estabelecido. Todas as diferentes escolas — tanto os fisiologistas como os dialéticos — partiam do pressuposto de que sem uma identidade entre o sujeito que conhece e a realidade conhecida o fato do conhecimento seria inexplicável. O idealismo e o realismo, embora diferissem na aplicação desse princípio, concordavam no reconhecimento de sua verdade. Parmênides declarou que não podemos separar o ser do pensamento, pois são uma única e mesma coisa. Os filósofos da natureza entendiam e interpretavam essa identidade em um sentido estritamente material. Quando analisamos a natureza do homem encontramos a mesma combinação de elementos que ocorre por toda a parte no mundo físico. O fato de o microcosmo ser uma exata contrapartida do macrocosmo torna possível o conhecimento deste último. "Pois é com terra", diz Empédocles, "que vemos a Terra, e a Água com água; pelo ar vemos o Ar brilhante, pelo fogo o Fogo destruidor. Pelo amor é que vemos o Amor, e o Ódio pelo ódio atroz."[4]

Aceitando essa teoria geral, qual é o "significado do significado"? Antes de mais nada, o sentido deve ser explicado em termos de ser; pois o ser, ou substância, é a categoria mais universal que liga e une a verdade e a realidade. Uma palavra não poderia "significar" uma coisa se não houvesse pelo menos uma identidade parcial entre as duas. A ligação entre o símbolo e seu objeto deve ser natural, e não simplesmente convencional. Sem essa ligação natural, uma palavra da linguagem humana não poderia cumprir sua tarefa; tornar-se-ia ininteligível. Se admitirmos esse pressuposto, que tem sua origem mais em uma teoria geral do conhecimento que em uma teoria da linguagem, estaremos imediatamente diante de uma doutrina onomatopéica. Só essa doutrina parece capaz de lançar uma ponte entre os nomes e as coisas. Por outro lado, essa nossa ponte ameaça ruir em nossa primeira tentativa de usá-la. Para Platão, bastou desenvolver a tese onomatopéica em todas as suas conseqüências para poder refutá-la. No diálogo platônico *Kratylus*, Sócrates aceita a tese à sua maneira irônica. Mas essa aprovação pretende apenas destruí-la por seu próprio absurdo inerente. O relato que Platão faz da teoria de que toda a linguagem tem origem na imitação de sons termina em farsa e caricatura. Mesmo assim, a tese onomatopéica predominou por muitos séculos. Nem mesmo na literatura recente ela está totalmente obliterada, embora não apareça mais nas mesmas formas ingênuas que no *Kratylus* de Platão.

A objeção óbvia a essa tese é o fato de que, ao analisar as palavras da linguagem comum, ficamos na maior parte das vezes perdidos para descobrir a pretensa semelhança entre os sons e os objetos. No entanto, essa dificuldade pode ser removida assinalando-se que a linguagem humana, desde o início, tem sido sujeita à mudança e à deterioração. Logo, não podemos contentar-nos com ela em seu estado presente. Devemos levar nossos termos de volta à origem se quisermos descobrir o vínculo que os une a seus objetos. Das palavras derivadas devemos regressar às palavras primárias; devemos descobrir o étimo, a forma verdadeira e original, de cada termo. De acordo com esse princípio, a etimologia tornou-se não só o centro da lingüística, mas também um dos princípios básicos da filosofia da linguagem. E as primeiras etimologias usadas pelos gramáticos e filósofos gregos não sofriam de quaisquer escrúpulos teóricos ou históricos. Nenhuma etimologia baseada em princípios científicos apareceu antes da primeira metade do século XIX[5]. Até então, tudo era possível, e as explicações mais fantásticas e bizarras eram prontamente aceitas. Além das etimologias positivas, havia as famosas etimologias negativas do tipo *lucus a non lucendo*. Enquanto esses esquemas mantiveram o domínio, a teoria de uma relação natural entre nomes e coisas pareceu ser filosoficamente justificável e defensável.

Mas havia outras considerações gerais que desde o início militavam contra essa teoria. Os sofistas gregos, de certo modo, eram discípulos de Heráclito. Em seu diálogo *Theaetetus*, Platão chegou a dizer que a teoria sofística do conhecimento não tinha qualquer direito a dizer-se original. Proclamou que era uma excrescência e um corolário da doutrina heraclitiana do "fluxo de todas as coisas". No entanto, havia uma diferença não-erradicável entre Heráclito e os sofistas. Para o primeiro a palavra, o Logos, era um princípio metafísico universal, dotado de veracidade geral, validade objetiva. Mas os sofistas não admitem mais a "palavra divina" que Heráclito afirmava ser a origem e o primeiro princípio de todas as coisas, da ordem cósmica e moral. A antropologia, e não a metafísica, tem o papel principal na teoria da linguagem. O homem tornou-se o centro do universo. Segundo o dito de Pitágoras, "o homem é a medida de todas as coisas, das que são, do que são — e das que não são, do que não são". Procurar por qualquer explicação da linguagem no mundo das coisas físicas é, portanto, vão e inútil. Os sofistas haviam encontrado uma abordagem nova e muito mais simples para a fala humana. Foram os primeiros a tratar dos problemas lingüísticos e gramaticais de modo sistemático. Contudo, não estavam preocupados com esses problemas em um sentido apenas teórico. Uma teoria da linguagem tem outras tarefas mais urgentes a cumprir. Precisa ensinar-nos a falar e a agir em nosso mundo social e político real. Na vida ateniense do século V, a linguagem tornara-se um instrumento com propósitos definidos, concretos e práticos. Era a mais poderosa arma nas grandes lutas políticas. Ninguém podia ter esperanças de desempenhar um papel importante sem esse instrumento. Era de vital importância usá-lo da maneira correta, aprimorá-lo e afiá-lo. Para tal fim, os sofistas criaram um novo rumo de conhecimento. A retórica, e não a gramática ou a etimologia, tornou-se a principal preocupação deles. Em sua definição de sabedoria (*sophia*), a retórica ocupa uma posição central. Todas as disputas sobre a "verdade" e a "correção" (ὀρθότης) dos termos e nomes tornaram-se fúteis e supérfluas. Os nomes não servem para expressar a natureza das coisas. Não têm quaisquer correlatos objetivos. Sua verdadeira tarefa não é descrever as coisas, mas despertar emoções humanas; não transmitir meras idéias ou pensamentos, mas incitar os homens a certas ações.

Vimos até aqui três aspectos da função e do valor da linguagem: o mitológico, o metafísico e o pragmático. Mas todas essas explicações parecem de certo modo errar o alvo, pois deixam de notar uma das características mais evidentes da linguagem. As expressões humanas mais elementares não se referem a coisas físicas, nem são sinais meramente arbitrários. A alternativa entre φύσει ὄν e θέσει ὄν não se aplica a elas. São "naturais", e não "artificiais"; mas não têm qualquer relação com a natureza dos objetos externos. Não dependem da simples convenção, do costume ou do hábito; têm raízes muito mais profundas. São uma expressão involuntária de sentimentos, interjeições e exclamações humanas. Não foi por acaso que essa teoria interjecional foi introduzida por um cientista natural, o maior cientista dentre os pensadores gregos. Demócrito foi o primeiro a propor que a fala humana tem origem em certos sons de caráter meramente emocional. Mais tarde, a mesma posição foi defendida por Epicuro e Lucrécio, baseados na autoridade de Demócrito. Ela exerceu uma influência permanente sobre a teoria da linguagem. Ainda no século XVIII ela aparece quase na mesma forma em pensadores como Vico e Rousseau. Do ponto de vista científico, é fácil entender as grandes vantagens dessa tese interjecional. Nela, aparentemente, não precisamos mais apoiar-nos apenas na especulação. Revelamos alguns fatos verificáveis, e estes não estão restritos à esfera humana. A fala humana pode ser reduzida a um instinto fundamental implantado pela natureza em todas as criaturas vivas. Exclamações violentas — de medo, raiva, dor ou alegria — não são uma propriedade específica do homem. Encontramo-las por toda a parte no mundo animal. Nada mais plausível que atribuir o fato social da linguagem a essa causa biológica geral. Se aceitamos a tese de Demócrito e seus pupilos e seguidores, a semântica deixa de ser uma província separada; torna-se um ramo da biologia e da fisiologia.

No entanto, a teoria interjecional só pôde chegar à maturidade depois que a própria biologia encontrou uma base científica. Não bastava ligar a fala humana a certos fatos biológicos. Essa ligação tinha de ser baseada em um princípio universal, princípio proporcionado pela teoria da evolução. Quando o livro de Darwin apareceu, foi saudado com o maior entusiasmo não só pelos cientistas e filósofos, mas também pelos lingüistas. August Schleicher, cujos primeiros escritos mostram-no como um adepto e pupilo de Hegel, tornou-se um convertido de Darwin[6]. O próprio Darwin havia tratado o seu tema estritamente do ponto de vista de um naturalista. Mas o seu método geral era facilmente aplicável a fenômenos lingüísticos, e até mesmo nesse campo pareceu ter aberto um caminho inexplorado. Em *The Expression of Emotions in Man and Animals*, Darwin mostrara que os sons ou atos expressivos são ditados por certas necessidades biológicas e usados segundo regras biológicas definidas. Abordado desta perspectiva, o enigma da origem da linguagem podia ser tratado de modo estritamente empírico e científico. A linguagem humana deixou de ser um "estado dentro do estado" e tornou-se, a partir desse momento, um talento natural geral.

Ainda havia, porém, uma dificuldade fundamental. Os criadores das teorias biológicas sobre a origem da linguagem deixaram de ver o bosque por causa das árvores. Partiram do pressuposto de que um caminho direto liga a interjeição à fala. Mas isso é evadir a questão, e não solucioná-la. Não era apenas o fato, mas toda a estrutura da linguagem, que precisava de uma explicação. Uma análise dessa estrutura revela uma diferença radical entre a linguagem emocional e a proposicional. Os dois tipos não estão no mesmo nível. Mesmo que fosse possível ligá-los geneticamente, a passagem de um tipo para o oposto nunca deixaria de ser logicamente uma *metabasis eis allo genos*, uma transição de um gênero para outro. Tanto quanto eu saiba, nenhuma teoria biológica conseguiu jamais apagar essa distinção lógica e estrutural. Não temos absolutamente nenhuma prova psicológica de que algum animal atravessou jamais a fronteira entre a linguagem proposicional e a emocional. A chamada "linguagem animal" nunca deixa de ser inteiramente subjetiva; ela expressa vários estados de sentimento, mas não designa, nem descreve, objetos[7]. Por outro lado, não há qualquer prova histórica de que o homem, mesmo nos estágios mais primitivos de sua cultura, tenha jamais estado reduzido a uma linguagem puramente emocional ou à linguagem dos gestos. Se quisermos seguir um método empírico estrito, deveremos excluir todo pressuposto desse tipo como, se não totalmente improvável, pelo menos duvidoso e hipotético.

Na verdade, um exame mais cuidadoso dessas teorias leva-nos sempre a um ponto em que o próprio princípio em que se baseiam torna-se questionável. Após avançar alguns passos nesse argumento, os defensores dessas teorias são forçados a admitir e a sublinhar as mesmas diferenças que à primeira vista pareciam negar ou, pelo menos, minimizar. Para ilustrar esse fato, escolherei dois exemplos concretos, o primeiro da lingüística e o segundo da literatura psicológica e filosófica. Otto

Jespersen foi talvez o último lingüista moderno a conservar um forte interesse pelo velho problema da origem da linguagem. Ele não negava que todas as soluções anteriores do problema haviam sido muito inadequadas; com efeito, estava convencido de ter descoberto um novo método, que prometia mais êxitos. "O método que recomendo", declara Jespersen,

> e que sou o primeiro a empregar coerentemente, é remontar nossas línguas modernas tão para trás no tempo quanto nos permitam a história e nossos materiais... Se por esse processo chegarmos finalmente à pronúncia de sons de uma tal natureza que não mais possam ser chamados de linguagem verdadeira, mas de algo anterior à linguagem — ora, então o problema terá sido resolvido; pois a transformação é uma coisa que podemos entender, ao passo que uma criação baseada no nada nunca pode ser compreendida pelo entendimento humano.

Segundo essa teoria, tal transformação teve lugar quando as expressões humanas, que a princípio não passavam de gritos emocionais ou talvez frases musicais, foram usadas como nomes. O que fora originariamente um amontoado de sons sem sentido tornou-se assim, repentinamente, um instrumento de pensamento. Por exemplo, uma combinação de sons, cantada segundo uma certa melodia e empregada como canto de triunfo sobre um inimigo derrotado e morto, podia ser transformada em um nome próprio para aquele acontecimento peculiar ou até para o homem que matou o inimigo. E o desenvolvimento podia então prosseguir, mediante uma transferência metafórica da expressão, para situações semelhantes[8]. No entanto, é precisamente essa "transferência metafórica" que contém todo o nosso problema resumido. Tal transferência significa que os sons pronunciados, até então meros gritos, descargas involuntárias de emoções fortes, estavam cumprindo uma tarefa inteiramente nova. Estavam sendo usados como símbolos para transmitir um sentido preciso. O próprio Jespersen cita uma observação de Benfey segundo a qual entre a interjeição e a palavra há um abismo largo o bastante para que possamos dizer que a interjeição é a negação da linguagem; pois as interjeições só são empregadas quando não se pode ou não se quer falar. Segundo Jespersen, a linguagem surgiu quando "a comunicatividade assumiu a precedência sobre a exclamatividade". É precisamente este passo, todavia, que a teoria não explica, mas pressupõe.

A mesma crítica vale para a tese desenvolvida no livro de Grace de Laguna, *Speech. Its Function and Development*. Nele encontramos um enunciado muito mais detalhado e elaborado do problema. Os conceitos um tanto fantásticos que encontramos às vezes no livro de Jespersen são eliminados. A transição do grito para a fala é descrita como um processo de objetivação gradual. As qualidades afetivas primitivas ligadas à situação como um todo foram diversificadas e ao mesmo tempo diferenciadas dos aspectos percebidos da situação. "... surgem *objetos*, que são conhecidos em vez de sentidos... Ao mesmo tempo, essa condicionalidade ampliada assume uma forma sistemática... Finalmente,... a ordem objetiva da realidade aparece e o mundo torna-se verdadeiramente conhecido."[9] Estas objetivação e sistematização consistem, com efeito, na tarefa principal e mais importante da linguagem humana. Mas não consigo ver de que modo uma teoria meramente interjecional pode explicar esse passo decisivo. E na explicação da Professora de Laguna a separação entre as interjeições e os nomes não foi transposta; ao contrário, destaca-se com ainda mais nitidez. É um fato notável que esses autores que, de maneira geral, têm estado inclinados a crer que a fala desenvolveu-se a partir de um estado de simples interjeições tenham sido levados à conclusão de que, afinal de contas, a diferença entre os nomes e as interjeições é muito maior e muito mais evidente que sua suposta identidade. Gardiner, por exemplo, parte da afirmação de que entre a linguagem animal e a humana há uma "homogeneidade essencial". Mas ao desenvolver a sua teoria ele tem de admitir que entre as expressões animais e a fala humana há uma diferença tão vital que chega quase a encobrir a homogeneidade essencial[10]. Na verdade, a aparente semelhança é apenas uma ligação material que não exclui, mas, ao contrário, acentua a heterogeneidade formal, funcional.

2

A questão da origem da linguagem exerceu em todas as épocas um estranho fascínio sobre a mente humana. Desde o primeiro vislumbre de intelecto o homem começou a intrigar-se com esse assunto. Em muitos relatos míticos ficamos sabendo que o homem aprendeu a falar com Deus em pessoa, ou com a ajuda de um professor divino. Tal interesse pela origem da linguagem será facilmente compreensível se aceitarmos as premissas básicas do pensamento mítico. O mito não conhece outro modo de explicação além de remontar ao passado remoto e derivar o estado presente do mundo físico e humano desse estágio primevo das coisas. No entanto, é surpreendente e paradoxal encontrar essa mesma tendência ainda predominante no pensamento filosófico. Embora estivesse presente por muitos séculos, a questão sistemática foi obscurecida pela genética. Considerava-se como uma conclusão inevitável que, uma vez resolvida a questão genética, todos os outros problemas seriam prontamente solucionados. A teoria do conhecimento ensinou-nos que devemos sempre traçar uma linha clara de demarcação entre os problemas genéticos e os sistemáticos. A confusão entre esses dois tipos é enganadora e perigosa. Como é que essa máxima metodológica, que em outros ramos de conhecimento parecia estar firmemente estabelecida, foi esquecida no tratamento de problemas lingüísticos? É claro que seria do maior interesse e da maior importância estar em posse de todas as provas históricas relativas à linguagem — ser capaz de responder à questão sobre a derivação das línguas da terra de um tronco comum, ou de raízes diferentes e independentes, e ser capaz de acompanhar passo a passo o desenvolvimento dos idiomas e tipos lingüísticos individuais. Mas nem isso bastaria para resolver os problemas fundamentais de uma filosofia da linguagem. Em filosofia, não podemos contentar-nos com o simples fluxo das coisas e com a cronologia dos acontecimentos. Nela devemos, de certo modo, aceitar sempre a definição platônica segundo a qual o conhecimento filosófico é um conhecimento do "ser", e não do simples "devir". É claro que a linguagem não tem qualquer ser fora e além do tempo; ela não pertence ao domínio das idéias eternas. A mudança — fonética, analógica, semântica — é um elemento essencial da linguagem. Não obstante, o estudo de todos esses fenômenos não é o bastante para fazer-nos entender a função geral da linguagem. Dependemos de dados históricos para a análise de cada forma simbólica. A pergunta sobre o que "são" o mito, a religião, a arte e a linguagem não pode ser respondida de maneira puramente abstrata, por uma definição lógica. Por outro lado, ao estudar a religião, a arte e a linguagem, deparamos sempre com problemas estruturais gerais que pertencem a um tipo especial de conhecimento. Esses problemas devem ser tratados separadamente; não é possível lidar com eles, nem solucioná-los, por meio de investigações meramente históricas.

No século XIX, ainda era uma opinião corrente e de aceitação geral que a história é a única chave para um estudo científico da fala humana. Todas as grandes realizações da lingüística vieram de estudiosos cujo interesse histórico era a tal ponto predominante que impossibilitava qualquer outra tendência de pensamento. Jakob Grimm estabeleceu as primeiras fundações para uma gramática comparativa das línguas germânicas. A gramática comparativa das línguas indo-européias foi iniciada por Bopp e Pott, e aperfeiçoada por A. Schleicher, Karl Brugmann e B. Delbrück. O primeiro a levantar a questão dos princípios da história lingüística foi Hermann Paul. Ele tinha plena consciência do fato de que sozinha a pesquisa histórica não podia solucionar todos os problemas da fala humana. Insistia que o conhecimento histórico tem sempre necessidade de um complemento sistemático. A cada ramo do conhecimento histórico, declarou ele, corresponde uma ciência que trata das condições gerais sob as quais os objetos históricos evoluem e que estuda os fatores que permanecem invariáveis em todas as mudanças dos fenômenos humanos[11]. O século XIX não foi só histórico, mas também psicológico. Portanto, era bastante natural presumir, parecia até evidente, que os princípios da história lingüística deveriam ser procurados no campo da psicologia. Estas foram as duas pedras fundamentais dos estudos lingüísticos. "Paul e a maioria de seus contemporâneos", diz Leonard Bloomfield,

> tratavam apenas das línguas indo-européias e, com o menosprezo que tinham pelos problemas descritivos, recusavam-se a trabalhar com línguas cuja história fosse desconhecida. Essa limitação afastou-os do conhecimento de tipos estrangeiros de estrutura gramatical, que teria aberto os olhos deles para o fato de que até os aspectos fundamentais da gramática indo-européia... não são de modo algum universais na fala humana... Paralelamente à grande corrente de pesquisa histórica havia, contudo, uma corrente pequena, mas cada vez mais acelerada, de estudos lingüísticos gerais... Alguns estudiosos viam com clareza cada vez maior a relação natural entre os estudos descritivos e os históricos... A fusão dessas duas correntes de estudo, a histórico-comparativa e a filosófico-descritiva, esclareceu alguns princípios que não eram aparentes para os grandes indo-europeístas do século XIX... Todo estudo histórico da linguagem baseia-se na comparação de dois ou mais conjuntos de dados descritivos. Só pode ser tão preciso e tão completo quanto lhe permitam esses dados. Para descrever uma língua, não é preciso absolutamente nenhum conhecimento histórico; na verdade, o observador que permita que tal co-

nhecimento afete sua descrição está fadado a distorcer seus dados. Nossas descrições não deverão ter preconceitos, se quisermos que sejam uma base sólida para o trabalho comparativo[12].

Esse princípio metodológico havia encontrado a sua primeira expressão, talvez clássica, na obra de um grande lingüista e grande pensador filosófico. Wilhelm von Humboldt deu o primeiro passo no sentido de classificar as línguas do mundo e reduzi-las a certos tipos fundamentais. Para esta finalidade, não podia empregar métodos exclusivamente históricos. As línguas que ele estudou já não foram apenas as do tipo indoeuropeu. Seu interesse era verdadeiramente abrangente, e incluía todo o campo dos fenômenos lingüísticos. Ele fez a primeira descrição analítica das línguas americanas nativas, utilizando a abundância de material que seu irmão, Alexander von Humboldt, trouxera de suas viagens exploratórias pelo continente americano. No segundo volume da sua grande obra sobre as variedades da fala humana[13], W. von Humboldt escreveu a primeira gramática comparativa das línguas austronésias, o indonésio e o melanésio. No entanto, não existiam quaisquer dados históricos para essa gramática, sendo a história dessas línguas totalmente desconhecida. Humboldt teve de abordar o problema a partir de um ponto de vista inteiramente novo, e abrir seu próprio caminho.

Mesmo assim, seus métodos eram estritamente empíricos; baseavam-se em observações, não em especulações. Mas Humboldt não se contentava com a descrição de fatos particulares. Extraía imediatamente desses fatos inferências gerais de muito longo alcance. É impossível, afirmava ele, obter uma verdadeira compreensão do caráter e da função da fala humana enquanto virmos nela apenas uma coleção de "palavras". A verdadeira diferença entre as línguas não é de sons ou sinais, mas de "perspectivas de mundo"(*Weltansichten*). Uma língua não é um simples agregado mecânico de termos. Dividi-la em palavras ou termos equivale a desorganizá-la e desintegrá-la. Tal concepção é nociva, se não destrutiva, para qualquer estudo dos fenômenos lingüísticos. As palavras e regras que segundo as nossas noções comuns formam uma língua, afirmava Humboldt, existem realmente apenas no ato da fala conexa. Tratá-las como entidades separadas "não passa de um produto morto de nossa desastrada análise científica". A linguagem deve ser vista como uma *energeia*, e não como um *ergon*. Não é uma coisa pronta, mas um processo contínuo; é o esforço reiterado da mente humana no sentido de usar sons para expressar pensamentos[14].

A obra de Humboldt significou mais que um avanço notável do pensamento lingüístico. Marcou também uma nova época na história da filosofia da linguagem. Humboldt não era nem um estudioso que se concentrava sobre fenômenos lingüísticos particulares, nem um metafísico como Schelling ou Hegel. Seguia o método "crítico" de Kant, sem se dar a especulações sobre a essência ou a origem da linguagem. Este último problema não é sequer mencionado em suas obras. O que estava em primeiro plano em seus livros eram os problemas estruturais da linguagem. Hoje, a maioria admite que tais problemas não podem ser solucionados por métodos meramente históricos. Estudiosos de diversas escolas e que trabalham em áreas diferentes são unânimes em sublinhar o fato de que a língüística descritiva nunca poderá ser tornada supérflua pela lingüística histórica, pois esta deve sempre basear-se na descrição dos estágios do desenvolvimento da linguagem que nos sejam diretamente acessíveis[15]. Do ponto de vista da história geral das idéias, é um fato muito interessante e notável que a lingüística, com relação a isso, tenha passado pelas mesmas mudanças que vemos em outros ramos do conhecimento. O positivismo anterior foi suplantado por um novo princípio, ao qual podemos chamar de estruturalismo. A física clássica estava convencida de que, para descobrir as leis gerais do movimento, devemos sempre começar pelo estudo dos movimentos de "pontos materiais". A *Mécanique analytique*, de Lagrange, baseava-se nesse princípio. Posteriormente, as leis do campo eletromagnético, tal como foram descobertas por Faraday e Maxwell, tenderam para a direção oposta. Ficou claro que o campo eletromagnético não podia ser dividido em pontos individuais. Um elétron não era mais visto como uma entidade independente com existência própria; era definido como um ponto-limite no campo como um todo. Surgiu assim um novo tipo de "física de campo", que em muitos aspectos divergia da concepção anterior da mecânica clássica. Na biologia encontramos um desenvolvimento análogo. As novas teorias holísticas, que se tornaram predominantes desde o princípio do século XX, voltaram para a velha definição aristotélica do organismo. Insistiram que, no mundo orgânico, "o todo é anterior às partes". Essas teorias não negam os fatos da evolução, mas não podem mais interpretá-los no mesmo sentido que o faziam Darwin e os darwinianos[16]. Quanto à psicologia, com poucas exceções, havia seguido a trilha de Hume ao longo de todo o século XIX. O único método para explicar um fenômeno psíquico era reduzi-lo a seus elementos primários. Todos os fatos complexos eram considerados como uma acumulação, um agregado de dados sensoriais simples. A moderna psicologia gestaltiana atacou e destruiu essa concepção: abriu assim o caminho para um novo tipo de psicologia estrutural.

Se a lingüística adota hoje o mesmo método e concentra-se cada vez mais nos problemas estruturais, isso não quer dizer, é claro, que as posições anteriores perderam alguma coisa em importância e interesse. Contudo, em vez de avançar em linha reta, em vez de preocupar-se unicamente com a ordem cronológica dos fenômenos da fala, a pesquisa lingüística está traçando uma linha elíptica com dois pontos focais diferentes. Alguns estudiosos chegaram a dizer que a combinação das visões descritiva e histórica, que constituiu a marca distintiva da lingüística durante todo o século XIX, foi um erro do ponto de vista metodológico. Ferdinand de Saussure declarou em suas conferências que seria preciso renunciar por inteiro à idéia de uma "gramática histórica". Esta, segundo ele, era um conceito híbrido. Contém dois elementos díspares que não podem ser reduzidos a um denominador comum e fundidos em um todo orgânico. Segundo Saussure, o estudo da fala humana não é tema de *uma* ciência, mas de duas. Em um estudo desses precisamos sempre distinguir entre dois eixos diferentes, o "eixo da simultaneidade" e o "eixo da sucessão". A gramática, por sua essência e natureza, pertence ao primeiro tipo. Saussure traçou uma linha nítida entre *la langue* e *la parole*. A língua (*la langue*) é universal, ao passo que o processo da fala (*la parole*), como processo temporal, é individual. Todo indivíduo tem sua própria maneira de falar. Mas em uma análise científica da linguagem não nos preocupamos com essas diferenças individuais; estamos estudando um fato social que segue regras gerais — regras totalmente independentes do indivíduo que fala. Sem essas regras, a linguagem não poderia cumprir a sua tarefa principal; não poderia ser empregada como meio de comunicação entre todos os membros da comunidade falante. A lingüística "sincrônica" trata das relações estruturais constantes; a linguística "diacrônica" lida com os fenômenos que variam e se desenvolvem no tempo[17]. A unidade estrutural fundamental da linguagem pode ser estudada e posta à prova em dois modos. Essa unidade aparece tanto no lado material como no formal, manifestando-se não só no sistema de formas gramaticais, mas também no sistema sonoro. O caráter da linguagem depende de ambos os fatores. Mas os problemas estruturais da fonologia foram uma descoberta muito posterior aos da sintaxe e da morfologia. Qua haja ordem e coerência nas formas da fala é óbvio e indubitável. A classificação dessas formas e sua redução a regras definidas tornou-se uma das primeiras tarefas de uma gramática científica. Desde o início, os métodos para esse estudo foram levados a um alto grau de perfeição. Os lingüistas modernos ainda aludem à gramática do sânscrito de Panini, que data de alguma época entre 350 e 250 a.C., como um dos maiores monumentos à inteligência humana. Insistem que nenhuma outra língua foi até hoje descrita com tal perfeição. Os gramáticos gregos fizeram uma análise cuidadosa das partes da fala que encontraram na língua grega, e interessaram-se por todo tipo de questões sintáticas e estilísticas. O aspecto material do problema, porém, era desconhecido, e sua importância só foi reconhecida no início do século XIX. Encontramos então as primeiras tentativas de lidar com os problemas mostrou que as palavras das línguas germânicas guardam uma relação formal regular, em questões de sons, com as palavras de outras línguas indo-européias. Em sua gramática do alemão, Jakob Grimm fez uma exposição sistemática das correspondências consonantais entre as línguas germânicas e outras línguas indo-européias. Essas primeiras observações tornaram-se a base da lingüística e da gramática comparativa modernas. Foram entendidas e interpretadas, porém, num sentido meramente histórico. Foi de um amor romântico pelo passado que Jakob Grimm recebeu sua primeira e mais profunda inspiração. O mesmo espírito romântico levou Friedrich Schlegel à descoberta da língua e da sabedoria da Índia[18]. Na segunda metade do século XIX, porém, o interesse pelos estudos lingüísticos era ditado por outros impulsos intelectuais, e uma interpretação materialista começou a predominar. A grande ambição dos chamados ''Neogramáticos'' era provar que os métodos da lingüística estavam no mesmo nível que os das ciências naturais. Para ser considerada como uma ciência exata, a lingüística não poderia contentar-se com vagas regras empíricas para a descrição de ocorrências históricas particulares. Teria de descobrir leis que, em sua forma lógica, fossem comparáveis às leis gerais da natureza. Os fenômenos da mudança fonética deram a impressão de provar a existência dessas leis. Os Neogramáticos negavam que existisse uma mudança esporádica de sons. Segundo eles, toda mudança fonética segue regras invioláveis. Logo, a tarefa da lingüística é remontar todos os fenômenos da fala humana a essa camada fundamental: as leis fonéticas que são necessárias e não admitem exceções[19].

O estruturalismo moderno, tal como foi desenvolvido nas obras de Trubetzkoy e nos *Travaux du Cercle Linguistique de Prague*, abordou o problema de um ponto de vista totalmente novo. Não perdeu as esperanças de encontrar uma "necessidade" nos fenômenos da fala humana, mas, ao contrário, enfatizou essa necessidade. Para o estruturalismo, porém, o próprio conceito de necessidade precisava ser redefinido, e entendido em um sentido mais teleológico que meramente causal. A linguagem não é um simples agregado de sons e palavras; é um sistema. Por outro lado, sua ordem sistemática não pode ser descrita em termos de causalidade física ou histórica. Cada idioma tem sua estrutura própria, tanto no sentido formal como no material. Quando examinamos os fonemas de línguas diferentes, encontramos tipos divergentes que não podem ser incluídos em um esquema uniforme e rígido. Cada língua apresenta suas próprias características particulares na escolha desses fonemas. Mesmo assim, pode-se demonstrar uma conexão estrita entre os fonemas de uma língua específica. Essa conexão é relativa, e não absoluta; é hipotética, não apodíctica. Não podemos deduzi-la *a priori* com base em regras lógicas gerais; temos de basear-nos nos dados empíricos à nossa disposição. Contudo, mesmo esses dados apresentam uma coerência interna. Depois de encontrarmos alguns dados fundamentais, estamos em condições de derivar deles outros dados que estão invariavelmente ligados a eles. "Il faudrait étudier", escreve V. Bröndal ao formular o programa de seu novo estruturalismo, "les conditions de la structure linguistique, distinguer dans les systèmes phonologiques et morphologiques ce qui est possible de ce qui est impossible, le contingent du nécessaire"[20].

Se aceitarmos essa visão, até a base material da fala humana, até os próprios fenômenos sonoros deverão ser estudados de uma nova maneira e sob um aspecto diferente. Com efeito, não podemos mais admitir que haja uma base meramente material. A distinção entre forma e matéria revela-se artificial e inadequada. A fala é uma unidade indissolúvel que não pode ser dividida em dois fatores independentes e isolados, forma e matéria. É precisamente nesse princípio que está a diferença entre a nova fonologia e os tipos anteriores de fonética. Na fonologia, o que estudamos não são os sons físicos, mas os significantes. A lingüística não se interessa pela natureza dos sons, e sim por sua função semântica. As escolas positivistas do século XIX estavam convencidas de que a fonética e a semântica exigiam estudos separados, segundo métodos diferentes. Os sons da fala eram considerados simples fenômenos físicos que podiam ser descritos, na verdade tinham de ser descritos, em termos de física ou de fisiologia. Do ponto de vista metodológico geral dos Neogramáticos, tal concepção era não só compreensível, mas também necessária. Pois sua tese fundamental — a tese de que as leis fonéticas não admitem exceções — baseava-se no pressuposto de que a mudança fonética independe de fatores não fonéticos.

Pensava-se que, visto que a mudança sonora não passa de uma mudança nos hábitos da articulação, ela devia afetar um fonema em todas as ocorrências, não importando a natureza de qualquer forma lingüística particular em que tal fonema ocorresse. Esse dualismo desapareceu da lingüística recente. A fonética deixou de ser um campo separado, tornando-se parte e parcela da própria semântica. Pois o fonema não é uma unidade física, mas uma unidade de significado. Foi definido como uma "unidade mínima de aspecto sonoro distintivo". Entre as grandes linhas características de qualquer expressão vocal há certos traços que são significantes, pois são usados para expressar diferenças de sentido, enquanto os outros são não-distintivos. Toda língua tem seu sistema de fonemas, de sons distintivos. No chinês, a mudança na altura de um som é um dos meios mais importantes de expressar o sentido das palavras, enquanto em outras línguas essa mudança não tem significação[21]. De uma multidão indistinta de sons físicos possíveis, cada língua escolhe um número limitado de sons para seus fonemas. Mas a escolha não é feita ao acaso, pois os fonemas formam um todo coerente. Podem ser reduzidos a tipos gerais, a certos padrões fonéticos[22]. Esses padrões fonéticos parecem estar entre os aspectos mais persistentes e característicos da língua. Sapir enfatiza que cada língua tem uma forte tendência a manter intacto o seu padrão fonético:

> Atribuiremos as principais concordâncias e divergências na forma lingüística — padrão fonético e morfologia — ao impulso autônomo da língua, não aos aspectos singulares e difusos que se acumulam ora aqui, ora ali. A linguagem é provavel-

mente o mais autocontido, o mais poderosamente resistente, de todos os fenômenos sociais. É mais fácil liquidá-la que desintegrar sua forma individual[23].

Todavia, é muito difícil responder à pergunta sobre o que de fato quer dizer essa "forma individual" da linguagem. Quando estamos diante dessa questão, somos sempre presas de um dilema. Temos dois extremos a evitar, duas soluções radicais, ambas de certo modo inadequadas. Se a tese de que cada língua tem sua forma individual implicasse que é inútil procurar por aspectos comuns na fala humana, teríamos de admitir que a simples idéia de uma filosofia da linguagem é um castelo nas nuvens. Do ponto de vista empírico, contudo, o que está sujeito a objeções não é tanto a existência quanto o enunciado claro desses aspectos comuns. Na filosofia grega, o próprio termo "Logos" sempre sugeriu e apoiou a idéia de uma identidade fundamental entre o ato da fala e o ato do pensamento. A gramática e a lógica eram concebidas como dois ramos diferentes do conhecimento que tratavam do mesmo tema. Até os lógicos modernos, cujos sistemas estão muito distantes da lógica aristotélica clássica, são ainda da mesma opinião. John Stuart Mill, o fundador da "lógica indutiva", afirmava que a gramática era a parte mais elementar da lógica, por ser o início da análise do processo de pensamento. Segundo Mill, os princípios e as regras da gramática são os meios para fazer com que as formas da linguagem correspondam às formas universais de pensamento. Mas Mill não se contentou com essa afirmação. Chegou até a presumir que um sistema particular de partes da fala — sistema que fora deduzido das gramáticas latina e grega — tinha uma validade geral e objetiva. Acreditava que a distinção entre as várias partes da fala, entre os casos dos substantivos, os modos e tempos verbais e a função dos particípios, eram distinções de pensamento, e não só das palavras. "A estrutura de cada sentença", declara, "é uma lição de lógica."[24] O avanço das pesquisas lingüísticas foi tornando essa posição cada vez mais insustentável, pois passou a ser geralmente reconhecido que o sistema de partes da fala não tem um caráter fixo e uniforme, mas varia de uma língua para outra. Além disso, foi observado que mesmo as línguas derivadas do latim têm muitos aspectos que não podem ser expressados adequadamente nos termos e categorias comuns da gramática latina. Os estudiosos do francês sublinharam muitas vezes o fato de que a gramática francesa teria assumido uma forma bem diferente caso não houvesse sido escrita por discípulos de Aristóteles. Afirmaram que a aplicação das distinções da gramática latina ao inglês e ao francês resultara em muitos erros graves e revelara-se um sério obstáculo a uma descrição sem preconceitos dos fenômenos lingüísticos[25]. Muitas distinções gramaticais que julgamos fundamentais e necessárias perdem seu valor, ou pelo menos ficam muito incertas, assim que examinamos as línguas que não pertencem à família indo-européia. A existência de um sistema distinto e único de partes da fala, visto como um constituinte necessário da fala e do pensamento racionais, acabou revelando-se como uma ilusão[26].

Nada disso prova necessariamente que devemos abandonar o velho conceito de uma *grammaire générale et raisonnée*, uma gramática geral baseada em princípios racionais. Mas devemos redefinir esse conceito e formulá-lo em um sentido novo. Estender todas as línguas sobre o leito procústeo de um único sistema de partes da fala seria uma vã tentativa. Muitos lingüistas modernos chegaram até a prevenir-nos contra o próprio termo "gramática geral", por julgarem que este representa mais um ídolo que um ideal científico[27]. Uma atitude tão intransigentemente radical como esta não foi, contudo, compartilhada por todos os estudiosos da área. Esforços sérios foram feitos no sentido de manter e defender a concepção de uma gramática filosófica. Otto Jespersen escreveu um livro especialmente dedicado à gramática filosófica em que tentou provar que paralelamente, além ou por trás das categorias sintáticas de que depende a estrutura de cada língua tal como de fato se encontra, há algumas categorias que são independentes dos fatos mais ou menos acidentais das línguas existentes. Tais categorias são universais no sentido de que são aplicáveis a todas as línguas. Jespersen propôs que fossem chamadas de categorias "nocionais", e considerou como tarefa do gramático investigar, em cada caso, a relação entre as categorias nocionais e as sintáticas. A mesma opinião foi expressada por outros estudiosos, como, por exemplo, Hjelmstev e Bröndal[28]. Segundo Sapir, toda língua contém certas categorias necessárias e indispensáveis, ao lado de outras que são de um caráter mais acidental[29]. Portanto, a idéia de uma gramática geral ou filosófica não é de modo algum invalidada pelo progresso das pesquisas lingüísticas, embora não possamos mais ter esperanças de realizar uma gramática desse tipo pelos meios simples que foram empregados nas tentativas anteriores. A fala humana deve cumprir não apenas uma tarefa lógica universal, mas também uma tarefa social que depende das condições sociais específicas da comunidade falante. Logo, não podemos esperar uma verdadeira identidade, uma correspondência um-a-um entre as formas gramaticais e as lógicas. Uma análise empírica e descritiva das formas gramaticais propõe a si mesma uma tarefa diferente e leva a outros resultados que a análise estrutural que é feita, por exemplo, na obra de Carnap sobre a sintaxe lógica da linguagem, *Logical Syntax of Language*.

3

Para encontrarmos o fio de Ariadne que possa guiar-nos através do labirinto complicado e desconcertante da fala humana, podemos proceder de duas maneiras. Podemos tentar encontrar uma ordem lógica e sistemática, ou uma ordem cronológica e genética. No segundo caso, tentamos remontar os idiomas individuais e os vários tipos lingüísticos a um estágio anterior comparativamente mais simples e amorfo. Muitas tentativas nesse sentido foram feitas por lingüistas do século XIX, quando se tornou corrente a opinião de que a fala humana, antes de alcançar sua forma presente, tivera de passar por um estado sem formas sintáticas ou morfológicas definidas. Originariamente, a linguagem era formada por elementos simples, raízes monossilábicas. O romantismo deu predileção a essa perspectiva. A. W. Schlegel propôs uma teoria segundo a qual a linguagem se desenvolveu a partir de um primeiro estágio amorfo, desorganizado. Desse estado, ela passou em uma ordem fixa para outros estágios mais avançados — os estágios isolante, aglutinante e flexional. As línguas flexionais, segundo Schlegel, são a última etapa dessa evolução; são as línguas realmente orgânicas. Na maior parte dos casos, uma análise descritiva detalhada destruiu as provas nas quais essas teorias se baseavam. No caso do chinês, que costumava ser citado como exemplo de uma língua formada por raízes monossilábicas, foi possível demonstrar a probabilidade de que seu atual estado isolante tenha sido precedido por um estágio flexional mais antigo[30]. Não conhecemos nenhuma língua desprovida de elementos formais ou estruturais, embora a expressão das relações formais, entre sujeito e objeto, entre atributo e predicado, varie amplamente de língua a língua. Sem forma, a linguagem tem não só a aparência de uma ideação histórica altamente questionável, mas de uma contradição em termos. As línguas das nações menos civilizadas de todas não são de modo algum carentes de forma; ao contrário, apresentam na maioria dos casos uma estrutura complicadíssima. A. Meillet, um lingüista moderno que possuía um conhecimento muito abrangente das línguas do mundo, declarou que nenhum idioma conhecido nos proporciona a mais mínima idéia do que poderá ter sido uma linguagem primitiva. Todas as formas da fala humana são perfeitas, no sentido de que conseguem expressar os sentimentos e pensamentos humanos de forma clara e apropriada. As línguas ditas primitivas são tão congruentes com as condições da civilização primitiva e com a tendência geral da mente primitiva quanto as nossas próprias línguas o são com os fins de nossa cultura requintada e sofisticada. Nas línguas da família bantu, por exemplo, cada substantivo pertence a uma classe distinta, e cada classe é caracterizada por um prefixo especial. Esses prefixos não aparecem só nos substantivos, mas devem ser repetidos, em concordância com um complicadíssimo sistema de acordos e congruências, em todas as demais partes da sentença que se refiram ao substantivo[31].

A variedade dos idiomas individuais e a heterogeneidade dos tipos lingüísticos surgem sob uma luz totalmente diversa, segundo as vemos de um ponto de vista filosófico ou científico. O lingüista aprecia essa variedade; mergulha no oceano da fala humana sem esperanças de sondar a sua verdadeira profundeza. A filosofia, em todas as épocas, moveu-se na direção contrária. Leibniz insistia que, sem uma *Characteristica generalis*, nunca chegaremos a uma *Scientia generalis*. A lógica simbólica moderna segue a mesma tendência. Mesmo que essa tarefa fosse realizada, uma filosofia da cultura humana teria ainda de enfrentar o mesmo problema. Em uma análise da cultura humana, devemos aceitar os fatos em sua forma concreta, em toda a sua diversidade e divergência. A filosofia da linguagem enfrenta aqui o mesmo dilema que aparece no estudo de toda forma simbólica. A mais alta tarefa de todas essas formas, na verdade a única, é unir os homens. Mas nenhuma delas pode causar tal unidade sem ao mesmo tempo dividir e separar os homens. O que fora concebido para garantir a harmonia das culturas torna-se a fonte das mais profundas discórdias e dissensões. Esta é a grande antinomia, a dialética da vida religiosa[32]. A mesma dialética é encontrada na fala humana. Sem a fala não haveria a comunidade dos homens. No entanto, não há obstáculo mais sério a essa comunidade que a diversidade da fala. O mito e a religião recusam-se a ver nessa diversidade um fato necessário e inevitável. Atribuem-na antes a uma falha ou culpa do homem que à constituição original deste ou à natureza das coisas. Em muitas mitologias encontramos analogias notáveis da história bíblica sobre a Torre de Babel. Mesmo nos tempos modernos, o homem sempre teve um profundo anseio pela Idade de Ouro em que a humanidade possuía ainda uma língua uniforme. Ele olha para o seu estado primevo como um paraíso perdido. O velho sonho de uma *lingua Adamica* — da língua "verdadeira" dos primeiros ancestrais do homem, uma língua que não consistia apenas em sinais convencionais, mas que expressava antes a própria natureza e essência das coisas — tampouco desapareceu totalmente, nem mesmo no domínio da filosofia. O problema dessa *lingua Adamica* continuava a ser discutido com seriedade pelos místicos e pensadores filosóficos do século XVII[33].

Contudo, a verdadeira unidade da linguagem, se é que existe tal unidade, não pode ser substancial; deve antes ser definida como uma unidade funcional. Essa unidade não pressupõe uma identidade formal ou material. Duas línguas diferentes podem representar extremos opostos, tanto em relação aos seus sistemas fonéticos como aos seus sistemas de partes da fala. Isso não impede que cumpram a mesma tarefa na vida da comunidade que as fala. O que importa aqui não é a variedade de meios, mas sua adequação e coerência com o fim. Podemos achar que esse fim comum é atingido com maior perfeição em um tipo lingüístico que em outro. Até mesmo Humboldt, que, de maneira geral, abominava emitir juízos sobre o valor de idiomas particulares, considerava as línguas flexionais como uma espécie de exemplo e modelo de excelência. Para ele, a forma flexional era *die einzig gesetzmässige Form*, a única forma que é inteiramente coerente e segue regras estritas[34]. Os lingüistas modernos preveniram-nos contra esse tipo de juízo. Dizem-nos que não temos qualquer padrão único e comum para estimar o valor dos tipos lingüísticos. Ao comparar tipos, pode parecer que um tem nítidas vantagens sobre o outro, mas uma análise mais cuidadosa convence-nos de que aqueles que chamamos de defeitos de um certo tipo podem ser compensados e equilibrados por outros méritos. Se quisermos entender a linguagem, declara Sapir, deveremos livrar nossa mente de valores preconcebidos, e acostumarmo-nos a olhar para o inglês e para o hotentote com o mesmo distanciamento frio, mas interessado[35].

Se fosse tarefa da fala humana copiar ou imitar a ordem dada ou pronta das coisas, seria difícil mantermos esse distanciamento. Não poderíamos evitar a conclusão de que, afinal, uma de duas cópias diferentes deve ser a melhor; que uma deve estar mais próxima, e a outra mais afastada, do original. No entanto, quando atribuímos à fala um valor produtivo e construtivo, em vez de simplesmente reprodutivo, nosso juízo é bem diferente. Nesse caso, o que tem a máxima importância não é o "trabalho" da língua, e sim sua "energia". Para medir essa energia é preciso estudar o próprio processo lingüístico, em vez de simplesmente analisar o seu desfecho, seu produto e seus resultados finais.

Os psicólogos são unânimes em enfatizar que, sem uma compreensão da natureza da fala humana, nosso conhecimento acerca do desenvolvimento da mente humana continuaria sendo superficial e inadequado. Existe ainda, porém, uma considerável incerteza quanto aos métodos de uma psicologia da fala. Quer estejamos estudando os fenômenos em um laboratório psicológico ou fonético, quer nos apoiemos em métodos apenas introspectivos, derivamos invariavelmente a mesma impressão de que esses fenômenos são tão evanescentes e flutuantes que desafiam todos os esforços para estabilizá-los. Em que, então, consiste a diferença fundamental entre a atitude mental que podemos atribuir a uma criatura sem fala — um ser humano antes da aquisição da fala ou um animal — e o outro estado mental que caracteriza um adulto que dominou plenamente sua língua nativa?

Curiosamente, é mais fácil responder a essa pergunta com base nos exemplos anormais do desenvolvimento da fala. Nosso exame dos casos de Helen Keller e Laura Bridgman[36] ilustrou o fato de que, com o primeiro entendimento do simbolismo da fala, ocorre uma verdadeira revolução na vida da criança. A partir desse momento, toda a sua vida pessoal e intelectual assume uma forma inteiramente nova. De um modo geral, essa mudança pode ser descrita dizendo-se que a criança passa de um estado mais subjetivo para um estado objetivo, de uma atitude simplesmente emocional para uma atitude teórica. A mesma mudança pode ser observada na vida de qualquer criança normal, embora de maneira muito menos espetacular. A própria criança tem um sentido claro do significado do novo instrumento para o seu desenvolvimento mental. Ela não se satisfaz em aprender de modo puramente receptivo, mas assume um papel ativo no processo da fala, que é ao mesmo tempo um processo de objetificação progressiva. As professoras de Helen Keller e Laura Bridgman descreveram-nos a avidez e a impaciência com que as duas crianças, uma vez entendido o uso dos nomes, perguntavam os nomes específicos de cada objeto ao seu redor[37]. Esta é também uma característica geral do desenvolvimento normal da fala. "No início do vigésimo terceiro mês", diz D. R. Major, "a criança desenvolveu a mania de perambular dando nome às coisas, como se para dizer aos outros os nomes delas, ou para chamar a nossa atenção para as coisas que ela estava examinando. Ela olhava para uma coisa, apontava para ela ou a tocava, falava o nome dela e olhava para seus companheiros."[38] Tal atitude não seria compreensível não fosse pelo fato de que o nome, no desenvolvimento mental da criança, tem uma função de primeira importância a desempenhar. Se ao aprender a falar a criança tivesse apenas de aprender um certo vocabulário, se precisasse apenas imprimir em sua mente e em sua memória uma grande massa de sons artificiais e arbitrários, isso seria um processo puramente mecânico. Seria muito laborioso e cansativo, e exigiria um esforço consciente demasiado grande para que a criança o empreendesse sem uma certa relutância, visto que o que se espera que ela faça estaria inteiramente desligado de qualquer necessidade biológica real. A "fome de nomes" que a uma certa idade aparece em toda criança normal, e que foi descrita por todos os estudiosos de psicologia, prova o contrário[39]. Lembra-nos que estamos aqui diante de um problema bem diferente. Ao aprender a dar nome às coisas, a criança não se limita a acrescentar uma lista de sinais artificiais ao seu conhecimento prévio de objetos empíricos prontos. Aprende antes a formar conceitos desses objetos, a entrar em acordo com o mundo objetivo. A partir de então, a criança passa a estar em terreno mais firme. Suas percepções vagas, incertas e flutuantes e seus sentimentos confusos começam a assumir um novo aspecto. Pode-se dizer que eles se cristalizam em torno ao nome como um centro fixo, um foco para o pensamento. Sem a ajuda do nome, cada novo avanço feito no processo de objetificação correria sempre o risco de perder-se de novo no momento seguinte. Os primeiros nomes de que a criança faz uso podem ser comparados à bengala com que o cego tateia seu caminho. E a linguagem, como um todo, torna-se a porta para um novo mundo. Nela, todo progresso abre uma nova perspectiva, amplia e enriquece nossa experiência concreta. A avidez e o entusiasmo pela fala não têm origem em um simples desejo de aprender ou de usar nomes; marcam o desejo de descobrir e conquistar um mundo objetivo[40].

Ao aprender uma língua estrangeira, podemos ainda submeter-nos a uma experiência semelhante à da criança. Neste caso, não basta adquirir um novo vocabulário ou familiarizar-nos com um sistema de regras gramaticais abstratas. Tudo isso é necessário, mas é apenas o primeiro passo, e o menos importante. Se não aprendermos a pensar na nova língua, todos os nossos esforços terão sido inúteis. Na maioria dos casos achamos extremamente difícil fazer isso. Lingüistas e psicólogos levantaram muitas vezes a questão de como é possível que uma criança, por seus próprios esforços, realize uma tarefa que nenhum adulto pode realizar do mesmo modo ou com a mesma perfeição. Talvez possamos responder se olharmos para a nossa análise anterior. Em um estágio posterior e mais avançado de nossa vida consciente, nunca podemos repetir os passos que nos levaram a entrar pela primeira vez no mundo da fala humana. No frescor, na agilidade e elasticidade da primeira infância, esse processo tinha um sentido totalmente diferente. Paradoxalmente, a dificuldade está muito menos em aprender a língua nova que em esquecer a antiga. Já não estamos no estado mental da criança que se aproxima pela primeira vez da concepção de um mundo objetivo. Para o adulto, o mundo objetivo já tem uma forma definida como resultado da atividade da fala, que de certo modo moldou todas as nossas outras atividades. Nossas percepções, intuições e conceitos fundiram-se com os termos e formas discursivas da nossa língua nativa. São necessários grandes esforços para desatar os laços entre as palavras e as coisas. E no entanto, quando começamos a aprender uma língua nova, temos de fazer esse esforço e separar os dois elementos. Superar essa dificuldade sempre marca um novo passo importante no aprendizado de uma língua. Quando penetramos o ''espírito'' de uma língua estrangeira, temos invariavelmente a impressão de estar chegando a um mundo novo, um mundo com uma estrutura intelectual própria. É como uma viagem de descoberta em uma terra estrangeira, e a maior vantagem de uma viagem como essa é termos aprendido a olhar para a nossa língua nativa com outros olhos. ''Wer fremde Sprachen nicht kennt, weiss nichts von seiner eigenen'', disse Goethe[41]. Enquanto não conhecermos nenhuma língua estrangeira seremos de certo modo ignorantes acerca da nossa própria, pois não conseguiremos ver a sua estrutura específica e seus traços distintivos. Uma comparação de línguas diferentes mostra-nos que sinônimos exatos não existem. Termos correspondentes de duas línguas raramente fazem referência aos mesmos objetos e ações. Cobrem campos diferentes que se interpenetram e nos proporcionam visões multicoloridas e perspectivas variadas de nossa própria experiência.

Isso fica especialmente claro quando consideramos os métodos de classificação empregados em línguas diferentes, em particular nas de tipos lingüísticos diferentes. A classificação é um dos aspectos fundamentais da fala humana. O próprio ato de denominação depende de um processo de classificação. Dar um nome a um objeto ou ato é incluí-lo em um certo conceito de classe. Se tal inclusão fosse prescrita de uma vez por todas pela natureza das coisas, ela seria única e uniforme. No entanto, os nomes que ocorrem na fala humana não podem ser interpretados dessa maneira invariável. Não são designados para referir-se a coisas substanciais, entidades que existem por si mesmas. São antes determinados pelos interesses e propósitos humanos. Mas esses interesses não são fixos e invariáveis. E as classificações que encontramos na fala humana tampouco são feitas ao acaso; são baseadas em certos elementos constantes e recorrentes de nossa experiência sensorial. Sem tais recorrências não haveria um suporte, um ponto de apoio, para os nossos conceitos lingüísticos. Mas a combinação ou a separação dos dados da percepção depende da livre escolha de uma estrutura de referência. Não há qualquer esquema rígido e preestabelecido segundo o qual nossas divisões e subdivisões possam ser feitas de uma vez por todas. Nem mesmo em línguas intimamente ligadas e concordantes em sua estrutura geral encontramos nomes idênticos. Tal como assinalou Humboldt, os termos grego e latino para a lua, embora se refiram ao mesmo objeto, não expressam a mesma intenção ou conceito. O termo grego (*mēn*) denota a função da lua de "medir" o tempo; o termo latino (*luna, luc-na*) denota a luminosidade ou brilho da lua. Desse modo, obviamente, isolamos e concentramos a atenção em dois aspectos bem diferentes do mesmo objeto. Mas o ato em si, o processo de concentração e condensação, é o mesmo. O nome de um objeto não tem qualquer direito sobre a sua natureza; não é concebido para ser φύσει ὄν, para apresentar-nos a verdade de uma coisa. A função do nome limita-se sempre a enfatizar um aspecto particular de uma coisa, e é precisamente dessa restrição e dessa limitação que depende o valor do nome. Não é função de um nome referir-se exaustivamente a uma situação concreta, mas apenas isolar um certo aspecto e deter-se nele. O isolamento desse aspecto não é um aspecto negativo, mas positivo, pois no ato de denominação selecionamos, da multiplicidade e difusão dos dados dos nossos sentidos, certos centros fixos de percepção. Esses centros não são os mesmos que os do pensamento lógico ou científico. Os termos da fala comum não podem ser medidos pelos mesmos padrões que aqueles com que expressamos conceitos científicos. Comparados com a terminologia científica, os termos da fala comum apresentam sempre um caráter um tanto vago; quase sem exceção, eles são tão indistintos e mal definidos que não resistem à prova da análise lógica. Mas, não obstante esse defeito inevitável e inerente, nossos termos e nomes cotidianos são os marcos de quilometragem da estrada que leva aos conceitos científicos; é nesses termos que recebemos nossa primeira visão objetiva ou teórica do mundo. Tal visão não é simplesmente "dada"; resulta de um esforço intelectual construtivo que não poderia alcançar seus fins sem a constante assistência da linguagem.

Tais fins, contudo, não serão alcançados em qualquer época dada. A ascensão a níveis mais altos de abstração, para nomes e idéias mais abrangentes e gerais, é uma tarefa difícil e laboriosa. A análise da linguagem fornece-nos uma rica abundância de materiais para o estudo do caráter dos processos mentais que finalmente levaram à realização dessa tarefa. A fala humana evolui a partir de um primeiro estado comparativamente concreto para um estado mais abstrato. Nossos primeiros nomes são concretos. Ligam-se à apreensão de fatos ou ações particulares. Todos os tons e matizes que encontramos em nossa experiência concreta são descritos minuciosa e circunstancialmente, mas não são classificados em um gênero comum. Hammer-Purgstall escreveu um artigo em que enumera os vários nomes para camelo em árabe; contudo, nenhum desses nomes nos dá um conceito biológico geral. Todos expressam detalhes concretos relativos à forma, ao tamanho, à idade e à andadura do animal[42]. Essas divisões ainda estão muito longe de qualquer classificação científica sistemática, mas servem a propósitos bem diferentes. Em muitas línguas de tribos nativas americanas encontramos uma espantosa variedade de termos para uma ação particular, por exemplo para andar ou bater. Tais termos têm entre si uma relação mais de justaposição que de subordinação. Um golpe dado com o punho não pode ser descrito com o mesmo termo que serve para um golpe com a palma da mão, e um golpe com uma arma exige um nome diferente que outro com um látego ou um bastão[43]. Em sua descrição da língua bakairi — falada por uma tribo indígena do Brasil central — Karl von den Steinen relata que cada espécie de papagaio e de palmeira tem seu nome individual, mas que não existe nome algum para expressar o gênero "papagaio" ou "palmeira". "Os bakairi", afirma ele, "apegam-se de tal modo às numerosas noções particulares que não se interessam pelas características comuns. Estão imersos na abundância de material, e não conseguem administrá-lo economicamente. Têm apenas dinheiro trocado, mas pode-se dizer que nisso eles são excessivamente ricos, e não pobres."[44] Na verdade, não existe qualquer medida uniforme para a riqueza ou pobreza de um idioma. Cada classificação é dirigida e ditada por necessidades especiais, e é claro que essas necessidades variam de acordo com as condições diferentes da vida social e cultural do homem. Na vida primitiva, o interesse pelo aspecto concreto e particular das coisas predomina necessariamente. A fala humana sempre se conforma a certas formas de vida humana, e é por elas mensurável. Um interesse por meros "universais" não é nem possível, nem necessário, em uma tribo indígena. É bastante, e mais importante, distinguir os objetos segundo certas características visíveis e palpáveis. Em muitas línguas, uma coisa redonda não pode ser tratada da mesma maneira que uma coisa quadrada ou oblonga, pois pertencem a gêneros diferentes que devem ser diferenciados por meios lingüísticos especiais, tais como o uso de prefixos. Em algumas línguas da família bantu encontramos não menos de vinte classes de gênero para os substantivos. Em línguas das tribos nativas americanas, como por exemplo no algonquino, alguns objetos pertencem a um gênero animado, outros a um gênero inanimado. Mesmo neste caso é fácil entender isso, e também por que essa distinção, do ponto de vista da mente primitiva, deve parecer de particular interesse e vital importância. Trata-se de fato de uma diferença muito mais característica e notável que a que é expressada em nossos nomes abstratos de classes lógicas. A mesma passagem lenta dos nomes concretos para os abstratos também pode ser estudada na denominação das qualidades das coisas. Em muitas línguas encontramos uma abundância de nomes para as cores. Cada tom individual de uma determinada cor tem seu nome especial, enquanto os nossos termos gerais — azul, verde, vermelho e assim por diante — não existem. Os nomes das cores variam de acordo com a natureza dos objetos: uma palavra para cinzento pode ser usada, por exemplo, para falar de lã ou de gansos, outra para cavalos, outra para o gado e outra ainda para falar dos pêlos de um homem ou de certos animais[45]. O mesmo vale para a categoria do número: numerais diferentes são necessários para enumerar classes diferentes de objetos[46]. A ascensão para os conceitos e as categorias universais parece ser, portanto, muito lenta no desenvolvimento da fala humana; mas cada novo avanço nessa direção leva a um reconhecimento mais abrangente, a uma melhor orientação e organização do nosso mundo perceptual.

CAPÍTULO IX

A ARTE

1

A beleza parece ser um dos fenômenos humanos mais claramente conhecidos. Sem ser obscurecida por qualquer aura de segredo e mistério, seu caráter e sua natureza não precisam de teorias metafísicas sutis e complicadas para a sua explicação. A beleza é parte e parcela da experiência humana; é palpável e inconfundível. Mesmo assim, na história do pensamento filosófico o fenômeno da beleza sempre se mostrou como um dos maiores paradoxos. Até a época de Kant, uma filosofia da beleza significava sempre uma tentativa de reduzir nossa experiência estética a um princípio alheio e de submeter a arte a uma jurisdição alheia. Kant, em sua *Crítica do Juízo*, foi o primeiro a apresentar uma prova clara e convincente da autonomia da arte. Todos os sistemas anteriores haviam procurado por um princípio da arte na esfera do conhecimento teórico ou na da vida moral. Se a arte fosse considerada como produto da atividade teórica, tornava-se necessário analisar as regras lógicas às quais essa atividade particular está sujeita. Mas nesse caso a própria lógica deixava de ser um todo homogêneo. Tinha de ser dividida em partes separadas e comparativamente independentes. A lógica da imaginação tinha de ser distinguida da lógica do pensamento racional e científico. Em sua *Aesthetica* (1750), Alexander Baumgarten fizera a primeira tentativa sistemática abrangente de idear uma lógica da imaginação. Mas nem essa tentativa, que de certo modo revelou ser decisiva e inestimável, foi capaz de garantir para a arte um valor de fato autônomo. Isso porque a lógica da imaginação nunca poderia alcançar a mesma dignidade que a lógica do intelecto puro. Se houvesse uma teoria da arte, só poderia ser uma *gnosiologia inferior*, uma análise da parte sensual, "inferior", do conhecimento humano. Por outro lado, a arte podia ser descrita como um emblema da verdade moral. Era concebida como uma alegoria, uma expressão figurativa que, sob a sua forma sensual, ocultava um sentido ético. Mas nos dois casos, tanto na interpretação moral como na teórica, a arte não possuía qualquer valor independente próprio. Na hierarquia do conhecimento humano e da vida humana, a arte era apenas um estágio preparatório, um meio subordinado e subserviente para algum fim superior.

A filosofia da arte apresenta o mesmo conflito entre duas tendências antagônicas que encontramos na filosofia da linguagem. Não se trata, é claro, de mera coincidência histórica. Remonta à mesma divisão básica na interpretação da realidade. A linguagem e a arte oscilam constantemente entre dois pólos opostos, um objetivo e outro subjetivo. Nenhuma teoria da linguagem ou da arte poderia esquecer ou suprimir qualquer desses pólos, embora a ênfase possa ser dada ora a um, ora a outro.

No primeiro caso, a linguagem e a arte são agrupadas sob o mesmo título, a categoria da imitação, e sua principal função é mimética. A linguagem tem origem em uma imitação de sons, a arte é uma imitação de coisas externas. A imitação é um instinto fundamental, um fato irredutível da natureza humana. "A imitação", diz Aristóteles, "é natural para o homem desde a infância; uma das vantagens que ele tem sobre os animais inferiores é esta, ser a criatura mais imitativa do mundo, e aprender no início por imitação." E a imitação também é uma fonte inesgotável de prazeres, tal como é provado pelo fato de que, embora os objetos em si possam ser dolorosos de se ver, deliciamo-nos mesmo assim em ver as mais realistas representações deles na arte — as formas, por exemplo, dos animais mais inferiores e de cadáveres. Aristóteles descreve esse prazer como uma experiência mais teórica que especificamente estética. "Estar aprendendo alguma coisa", declara, "é o maior dos prazeres, não só para o filósofo como também para o resto da humanidade, por menor que seja a sua capacidade para tal; a razão do deleite com a visão da imagem é que se está ao mesmo tempo aprendendo — apreendendo o sentido das coisas, isto é, que o homem ali é isto e aquilo."[1] À primeira vista, este princípio parece servir apenas para as artes representativas. Contudo, podia ser transferido com facilidade para todas as demais formas. A própria música tornou-se uma imagem de coisas. Afinal, até tocar flauta ou dançar não passa de uma imitação, pois o flautista ou o dançarino representam com seus ritmos o caráter dos homens, bem como o que eles fazem e sofrem[2]. E toda a história da poética foi influenciada pela divisa de Horácio, *"ut pictura poesis"*, e pelo ditado de Simônides, "a pintura é poesia muda, e a poesia é uma pintura falante". A poesia é diferenciada da pintura pelo modo e pelos meios, mas não pela função geral de imitação.

Contudo, deve ser observado que as teorias da imitação mais radicais não pretendiam restringir a obra de arte a uma reprodução apenas mecânica da realidade. Todas elas tiveram de levar em conta, em certa medida, a criatividade do artista. Era difícil reconciliar essas duas exigências. Se a imitação é a verdadeira meta da arte, fica claro que a espontaneidade, o poder produtivo do artista, constitui um fator mais perturbador que construtivo. Em vez de descrever as coisas em sua verdadeira natureza, ela falsifica o seu aspecto. Essa perturbação introduzida pela subjetividade do artista não podia ser negada pelas teorias clássicas da imitação. Mas podia ser confinada a seus limites próprios, e submetida a regras gerais. Desse modo, o princípio *ars simia naturae* não pôde ser sustentado em um sentido estrito e intransigente. Pois nem mesmo a natureza é infalível, nem tampouco atinge sempre o seu fim. Nesse caso, a arte deve ir ao auxílio da natureza, e até mesmo corrigi-la ou aperfeiçoá-la.

> Mas a natureza desfigura, no que ela se assemelha
> Ao artesão que de sua arte se ocupa
> Sem perder o jeito, mesmo que seus dedos tremam[3].

Se "toda beleza é verdade", toda verdade não é necessariamente beleza. Para se alcançar a mais alta beleza é tão essencial desviar-se da natureza quanto reproduzi-la. Determinar a medida, a proporção correta, desse desvio tornou-se uma das principais tarefas de uma teoria da arte. Aristóteles havia afirmado que, para os propósitos da poesia, uma impossibilidade convincente é preferível a uma possibilidade pouco convincente. À objeção de um crítico por Zeuxis ter pintado homens que nunca poderiam existir na realidade, a resposta certa seria que é *melhor* que fossem assim, pois o artista deve aperfeiçoar seu modelo[4].

Os neoclassicistas — dos italianos do século XVI ao trabalho do Abbé Batteux, *Les beaux arts réduits à un même principe* (1747) — tinham por ponto de partida o mesmo princípio. A arte não reproduz a natureza em um sentido geral e indiscriminado; ela reproduz "*la belle nature*". Mas, se a imitação é o verdadeiro propósito da arte, o próprio conceito de uma "natureza bela" é altamente questionável. Pois como podemos aperfeiçoar o nosso modelo sem desfigurá-lo? Como podemos transcender a realidade das coisas sem atentar contra as leis da verdade? Do ponto de vista dessa teoria, a poesia e a arte em geral nunca podem ser nada além de uma falsidade aprazível.

A teoria geral da imitação pareceu não ceder terreno e desafiar todos os ataques até a primeira metade do século XVIII. Mas até no tratado de Batteux, que foi talvez o último defensor resoluto dessa teoria[5], sentimos uma certa apreensão quanto à sua validade universal. O obstáculo para essa teoria sempre foi o fenômeno da poesia lírica. Os argumentos pelos quais Batteux tentou incluir a poesia lírica no esquema geral da arte imitativa são fracos e inconclusivos. E, com efeito, esses argumentos superficiais foram subitamente varridos pela aparição de uma nova força. Mesmo no campo da estética o nome de Rousseau marca uma virada decisiva na história geral das idéias. Rousseau rejeitou toda a tradição clássica e neoclássica da teoria da arte. Para ele, a arte não é uma descrição ou reprodução do mundo empírico, mas um transbordar de emoções e paixões. A *Nouvelle Héloise* de Rousseau revelou-se como um novo poder revolucionário. A partir dele, o princípio mimético, que prevalecera por muitos séculos, teve de abrir caminho para uma nova concepção e um novo ideal — o ideal da "arte característica". Desde então podemos acompanhar o triunfo de um novo princípio em toda a literatura européia. Na Alemanha, Herder e Goethe seguiram o exemplo de Rousseau. Desse modo, toda a teoria da beleza teve de assumir uma nova forma. A beleza, no sentido tradicional do termo, não é de modo algum a única meta da arte; na verdade, não passa de um aspecto secundário e derivativo. "Não deixeis que uma concepção errônea fique entre nós"; aconselha Goethe a seus leitores em seu artigo "Von deutscher Baukunst";

> não permitais que a doutrina afeminada do moderno traficante de beleza vos torne delicados demais para desfrutar uma rudeza significativa, para que no fim vosso sentimento enfraquecido não seja capaz de suportar nada além da suavidade sem sentido. Tentam fazer-vos crer que as belas artes surgem da nossa suposta inclinação para embelezar o mundo à nossa volta. Isso não é verdade...
>
> A arte é formativa muito antes de ser bela, e no entanto ela é então arte verdadeira e grandiosa, muitas vezes mais verdadeira e mais grandiosa que a própria arte bela. Pois o ho-

mem tem em si uma natureza formativa, que se apresenta na atividade assim que a existência dele está segura;... De modo que o selvagem remodela com traços bizarros, formas grotescas e cores grosseiras, seus "cocos", suas plumas e seu próprio corpo. E muito embora esse elenco de imagens seja composta das formas mais caprichosas, mas sem proporção de formato, suas partes se harmonizam, pois um único sentimento criou-as em um todo característico.

Ora, essa arte característica é a única verdadeira arte. Quando ela age sobre aquilo que a rodeia baseada em um sentimento interior, singular, original e independente, descuidando e até ignorando o que lhe é alheio, então, seja nascida da selvageria rude, seja da sensibilidade cultivada, ela é plena e viva[6].

Com Rousseau e Goethe teve início um novo período da teoria estética. A arte característica conquistou uma vitória definitiva sobre a arte imitativa. Contudo, para entendermos essa arte característica em seu verdadeiro sentido, devemos evitar uma interpretação unilateral. Não basta enfatizar o lado emocional da obra de arte. É certo que toda arte característica ou expressiva é "o transbordar espontâneo de sentimentos poderosos". Porém, se aceitássemos sem reservas esta definição wordsworthiana, seríamos levados apenas a uma mudança de sinal, e não a uma mudança decisiva de sentido. Nesse caso, a arte continuaria sendo reprodutiva; mas, em vez de ser uma reprodução de coisas, de objetos físicos, ela se tornaria uma reprodução de nossa vida interior, de nossos afetos e nossas emoções. Usando mais uma vez a nossa analogia com a filosofia da linguagem, poderíamos dizer que neste caso teríamos apenas trocado uma teoria onomatopéica da arte por uma teoria interjecional. Mas não era neste sentido que Goethe entendia o termo "arte característica". O trecho citado acima foi escrito em 1773, na fase juvenil *"Sturm und Drang"* de Goethe. No entanto, em nenhum período de sua vida ele abandonou o pólo objetivo de sua poesia. A arte é de fato expressiva, mas não pode ser expressiva sem ser formativa. E esse processo formativo é levado a cabo em um certo meio sensual. "Assim que fica livre de preocupações e temores", escreve Goethe, "o semideus tateia à sua volta em busca de matéria sobre a qual soprar seu espírito". Em muitas teorias estéticas modernas — em especial na de Croce e de seus discípulos e seguidores — esse fator material é esquecido ou minimizado. Croce está interessado apenas no fato da expressão, não no modo. Considera o modo irrelevante, tanto para o caráter como para o valor da obra de arte. A única coisa que interessa é a intuição do artista, não a corporificação dessa intuição em um material particular. O material tem uma importância técnica, não estética. A filosofia de Croce é uma filosofia do espírito, que enfatiza o caráter puramente espiritual da obra de arte. Mas em sua teoria toda a energia espiritual está contida e é consumida unicamente na formação da intuição. Uma vez completado esse processo, a criação artística foi realizada. O que se segue é apenas uma reprodução externa, necessária para a comunicação da intuição, mas sem qualquer sentido relativo à sua essência. Mas para um grande pintor, um grande músico ou um grande poeta as cores, os versos, os ritmos e as palavras não são simplesmente parte do seu aparato técnico; são momentos necessários do próprio processo produtivo.

Isso vale tanto para as artes especificamente expressivas quanto para as representativas. Mesmo na poesia lírica, a emoção não é o único aspecto, nem o decisivo. Sem dúvida é verdadeiro que os grandes poetas líricos são capazes das emoções mais profundas e que o artista que não seja dotado de sentimentos poderosos nunca produzirá nada além de arte oca e frívola. Mas não podemos concluir, com base nesse fato, que a função da poesia lírica e da arte em geral pode ser adequadamente descrita como a capacidade do artista para "esvaziar os sentimentos do peito". "O que o artista está tentando fazer", diz R.G. Collingwood, "é expressar uma emoção dada. Expressá-la e expressá-la bem são a mesma coisa... Cada palavra e cada gesto que cada um de nós faz é uma obra de arte."[7] Mais uma vez, todo o processo construtivo que é pré-requisito tanto da produção quanto da contemplação da obra de arte é totalmente menosprezado. Um gesto qualquer não é mais obra de arte do que uma interjeição qualquer é um ato de fala. Tanto o gesto como a interjeição carecem de um aspecto essencial e indispensável. Ambos são reações involuntárias e instintivas; não possuem qualquer espontaneidade real. O momento de intencionalidade é necessário para a expressão lingüística e artística. Em cada ato de fala e em cada criação artística encontramos uma estrutura teleológica definida. Um ator em um drama realmente "faz" o seu papel. Cada palavra individual é parte de um todo estrutural coerente. A tônica e o ritmo de suas palavras, a modulação de sua voz, suas expressões faciais e suas posturas corporais — tudo tende para o mesmo fim: a corporificação do caráter humano. Nada disso é simples "expressão"; é também representação e interpretação. Nem mesmo um poema lírico está totalmente desprovido dessa tendência geral da arte. O poeta lírico não é apenas um homem que se compraz em exibir sentimentos. Ser arrastado só pela emoção é sentimentalismo, não arte. Um artista que não está absorto na contemplação e na criação de formas, mas antes em seu próprio prazer ou em seu gozo da "alegria do pesar", torna-se um sentimentalista. Logo, dificilmente poderíamos atribuir à arte lírica um caráter mais subjetivo que o de todas as demais formas de arte, pois ela contém o mesmo tipo de corporificação e o mesmo processo de objetificação. "A poesia", escreveu Mallarmé, "não é escrita com idéias, é escrita com palavras." É escrita com imagens, sons e ritmos que, assim como no caso da poesia e da representação dramáticas, se fundem em um todo indivisível. Em todo grande poema lírico encontramos essa unidade concreta e indivisível.

Tal como todas as outras formas simbólicas, a arte não é uma simples reprodução de uma realidade dada, pronta. É um dos meios que levam a uma visão objetiva das coisas e da vida humana. Não é uma imitação, mas uma descoberta da realidade. Contudo, não descobrimos a natureza através da arte no mesmo sentido que o cientista usa o termo "natureza". A linguagem e a ciência são os dois processos principais pelos quais avaliamos e determinamos nossos conceitos do mundo exterior. Precisamos classificar nossas percepções sensoriais e agrupá-las em noções e regras gerais para podermos dar-lhes um sentido objetivo. Tal classificação resulta de um esforço persistente no sentido da simplificação. A obra de arte, de um modo parecido, implica esse ato de condensação e concentração. Aristóteles insistiu nesse processo quando quis descrever a verdadeira diferença entre a poesia e a história. O que um drama nos apresenta, afirma ele, é uma única ação (μία πρᾶξις) que é um todo completo em si mesma, com toda a unidade orgânica de uma criatura viva; ao passo que o historiador não lida com uma única ação, mas com um período e tudo o que ocorreu neste a uma ou mais pessoas, por mais desconexas que as diversas ocorrências possam ser[8].

A esse respeito a beleza, tanto quanto a verdade, pode ser descrita nos termos da mesma fórmula clássica: elas são "uma unidade na multiplicidade". Mas nos dois casos há uma diferença de ênfase. A linguagem e a ciência são uma abreviação da realidade; a arte é uma intensificação dessa realidade. A linguagem e a ciência dependem de um único e mesmo processo de abstração; a arte pode ser descrita como um processo contínuo de concreção. Na nossa descrição científica de um dado objeto, começamos com um grande número de observações que, à primeira vista, parecem apenas um conglomerado indefinido de fatos desconexos. Quanto mais avançamos, porém, mais esses fenômenos individuais tendem a assumir uma forma definida e a tornar-se um todo sistemático. O que a ciência procura é uma característica central de um determinado objeto, da qual possam ser derivadas todas as suas qualidades particulares. Se um químico conhece o número atômico de um certo elemento, tem uma chave para uma plena compreensão da sua estrutura e constituição. Desse número ele pode deduzir todas as propriedades características do elemento. Mas a arte não admite esse tipo de simplificação conceitual e generalização dedutiva. Ela não procura saber as qualidades ou as causas das coisas; apresenta-nos a intuição da forma das coisas. Mas isso de maneira alguma é uma simples repetição de alguma coisa que já tínhamos antes. É uma verdadeira e genuína descoberta. O artista é tão descobridor das formas da natureza quanto o cientista é um descobridor de fatos ou leis naturais. Os grandes artistas de todos os tempos sempre tiveram consciência dessa tarefa especial e desse dom especial da arte. Leonardo da Vinci falava do propósito da pintura e da escultura como o "*saper vedere*". Segundo ele, o pintor e o escultor são os grandes instrutores no domínio do mundo visível. Isso porque a consciência das formas puras das coisas não é de modo algum um talento instintivo, um dom da natureza. Podemos ter encontrado um objeto de nossa experiência sensorial ordinária mil vezes sem jamais ter "visto" a sua forma. Ficamos perdidos quando nos pedem para descrever, não as suas qualidades ou efeitos físicos, mas a sua forma visual e sua estrutura puras. É a arte que preenche essa lacuna. Nela, vivemos mais no domínio das formas puras do que no da análise e escrutínio de objetos sensoriais, ou do estudo de seus efeitos.

De um ponto de vista apenas teórico, podemos subscrever as palavras de Kant, de que a matemática é o "orgulho da razão humana". Mas temos de pagar um preço muito alto por esse triunfo da razão científica. A ciência significa abstração, e a abstração é sempre um empobrecimento da realidade. As formas das coisas, tais como descritas pelos conceitos científicos, tendem cada vez mais a tornar-se meras fórmulas, e estas são de uma simplicidade surpreendente. Uma única fórmula, como a lei da gravitação de Newton, parece abranger e explicar toda a estrutura do nosso universo material. Tem-se a impressão de que a realidade não só é acessível para as nossas abstrações científicas, mas também esgotável por elas. Mas assim que entramos no campo da arte isso se revela como uma ilusão, pois os aspectos das coisas são inúmeros, e variam de um momento para outro. Qualquer tentativa de abrangê-los em uma única forma seria em vão. O dito de Heráclito segundo o qual o sol é novo a cada dia é verdadeiro para o sol do artista, se não o for para o do cientista. Quando um cientista descreve um objeto, ele o caracteriza por um conjunto de números, por suas constantes físicas e químicas. A arte tem não só uma meta diferente como também um objeto diferente. Se dizemos de dois artistas que eles pintam "a mesma" paisagem, descrevemos nossa experiência estética de modo muito inadequado. Do ponto de vista da arte, uma tal mesmice é totalmente ilusória. Não podemos falar de uma única e mesma coisa como tema dos dois pintores, pois o artista não copia ou retrata um certo objeto empírico — uma paisagem com suas colinas e montanhas, seus riachos e rios. O que ele nos apresenta é a fisionomia individual e momentânea da paisagem. Ele deseja expressar a atmosfera das coisas, a interação de luz e sombra. Uma paisagem não é "a mesma" sob a luz da manhã ou sob o calor do meio-dia, nem em um dia chuvoso ou ensolarado. Nossa percepção estética apresenta uma variedade muito maior, e pertence a uma ordem muito mais complexa que a de nossa percepção sensorial comum. Na percepção sensorial contentamo-nos em apreender os aspectos comuns e constantes dos objetos à nossa volta. A experiência estética é incomparavelmente mais rica. Está prenhe de infinitas possibilidades que não são realizadas na experiência sensorial ordinária. Na obra do artista, essas possibilidades tornam-se realidades; são trazidas à luz e assumem uma forma definida. A revelação dessa inesgotabilidade dos aspectos das coisas é um dos grandes privilégios e um dos mais profundos encantos da arte.

Em suas memórias, o pintor Ludwig Richter conta que certa vez na sua juventude, quando estava em Tivoli, ele e três amigos decidiram-se a pintar a mesma paisagem. Todos tinham a firme resolução de não se desviar da natureza; queriam reproduzir o que viam com a maior precisão possível. Mesmo assim, a experiência resultou em quatro quadros completamente diversos, tão diferentes um do outro quanto as personalidades dos artistas. O narrador concluiu disso que a visão objetiva não existe, e que a forma e a cor são sempre apreendidas de acordo com o temperamento individual[9]. Nem mesmo os defensores mais determinados de um naturalismo estrito poderiam menosprezar ou negar esse fator. Émile Zola define a obra de arte como *"un coin de la nature vu à travers un tempérament"*. O temperamento a que se faz referência aqui não é apenas singularidade ou idiossincrasia. Quando estamos absortos na intuição de uma grande obra de arte, não sentimos uma separação entre os mundos subjetivo e objetivo. Não vivemos na nossa realidade simples e corriqueira das coisas físicas, nem vivemos integralmente em uma esfera individual. Além dessas duas esferas detectamos um novo domínio, o domínio das formas plásticas, musicais, poéticas; e estas têm uma universalidade real. Kant faz uma distinção nítida entre o que chama de ''universalidade *estética*" e a "validade objetiva", que faz parte de nossos juízos lógicos e científicos[10]. Em nossos juízos estéticos, sustenta ele, não nos preocupamos com o objeto como tal, mas com a pura contemplação do objeto. A universalidade estética significa que o predicado de beleza não se restringe a um indivíduo especial, mas se estende por sobre todo o campo dos sujeitos julgantes. Se a obra de arte não passasse de extravagância e frenesi de um artista individual, não possuiria essa comunicabilidade universal. A imaginação do artista não inventa arbitrariamente as formas das coisas; mostra-nos essas formas em seu aspecto verdadeiro, tornando-as visíveis e reconhecíveis. O artista escolhe um certo aspecto da realidade, mas esse processo de seleção é ao mesmo tempo um processo de objetificação. Depois de ingressarmos nessa perspectiva, somos forçados a olhar para o mundo com os olhos dele. Temos a impressão de nunca antes ter visto o mundo sob essa luz peculiar. Convencemo-nos de que essa luz não é apenas um fulgor momentâneo. Em virtude da obra de arte, ela tornou-se duradoura e permanente. Depois que a realidade nos é revelada nesse modo particular, continuamos a vê-la com esse mesmo aspecto.

Portanto, é difícil manter uma distinção nítida entre o objetivo e o subjetivo, entre as artes expressivas e as representativas. A frisa do Partenon ou uma Missa de Bach, a "Capela Sistina" de Michelangelo ou um poema de Leopardi, uma sonata de Beethoven ou um romance de Dostoievski — nada disso é meramente representativo, nem meramente expressivo. São obras simbólicas em um sentido novo e mais profundo. As obras dos grandes poetas líricos — de Goethe ou Hölderlin, de Wordsworth ou Shelley — não nos oferecem *disjecti membra poetae*, fragmentos dispersos e incoerentes da vida do poeta. Não são uma simples erupção momentânea de um sentimento apaixonado, mas revelam uma profunda unidade e continuidade. Por outro lado, os grandes escritores trágicos e cômicos — Eurípides e Shakespeare, Cervantes e Molière — não nos entretêm com cenas destacadas do espetáculo da vida. Tomadas em si mesmas, essas cenas não passam de sombras fugidias. De repente, porém, começamos a ver por trás dessas sombras e a vislumbrar uma nova realidade. Através de seus personagens e de suas ações, o cômico e o poeta trágico revelam a sua visão da vida como um todo, da sua grandeza e sua fraqueza, seu caráter sublime e absurdo. "A arte", escreveu Goethe,

> não se propõe a emular a natureza em sua amplidão e profundidade; atém-se à superfície dos fenômenos naturais. Mas tem sua própria profundidade, seu próprio poder: cristaliza os momentos mais elevados desses fenômenos superficiais reconhecendo neles o caráter de aderência às leis, a perfeição da proporção harmoniosa, o cúmulo de beleza, a dignidade de significado, o auge de paixão[11].

Essa fixação dos "momentos mais elevados dos fenômenos" não é nem uma imitação de coisas físicas, nem um simples transbordar de sentimentos poderosos. É uma interpretação da realidade — não através de conceitos, mas de intuições; por meio não do pensamento, mas das formas sensuais.

De Platão a Tolstói a arte foi acusada de excitar nossas emoções, perturbando assim a ordem e a harmonia da nossa vida moral. A imaginação poética, segundo Platão, rega as nossas experiências de luxúria e ira, de desejo e dor, fazendo com que vicejem onde deveriam murchar com a seca[12]. Tolstói vê na arte uma forma de infecção. "Não só a infecção é um sinal de arte", diz ele, "como o grau de infecciosidade é também a única medida de excelência da arte." Mas a falha de sua teoria é óbvia. Tolstói suprime um momento fundamental da arte, o momento da forma. A experiência estética — a experiência de contemplação — é um estado de espírito diferente da frieza do juízo teórico e da sobriedade do juízo moral. Está repleta das mais vívidas energias da paixão, mas a própria paixão é nela transformada tanto em sua natureza como em seu sentido. Wordsworth define a poesia como "emoção relembrada na tranqüilidade". Mas essa tranqüilidade que sentimos na grande poesia não é a da lembrança. As emoções suscitadas pelo poeta não pertencem a um passado remoto. Estão "aqui" — vivas e imediatas. Temos consciência de seu pleno vigor, mas esse vigor tende para uma nova direção. É mais visto que imediatamente sentido. Nossas paixões deixam de ser poderes obscuros e impenetráveis; tornam-se, por assim dizer, transparentes. Shakespeare nunca apresenta uma teoria estética. Não especula sobre a natureza da arte. Contudo, no único trecho em que fala do caráter e da função da arte dramática, toda a ênfase é dada a esse aspecto. "O propósito da representação", tal como explica Hamlet, "no início como agora, era e é, segurar, por assim dizer, o espelho para a natureza; mostrar à virtude seus traços, ao escárnio a sua imagem, e à própria era e ao corpo do tempo sua forma e pressão." Mas a imagem de uma paixão não é a própria paixão. O poeta que representa uma paixão não nos contagia com ela. Em uma peça de Shakespeare não somos contagiados pela ambição de Macbeth, pela crueldade de Ricardo III ou pelo ciúme de Otelo. Não estamos à mercê dessas emoções; olhamos através delas; temos a impressão de penetrar em sua própria natureza e essência. A esse respeito, a teoria da arte dramática de Shakespeare, se é que ele tinha tal teoria, está em completo acordo com a concepção das belas artes dos grandes pintores e escultores do Renascimento. Ele teria subscrito as palavras de Leonardo da Vinci, de que o *saper vedere* é o mais alto talento do artista. Os grandes pintores mostram-nos as formas das coisas exteriores; os grandes autores dramáticos mostram-nos as formas de nossa vida interior. A arte dramática revela novas amplidões e profundidades da vida. Transmite uma percepção das coisas e dos destinos dos homens; da grandeza e da miséria humanas, diante do que nossa experiência comum parece-nos pobre e trivial. Todos nós sentimos, de maneira vaga e indefinida, os infinitos potenciais da vida, que silenciosamente esperam o momento em que serão despertados de seu sono para a luz clara e intensa da consciência. Não é o grau de infecciosidade, mas o grau de intensificação e iluminação que é a medida da excelência da arte.

Se aceitarmos essa visão da arte poderemos ter uma melhor compreensão de um problema que surgiu pela primeira vez na teoria aristotélica da catarse. Não precisamos detalhar aqui todas as dificuldades do termo aristotélico, nem os inúmeros esforços dos comentaristas no sentido de esclarecer tais dificuldades[13]. O que parece estar claro e tem hoje aceitação geral é que o processo catártico descrito por Aristóteles não significa uma purificação ou uma mudança de caráter e qualidade das próprias paixões, e sim uma mudança na alma humana. Através da poesia trágica a alma adquire uma nova atitude para com suas emoções. Experimenta as emoções de piedade e medo, mas, em vez de ficar perturbada e intranqüila por causa delas, é levada a um estado de repouso e paz. À primeira vista, isso pode parecer uma contradição, pois aquilo que Aristóteles vê como efeito da tragédia é uma síntese de dois momentos que na vida real, na nossa existência prática, são mutuamente exclusivos. Considera-se que a mais alta intensificação da nossa vida emocional nos proporciona ao mesmo tempo um sentimento de repouso. Vivemos todas as nossas paixões sentindo todo o seu alcance e sua mais alta tensão. Mas o que deixamos para trás, quando passamos o limiar da arte, não é a pressão concreta, a compulsão de nossas emoções. O poeta trágico não é escravo, mas senhor, de suas emoções; e é capaz de transferir esse domínio aos espectadores. Na obra dele não somos controlados e arrastados por nossas emoções. A liberdade estética não é a ausência de paixões, não é a apatia estóica, mas precisamente o contrário. Significa que nossa vida emocional adquire o seu mais alto vigor e que, nesse próprio vigor, ela muda de forma. Isso porque não estamos mais vivendo na realidade imediata das coisas, mas em um mundo de formas sensuais puras. Neste mundo, todos os nossos sentimentos sofrem uma espécie de transubstanciação no que tange à sua essência e ao seu caráter. As próprias paixões são aliviadas de seu peso material. Sentimos sua forma e sua vida, mas não o seu estorvo. A calma da obra de arte é, paradoxalmente, uma calma dinâmica, não estática. A arte nos apresenta os movimentos da alma humana em toda a sua profundidade e variedade. Mas a forma — a medida e o ritmo — desses movimentos não é comparável a qualquer estado emocional isolado. O que sentimos na arte não é uma qualidade emocional simples ou única. É o processo dinâmico da própria vida: a oscilação contínua entre pólos opostos, entre alegria e pesar, esperança e temor, exultação e desespero. Dar uma forma estética a nossas paixões é transformá-las em um estado livre e ativo. Na obra do artista, o poder da própria paixão foi transformado em um poder formativo.

Pode-se objetar que tudo isso se aplica ao artista mas não a nós, espectadores e ouvintes. Tal objeção, porém, implicaria uma falta de compreensão do processo artístico. Assim como o processo da fala, o processo da arte é dialógico e dialético. Nem mesmo o espectador fica em um papel meramente passivo. Não podemos entender uma obra de arte sem, até certo ponto, repetir e reconstruir o processo criativo pelo qual ela veio à luz. Pela natureza desse processo criativo, as próprias paixões são transformadas em ações. Se tivéssemos de suportar, na vida real, todas as emoções por que passamos no *Édipo* de Sófocles ou no *Rei Lear* de Shakespeare, dificilmente sobreviveríamos ao choque e à tensão. Mas a arte transforma todas essas dores e ultrajes, essas crueldades e atrocidades, em um meio de autolibertação, conferindo-nos assim uma liberdade interior que não pode ser atingida de nenhum outro modo.

A tentativa de caracterizar a obra de arte de acordo com algum traço emocional particular, portanto, deixa inevitavelmente de lhe fazer justiça. Se o que a arte tenta expressar não é um estado especial, mas o próprio processo dinâmico da nossa vida interior, então dificilmente uma qualificação desse tipo seria qualquer coisa mais que perfunctória e superficial. A arte deve sempre dar-nos mais moção do que mera emoção. Até mesmo a distinção entre arte trágica e arte cômica é mais convencional que necessária. Ela diz respeito ao conteúdo e aos motivos, mas não à forma e à essência da arte. Há muito Platão negara a existência desses limites artificiais e tradicionais. No final do *Banquete* ele descreve uma conversa de Sócrates com Agathon, o poeta trágico, e Aristófanes, o poeta cômico. Sócrates obriga os dois poetas a admitir que o verdadeiro autor trágico é o verdadeiro artista na comédia, e vice-versa[14]. No *Philebus* faz-se um comentário sobre esse trecho. Neste diálogo Platão sustenta que na comédia, assim como na tragédia, experimentamos sempre um sentimento misto de prazer e dor. Nisto o poeta segue as regras da própria natureza, pois retrata "toda a comédia e a tragédia da vida"[15]. Em todo grande poema — nas peças de Shakespeare, na *Comédia* de Dante, no *Fausto* de Goethe — devemos com efeito passar por toda a gama das emoções humanas. Se fôssemos incapazes de apreender as nuanças mais delicadas dos diferentes sentimentos, incapazes de acompanhar as contínuas variações de ritmo e tom, se não fôssemos levados pelas súbitas mudanças dinâmicas, não poderíamos entender e sentir o poema. Podemos falar do temperamento individual do poeta, mas a obra de arte, como tal, não tem qualquer temperamento especial. Não podemos incluí-la em nenhum dos conceitos de classe tradicionais da psicologia. Falar da música de Mozart como serena ou alegre, da de Beethoven como grave, sombria ou sublime seria marca de um gosto pouco profundo. Na música também a distinção entre a tragédia e a comédia torna-se irrelevante. Mal vale a pena tentar responder à pergunta de se o *Don Giovanni* de Mozart é uma tragédia ou uma *opera buffa*. A composição de Beethoven baseada no "Hino à Alegria" de Schiller expressa o mais alto grau de exultação. Mas, quando a escutamos, nem por um momento esquecemos os acentos trágicos da Nona Sinfonia. Todos esses contrastes devem estar presentes e devem ser sentidos com toda a sua força. Em nossa experiência estética eles se fundem em um todo indivisível. O que ouvimos é a escala completa das emoções humanas, da nota mais grave à mais aguda; é o movimento e a vibração de todo o nosso ser. Nem mesmo os maiores comediantes podem propiciar-nos uma beleza fácil. Sua obra está com freqüência repleta de uma grande amargura. Aristófanes é um dos críticos mais ferinos e rigorosos da natureza humana; em lugar algum Molière é mais grandioso que no *Misantropo* ou no *Tartufo*. Mas a amargura dos grandes escritores cômicos não é a acrimônia do satirista ou a severidade do moralista. Não leva a um veredicto moral sobre a vida humana. A arte cômica possui no mais alto grau uma faculdade comum a toda a arte, a visão solidária. Em virtude dessa faculdade, ela é capaz de aceitar a vida humana com todos os seus defeitos e suas fraquezas, sua insensatez e seus vícios. A grande arte cômica sempre foi uma espécie de *encomium moriae*, um elogio à insensatez. Na perspectiva cômica todas as coisas começam a assumir um rosto novo. Talvez nunca fiquemos mais próximos do nosso mundo humano do que nas obras de um grande autor cômico — no *Dom Quixote* de Cervantes, no *Tristam Shandy* de Sterne, nos *Pickwick Papers* de Dickens. Passamos a observar os mais mínimos detalhes; vemos este mundo em toda a sua estreiteza, mesquinhez e tolice. Vivemos neste mundo restrito, mas não estamos mais aprisionados por ele. Tal é o caráter peculiar da catarse cômica. As coisas e os eventos começam a perder seu peso material; o escárnio dissolve-se no riso, e o riso é libertação.

Que a beleza não é uma propriedade imediata das coisas, que envolve necessariamente uma relação com a mente humana é uma questão que parece ser admitida por todas as teorias estéticas. Em seu ensaio "Sobre o Padrão do Gosto", Hume declara: "A beleza não é uma qualidade das coisas em si; existe apenas na mente que as contempla." Mas essa afirmação é ambígua. Se entendermos a mente no sentido do próprio Hume, e pensarmos no eu como nada além de um feixe de impressões, será muito difícil encontrar nesse feixe aquele predicado que chamamos de beleza. A beleza não pode ser definida por seus meros *percipi*, como "sendo percebida"; deve ser definida em termos de uma atividade da mente, da função de perceber e de uma direção característica desta função. Não consiste em percepções passivas; é um modo, um processo de perceptualização. Mas esse processo não é de caráter apenas subjetivo; ao contrário, é uma das condições da nossa intuição do mundo objetivo. O olho artístico não é um olho passivo que recebe e registra a impressão das coisas. É um olho construtivo, e só por meio de atos construtivos podemos descobrir a beleza das coisas naturais. O sentido de beleza é a susceptibilidade à vida dinâmica das formas, e esta vida não pode ser aprendida sem um processo dinâmico correspondente em nós mesmos.

É claro que nas várias teorias estéticas esta polaridade, que como vimos é uma condição inerente à beleza, levou a interpretações diametralmente opostas. Segundo Albrecht Dürer, o verdadeiro talento do artista é "extrair" beleza da natureza. "Denn wahrhaftig steckt die Kunst in der Natur, wer sie heraus kann reissen, der hat sie."[16] Por outro lado, temos teorias espiritualistas que negam qualquer conexão entre a beleza da arte e a chamada beleza da natureza. A beleza da natureza é entendida como simples metáfora. Croce vê como pura retórica falar de um belo rio ou de uma bela árvore. Para ele, a natureza é estúpida quando comparada à arte; ela é muda, a menos que o homem a faça falar. Talvez seja possível resolver a contradição entre essas concepções fazendo-se uma distinção clara entre a beleza orgânica e a beleza estética. Há muitas belezas naturais sem qualquer caráter estético específico. A beleza orgânica de uma paisagem não é a mesma coisa que a beleza estética que sentimos nas obras dos grandes pintores de paisagens. Mesmo nós, os espectadores, temos plena consciência dessa diferença. Posso andar em meio a uma paisagem e sentir seus encantos. Posso apreciar a leveza do ar, o frescor dos prados, a variedade e a alegria do colorido e o aroma das flores. Mas posso experimentar uma súbita mudança no meu estado de espírito. Passo então a ver a paisagem com olhos de artista — começo a formar um quadro dela. Acabo de ingressar em um novo território — não o domínio das coisas vivas, mas o das "formas vivas". Saindo da realidade imediata das coisas, estou agora vivendo no ritmo das formas espaciais, na harmonia e no contraste das cores, no equilíbrio entre a luz e a sombra. É nesta absorção pelo aspecto dinâmico das formas que consiste a experiência estética.

2

Em certo sentido, todas as controvérsias entre as diversas escolas estéticas podem ser reduzidas a uma única questão. O que todas essas escolas têm de admitir é que a arte é um "universo de discurso" independente. Mesmo os defensores mais radicais de um realismo estrito, que queriam limitar a arte a uma função apenas mimética, foram forçados a fazer concessões ao poder específico da imaginação artística. Mas as diversas escolas divergiam amplamente na avaliação desse poder. As teorias clássicas e neoclássicas não encorajavam o exercício livre da imaginação. Segundo essas teorias, a imaginação do artista é um grande talento, mas um tanto questionável. O próprio Boileau não negava que, do ponto de vista psicológico, o dom da imaginação é indispensável para todo verdadeiro poeta. Mas, se o poeta se compraz no mero exercício desse impulso natural e desse poder instintivo, nunca chegará à perfeição. A imaginação do poeta deve ser guiada e controlada pela razão e sujeita às regras desta. Mesmo quando se desvia do natural o poeta deve respeitar as leis da razão, e estas o limitam ao campo do provável. O classicismo francês definia esse campo em termos puramente objetivos. As unidades dramáticas de tempo e espaço tornavam-se fatos físicos, mensuráveis por um padrão linear ou por um relógio.

Uma concepção inteiramente diferente do caráter e da função da imaginação poética foi introduzida pela teoria romântica da arte. Esta teoria não é obra da chamada "escola romântica", da Alemanha. Já fora desenvolvida e tivera um papel decisivo muito antes, tanto na literatura francesa como na inglesa, no século XVIII. Uma das melhores e mais concisas expressões dessa teoria pode ser encontrada nas *Conjectures on Original Composition*, de Edward Young (1759). "A pluma de um escritor original", diz Young, "como o bastão de Armida, faz brotar uma fonte de um deserto desolado." A partir de então, as visões clássicas do provável passaram a ser cada vez mais suplantadas pelo seu oposto. Passa-se a acreditar que o maravilhoso e o milagroso são os únicos temas que admitem um verdadeiro retrato poético. Na estética do século XVIII podemos acompanhar passo a passo a ascensão desse novo ideal. Os críticos suíços Bodmer e Breitinger apelam a Milton para justificar o "maravilhoso na poesia"[17]. Pouco a pouco, o maravilhoso ultrapassa e supera o provável como tema literário. A nova teoria parecia estar sendo corporificada na obra dos grandes poetas. O próprio Shakespeare ilustrou-a em sua descrição da imaginação do poeta:

> The lunatic, the lover and the poet
> Are of imagination all compact:
> One sees more devils than vast hell can hold,
> That is, the madman; the lover, all as frantic,
> Sees Helen's beauty in a brow of Egypt:
> The poet's eye, in a fine frenzy rolling,
> Doth glance from heaven to earth, from earth to heaven;
> And, as imagination bodies forth
> The forms of things unknown, the poet's pen
> Turns them to shapes, and gives to airy nothing
> A local habitation and a name[18].

No entanto, a concepção romântica da poesia não encontrou um apoio sólido em Shakespeare. Se precisássemos de uma prova de que o mundo do artista não é um universo apenas "fantástico", não poderíamos encontrar melhor testemunho, nem mais clássico, que o de Shakespeare. A luz com que ele vê a natureza e a vida humana não é uma simples "luz de fantasia em fantasia apanhada". Há contudo outra forma ainda de imaginação à qual a poesia parece indissoluvelmente ligada. Quando Vico fez sua primeira tentativa sistemática de criar uma "lógica da imaginação", voltou para o mundo do mito. Ele fala de três eras diferentes: a era dos deuses, a era dos heróis e a era do homem. É nas duas primeiras, declarou ele, que devemos procurar a verdadeira origem da poesia. A humanidade não poderia começar com o pensamento abstrato ou com uma linguagem racional. Tinha de passar pela era da linguagem simbólica do mito e da poesia. As primeiras nações não pensavam por conceitos, mas por imagens poéticas; falavam por fábulas e escreviam em hieróglifos. O poeta e o criador de mitos parecem viver, com efeito, no mesmo mundo. São dotados do mesmo poder fundamental, o poder da personificação. Não conseguem contemplar um objeto qualquer sem lhe dar uma vida interior e uma forma pessoal. O poeta moderno volta com freqüência o olhar para as eras "divina" ou "heróica", como para um paraíso perdido. Em seu poema "Os Deuses da Grécia", Schiller expressou este sentimento. Quis lembrar os tempos dos poetas gregos, para os quais o mito não era uma alegoria vazia, mas um poder vivo. O poeta anseia por esta idade de ouro da poesia, em que todas as coisas estavam ainda cheias de deuses, em que cada colina era a morada de uma oréade, cada árvore o lar de uma dríade.

Mas a queixa do poeta moderno parece ser infundada, pois um dos maiores privilégios da arte é que nunca pode perder essa "idade de ouro". Nela, a fonte da criação imaginativa nunca seca, porque é indestrutível e inesgotável. A cada época e em cada grande poeta a operação da imaginação ressurge em novas formas e com nova força. Nos poetas líricos, acima de tudo, sentimos esse renascimento e essa regeneração contínuos. Não podem tocar uma coisa sem imbuí-la de sua própria vida interior. Wordsworth descreveu esse dom como o poder inerente à sua poesia:

> To every natural form, rock, fruits or flower,
> Even the loose stones that cover the highway,
> I gave a moral life: I saw them feel,
> Or linked them to some feeling: the great mass
> Lay imbedded in a quickening soul, and all
> That I beheld respired with inward meaning[19].

Com esses poderes de invenção e de animação, porém, estamos apenas na ante-sala da arte. O artista não deve sentir o "sentido interior" das coisas e a vida moral delas, ele deve exteriorizar seus próprios sentimentos. O mais alto e mais característico poder da imaginação artística surge neste último ato. A exteriorização significa uma corporificação visível ou tangível, não só em um meio material particular — argila, bronze ou mármore —, mas também em formas sensuais, em ritmos, no padrão das cores, nas linhas do desenho, nas formas plásticas. É a estrutura — o equilíbrio e a ordem — dessas formas que nos afeta na obra de arte. Cada arte tem seu próprio idioma característico, que é inconfundível e intransferível. Os idiomas das diversas artes podem estar interligados, como, por exemplo, quando se faz uma letra para uma música ou se ilustra um poema; mas não são traduzíveis entre si. Cada idioma tem uma tarefa especial a cumprir na "arquitetura" da arte. "Os problemas de forma que surgem dessa estrutura arquitetônica", afirma Adolf Hildebrand,

> embora não nos sejam dados imediata e evidentemente pela Natureza, não deixam de ser os verdadeiros problemas da arte. O material adquirido através de um estudo direto da Natureza é transformado, pelo processo arquitetônico, em uma unidade artística. Quando falamos do aspecto imitativo da arte, fazemos referência ao material que ainda não foi desenvolvido desse modo. Através do desenvolvimento arquitetônico, portanto, a escultura e a pintura emergem da esfera do mero naturalismo para o domínio da verdadeira arte[20].

Até na poesia encontramos esse desenvolvimento arquitetônico. Sem ele, a imitação ou invenção poética perderia a sua força. Os horrores do *Inferno* de Dante seriam horrores crus e imediatos, e os arrebatamentos do *Paraíso* seriam sonhos visionários se não houvessem sido moldados em novas formas pela magia da dicção e do verso de Dante.

Em sua teoria da tragédia, Aristóteles destacou a invenção da trama trágica. De todos os ingredientes necessários para a tragédia — espetáculo, personagens, fábula, dicção, melodia e pensamento — ele dava mais importância à combinação dos incidentes da narrativa (ἡ τῶν πραγμάτων σύστασις). Isso porque a tragédia é essencialmente uma imitação, não de pessoas, mas de ação e vida. Em uma peça, as pessoas não atuam para retratar as personagens; estas é que são representadas por causa da ação. Uma tragédia é impossível sem ação, mas pode haver tragédia sem personagem[21]. O classicismo francês adotou e enfatizou essa teoria aristotélica. Nos prefácios às suas peças, Corneille sempre insiste nesse ponto. Fala com orgulho de sua tragédia *Heraclius*, porque nela a trama era tão complicada que exigia um esforço intelectual especial para ser entendida e decifrada. É claro, porém, que esse tipo de atividade intelectual e de prazer intelectual não é um elemento necessário do processo artístico. Apreciar as tramas de Shakespeare — acompanhar com o mais vivo interesse "a combinação de incidentes da narrativa" de *Otelo*, *Macbeth* ou *Lear* — não significa necessariamente que se entenda e se sinta a arte trágica de Shakespeare. Sem a linguagem de Shakespeare, sem o poder de sua dicção dramática, nada disso seria impressionante. O contexto de um poema não pode ser separado de sua forma — do verso, da melodia, do ritmo. Tais elementos formais não são meros meios externos ou técnicos para reproduzir determinada intuição; são parte integrante da própria intuição artística.

No pensamento romântico, a teoria da imaginação poética alcançou seu clímax. A imaginação não é mais a atividade humana especial que constrói o mundo humano da arte. Tem agora um valor metafísico universal. A imaginação poética é a única chave para a realidade. O idealismo de Fichte está baseado em sua concepção da "imaginação produtiva". Schelling declarou em seu *System of Transcendental Idealism* que a arte é a culminação da filosofia. Na natureza, na moralidade e na história, estamos ainda vivendo no propileu da sabedoria filosófica; com a arte, entramos no próprio santuário. Os escritores românticos, em verso e prosa, expressaram-se na mesma veia. Sentia-se que a distinção entre poesia e filosofia era vazia e superficial. Segundo Friedrich Schlegel, a mais alta tarefa do poeta moderno é buscar uma nova forma de poesia que ele chama de "poesia transcendental". Nenhum outro gênero de poesia pode nos fornecer a essência do espírito poético, a "poesia da poesia"[22]. Poetizar a filosofia e filosofizar a poesia — tal era a mais alta meta dos pensadores românticos. O poema verdadeiro não é obra de um artista individual: é o próprio universo, a única obra de arte que está sempre se aperfeiçoando. Logo, todos os mais profundos mistérios de todas as artes e ciências dizem respeito à poesia[23]. "A poesia", diz Novalis, "é aquilo que é absoluta e genuinamente real. Este é o cerne da minha filosofia. Quanto mais poético, mais real."[24]

Segundo essa concepção, a poesia e a arte pareciam ter sido elevadas a uma posição e uma dignidade que nunca antes haviam possuído. Tornaram-se um *novum organum* para a descoberta da riqueza e profundidade do universo. Apesar disso, esse elogio exuberante e enlevado da imaginação poética tinha suas limitações estritas. Para poderem alcançar seu fim metafísico, os românticos foram forçados a fazer um grande sacrifício. O infinito fora declarado o verdadeiro tema da arte, na realidade o único. O belo foi concebido como uma representação simbólica do infinito. Só pode ser artista, segundo Friedrich Schlegel, aquele que tenha sua própria religião, uma concepção original do infinito[25]. Neste caso, porém, o que acontece com o nosso mundo finito, o mundo das experiências sensoriais? Fica claro que, como tal, este mundo não tem quaisquer direitos sobre a beleza. Ao lado do universo verdadeiro, do universo do poeta e artista, encontramos o nosso mundo prosaico, carente de toda verdade poética. Um dualismo desse tipo é uma característica essencial de todas as teorias românticas da arte. Quando Goethe começou a publicar *Wilhelm Meister's Lehrjahre*, os primeiros críticos românticos saudaram a obra com expressões extravagantes de entusiasmo. Novalis viu em Goethe "a encarnação do espírito poético sobre a terra". Na continuação do livro, porém, quando as figuras românticas de Mignon e do harpista foram eclipsadas por personagens mais realistas e acontecimentos mais prosaicos, Novalis ficou profundamente desapontado. Ele não se limitou a revogar seu primeiro juízo; chegou até a chamar Goethe de traidor da causa da poesia. *Wilhelm Meister* passou a ser considerado uma sátira, um "*Cândido* contra a poesia". Quando a poesia perde de vista o maravilhoso, perde seu significado e sua justificativa. A poesia não pode prosperar em nosso mundo trivial e corriqueiro. O milagroso, o prodigioso e o misterioso são os únicos temas dignos de um tratamento verdadeiramente poético.

Contudo, essa concepção da poesia é mais uma qualificação e uma limitação que uma explicação genuína do processo criativo da arte. É curioso que os grandes realistas do século XIX tivessem a esse respeito uma compreensão mais precisa do processo da arte que seus adversários românticos. Eles sustentavam um naturalismo radical e intransigente. Mas foi precisamente esse naturalismo que os levou a uma concepção mais profunda da forma artística. Negando as "formas puras" das escolas idealistas, concentraram-se no aspecto material das coisas. Em virtude dessa concentração total, foram capazes de superar o dualismo convencional entre as esferas poética e prosaica. A natureza de uma obra de arte, segundo os realistas, não depende da grandeza ou da pequenez de seu tema. Tema algum é impermeável à energia formativa da arte. Um dos maiores triunfos da arte é fazer com que vejamos as coisas corriqueiras em sua verdadeira forma e sob a sua verdadeira luz. Balzac mergulhou nos aspectos mais frívolos da "comédia humana", Flaubert fez análises profundas das personagens mais sórdidas. Em alguns romances de Émile Zola encontramos descrições minuciosas da estrutura de uma locomotiva, de uma loja de departamentos, de uma mina de carvão. Nenhum detalhe técnico, por mais insignificante, era omitido nesses relatos. No entanto, ao percorrer as obras de todos esses realistas, encontra-se um grande poder imaginativo, em nada inferior ao dos escritores românticos. O fato de não ser possível reconhecer abertamente esse poder foi um dos grandes empecilhos para as teorias naturalistas da arte. Em suas tentativas de refutar as concepções românticas acerca de uma poesia transcendental, eles reverteram para a velha definição da arte como imitação da natureza. Fazendo isso, eles passaram ao largo da questão principal, pois deixaram de reconhecer o caráter simbólico da arte. Se essa caracterização da arte fosse admitida, parecia não haver como escapar às teorias metafísicas do romantismo. A arte é de fato simbolismo, mas o simbolismo da arte deve ser entendido em um sentido imanente, não transcendente. A beleza é "O Infinito finitamente apresentado", segundo Schelling. O verdadeiro tema não é, contudo, o Infinito metafísico de Schelling, nem o Absoluto de Hegel. Deve ser procurado em certos elementos estruturais fundamentais da nossa própria experiência sensorial — nas linhas, no desenho, nas formas arquiteturais e musicais. Tais elementos são, por assim dizer, onipresentes. Livres de todo mistério, são patentes e conspícuos; são visíveis, audíveis, tangíveis. Neste sentido, Goethe não hesitou em dizer que a arte não pretende mostrar a profundidade metafísica das coisas, mas permanece na superfície dos fenômenos naturais. Mas essa superfície não é imediatamente determinada. Não a conhecemos antes de descobri-la nas obras dos grandes artistas. Essa descoberta, porém, não está confinada a um campo especial. Na medida em que a linguagem humana possa expressar tudo, as coisas mais elevadas e as mais vis, a arte pode abarcar e permear toda a esfera da experiência humana. Nada no mundo físico ou moral, nenhuma coisa natural e nenhuma ação humana é por sua natureza e essência excluída do domínio da arte, porque nada resiste ao seu processo formativo e criativo. "Quicquid essentia dignum est", diz Bacon em seu *Organum*, "id etiam scientia dignum est"[26]. Essas palavras servem tanto para a arte quanto para a ciência.

3

As teorias psicológicas da arte têm uma vantagem clara e palpável sobre todas as teorias metafísicas. Não são obrigadas a apresentar uma teoria geral da beleza. Limitam-se a um terreno mais estreito, pois ocupam-se apenas do fato da beleza, e de uma análise descritiva deste fato. A primeira tarefa da análise psicológica é determinar a classe de fenômenos a que pertence a nossa experiência de beleza. Esse problema não traz dificuldade alguma. Ninguém pôde jamais negar que a obra de arte nos propicia o mais alto prazer, talvez o prazer mais duradouro e intenso de que é capaz a natureza humana. Assim que escolhemos essa abordagem psicológica o segredo da arte parece, portanto, ser desvendado. Não há nada menos misterioso que o prazer e a dor. Questionar esses conhecidíssimos fenômenos — não só da vida humana como da vida em geral — seria absurdo. Se existe algum território em que encontramos um δός μοι ποῦ στῶ, um lugar fixo e inamovível, é nesses fenômenos. Se conseguirmos ligar nossa experiência estética a esta posição, não poderá mais haver qualquer incerteza quanto ao caráter da beleza e da arte.

A pura simplicidade dessa solução parece recomendá-la. Por outro lado, todas as teorias do hedonismo estético têm os defeitos de suas qualidades. Partem da afirmação de um fato simples, inegável e óbvio; mas, alguns passos depois, elas se detêm subitamente, sem alcançar seus propósitos. O prazer é um dado imediato da nossa experiência. Quando é tomado como princípio psicológico, porém, seu sentido torna-se vago e ambíguo ao extremo. O termo estende-se por sobre um campo tão vasto que cobre os fenômenos mais diversos e heterogêneos. É sempre tentador introduzir um termo geral amplo o bastante para incluir as referências mais disparatadas. No entanto, se cedermos a essa tentação, correremos o risco de perder de vista diferenças importantes e significativas. Os sistemas do hedonismo ético e estético sempre tiveram tendência a suprimir essas diferenças específicas. Kant sublinha essa questão em uma observação característica na *Crítica da Razão Pura*. Se a determinação de nossa vontade, argumenta ele, está baseada no sentimento de agradabilidade ou desagradabilidade que esperamos de qualquer causa, tanto se nos dá por qual tipo de idéia seremos afetados. A única coisa que nos preocupa ao fazer nossa escolha é a grandeza, a duração e a facilidade de obtenção dessa agradabilidade.

> Assim como para o homem que quer dinheiro para gastar não interessa se o ouro foi extraído de uma montanha ou lavado da areia, contanto que seja aceito por toda a parte com o mesmo valor, o homem que se preocupa apenas com gozar a vida não pergunta se as idéias são do entendimento ou dos sentidos, mas apenas *quanto* e *quão grande* será o prazer que elas nos darão pelo maior tempo[27].

Se o prazer é o denominador comum, o que de fato interessa é o grau, e não o tipo; todos os prazeres estão no mesmo nível e devem ser remontados a uma origem psicológica e biológica comum.

No pensamento contemporâneo, a teoria do hedonismo estético encontrou sua expressão mais clara na filosofia de Santayana. Segundo ele, a beleza é o prazer visto como uma qualidade das coisas; é o "prazer objetificado". Mas isso é evitar a questão, pois como pode o prazer — o estado mais subjetivo da nossa mente — ser objetificado? A ciência, diz Santayana, "é a resposta à exigência de informação, e nesta pedimos toda a verdade e nada mais que a verdade. A arte é a resposta à exigência de diversão,... e a verdade só entra nela quando serve a esses fins"[28]. Mas, se este fosse o fim da arte, seríamos forçados a dizer que, em suas realizações mais elevadas, ela não atinge o seu verdadeiro fim. A "exigência de diversão" pode ser satisfeita por meios muito melhores e mais baratos. Pensar que os grandes artistas trabalharam com este fim, que Michelangelo construiu São Pedro ou que Dante ou Milton escreveram seus poemas tendo em vista a diversão, é impossível. Eles sem dúvida subscreveriam as palavras de Aristóteles, segundo as quais "esforçar-se e trabalhar pela diversão parece tolo e totalmente infantil"[29]. Se a arte é gozo, não é gozo de coisas, mas de formas. O deleite com as formas é totalmente diferente do deleite com as coisas ou com as impressões sensoriais. As formas não podem ser simplesmente impressas na nossa mente; devemos produzi-las para poder sentir sua beleza. É uma falha comum a todos os sistemas antigos e modernos de hedonismo estético a proposição de uma teoria psicológica do prazer estético que deixa totalmente de dar conta do fato fundamental da criatividade estética. Na vida estética, experimentamos uma transformação radical. O próprio prazer deixa de ser simples afeição e torna-se função. Isso porque os olhos do artista não são simplesmente olhos que reagem às impressões dos sentidos, ou que as reproduzem. Sua atividade não se limita a receber ou registrar as impressões de coisas exteriores, ou a combinar essas impressões em novas maneiras arbitrárias. Um grande pintor ou músico não é caracterizado por sua sensibilidade à cor ou aos sons, mas por seu poder de extrair de seu material estático uma vida dinâmica de formas. Apenas neste sentido, portanto, o prazer que encontramos na arte pode ser objetificado. Logo, a definição da beleza como "prazer objetificado" contém todo o problema resumido. A objetificação é sempre um processo construtivo. O mundo físico — o mundo das coisas e qualidades constantes — não é um mero aglomerado de dados sensoriais, nem o mundo da arte é um aglomerado de sentimentos e emoções. O primeiro depende de atos de objetificação teórica, objetificação por ideações e conceitos científicos; o segundo depende de atos formativos de um tipo diferente, atos de contemplação.

Outras teorias modernas que protestam contra todas as tentativas de identificar a arte ao prazer estão abertas à mesma objeção que as teorias de hedonismo estético. Tentam encontrar a explicação da obra de arte ligando-a a outros fenômenos conhecidos. Estes fenômenos, contudo, estão em um nível bastante diferente; são estados mentais passivos, e não ativos. Entre as duas classes podemos encontrar algumas analogias, mas não podemos remontá-las a uma única e mesma origem metafísica ou psicológica. É a luta contra as teorias racionalista e intelectualista da arte que representa uma característica comum e um motivo fundamental dessas teorias. Em certo sentido, o classicismo francês havia transformado a obra de arte em um problema aritmético, que deveria ser solucionado por uma espécie de regra de três. A reação contra essa concepção foi necessária e benéfica. Mas os primeiros críticos românticos — em especial os românticos alemães — passaram imediatamente ao pólo oposto. Proclamaram o intelectualismo abstrato do iluminismo como uma paródia da arte. Não podemos entender a obra de arte submetendo-a a regras lógicas. Um manual de poética não nos pode ensinar a escrever um bom poema. A arte surge de outras fontes, mais profundas. Para entendermos essas fontes, devemos primeiro esquecer nossos padrões comuns, devemos mergulhar nos mistérios da nossa vida inconsciente. O artista é uma espécie de sonâmbulo que deve seguir seu caminho sem a interferência ou o controle de qualquer atividade consciente. Despertá-lo seria destruir seu poder. "O início de toda poesia", disse Friedrich Schlegel, "é abolir a lei e o método da razão que procede racionalmente e mergulhar-nos novamente na arrebatadora confusão da fantasia, no caos original da natureza humana."[30] A arte é um sonho acordado ao qual nos rendemos voluntariamente. Esta mesma concepção romântica deixou sua marca sobre os sistemas metafísicos contemporâneos. Bergson apresentou uma teoria da beleza que pretendia ser a prova derradeira e mais conclusiva dos seus princípios metafísicos gerais. Segundo ele, não existe melhor ilustração do dualismo fundamental, da incompatibilidade entre intuição e razão do que a obra de arte. O que chamamos de verdade racional ou científica é superficial e convencional. A arte é a saída (escape) deste mundo sem profundidade, estreito e convencional. Leva-nos de volta às próprias fontes da realidade. Se a realidade é "evolução criativa", é na criatividade da arte que devemos buscar a evidência e a manifestação fundamental da criatividade da vida. À primeira vista, isso dá a impressão de ser uma filosofia da beleza verdadeiramente dinâmica ou enérgica. Mas a intuição de Bergson não é um princípio realmente ativo. É um modo de receptividade, não de espontaneidade. Em todos os seus escritos, Bergson descreve a intuição estética também como uma capacidade passiva, e não como uma forma ativa. "...o objeto da arte", escreve ele,

> é adormecer os poderes ativos, ou antes resistentes, da nossa personalidade, levando-nos desse modo a um estado de perfeita receptividade, no qual damos conta da idéia que nos é sugerida e simpatizamos com o sentimento expressado. Nos processos da arte encontramos, em uma forma diluída, uma versão refinada e em certa medida espiritualizada dos processos comumente usados para a indução do estado de hipnose... O sentimento do belo não é um sentimento específico... cada sentimento experimentado por nós assume um caráter estético, contanto que tenha sido *sugerido*, e não *causado*... Portanto, há fases distintas no progresso de um sentimento estético, tal como no estado de hipnose[31]...

Contudo, a nossa experiência da beleza não tem esse caráter hipnótico. Por meio da hipnose podemos conduzir um homem a certas ações ou podemos impor-lhe algum sentimento. Mas a beleza, em seu sentido genuíno e específico, não pode ser impressa em nossas mentes desse modo. Para senti-la é preciso cooperar com o artista. É preciso não só solidarizar-se com os sentimentos do artista, mas também entrar em sua atividade criativa. Se o artista conseguisse adormecer os poderes ativos da nossa personalidade, ele paralisaria o nosso sentido de beleza. A apreensão da beleza, a consciência do dinamismo das formas, não pode ser comunicada desse modo, pois a beleza depende tanto de sentimentos de um tipo específico quanto de um ato de juízo e de contemplação.

Uma das grandes contribuições de Shaftesbury para a teoria da arte foi sua insistência nessa questão. Em seu "Moralistas" ele apresenta uma explicação impressionante da experiência da beleza — experiência que ele considerava como um privilégio exclusivo da natureza humana. "Nem se negará beleza", escreve Shaftesbury,

> ao campo selvagem, ou a essas flores que crescem à nossa volta, no leito verdejante. E contudo, por adoráveis que sejam essas formas da natureza, a relva brilhante ou o musgo prateado, o tomilho florido, a rosa selvagem ou a madressilva; não é esta beleza que atrai as manadas vizinhas, delicia o cervo que pasta, ou brinca e espalha a alegria que vemos entre os rebanhos que se alimentam; não é a *Forma* que regozija, mas aquilo que está debaixo da forma: este sabor atrai, a fome impele;... pois nunca pode a *Forma* ter força real onde não é contemplada, julgada e examinada, e representa apenas a nota ou sinal acidental do que apazigua o sentido provocado... Se os brutos portanto... são incapazes de conhecer a beleza e desfrutá-la, por serem brutos e terem sentido apenas... para sua própria parte; segue-se que nem pode o homem pelo mesmo *sentido*... conceber a *beleza* ou desfrutá-la; mas toda a *beleza*... que ele desfruta é, em um modo mais nobre e com a ajuda do que é mais nobre que tudo, sua mente e sua razão[32].

O elogio da mente e da razão por Shaftesbury estava bem afastado do intelectualismo do iluminismo. Sua rapsódia sobre a beleza e o infinito poder criativo da natureza foi uma característica inteiramente nova da história intelectual do século XVIII. Nesse aspecto, ele foi um dos primeiros defensores do romantismo. Mas o romantismo de Shaftesbury era do tipo platônico. Sua teoria da forma estética era uma concepção platônica, em virtude da qual ele foi levado a reagir e a protestar contra o sensacionalismo dos empiristas ingleses[33].

A objeção feita contra a metafísica de Bergson serve também para a teoria psicológica de Nietzsche. Em um de seus primeiros escritos, *The Birth of Tragedy from the Spirit of Music*, Nietzsche desafiava as concepções dos grandes classicistas do século XVIII. Não é o ideal de Winckelmann, argumenta ele, que encontramos na arte grega. Em Ésquilo, Sófocles ou Eurípedes procuramos em vão por "nobre simplicidade e tranquila grandiosidade". A grandeza da tragédia grega consiste na profundidade e extrema tensão de emoções violentas. A tragédia grega era produto de um culto dionisíaco; seu poder era um poder orgiástico. Mas só a orgia não seria capaz de produzir o drama grego. A força de Dionísio era contrabalançada pela de Apolo. Essa polaridade fundamental é a essência de toda grande obra de arte. A grande arte de todos os tempos surgiu da interpenetração de duas forças opostas — de um impulso orgiástico e de um estado visionário. Trata-se do mesmo contraste que existe entre o estado onírico e o estado de embriaguez. Os dois estados libertam toda sorte de poderes artísticos de dentro de nós, mas cada um deles desacorrenta poderes de um tipo diferente. O sonho nos dá o poder de visão, de associação, de poesia; a embriaguez nos dá o poder das grandes atitudes, da paixão, do canto e da dança[34]. Até mesmo nesta teoria sobre suas origens psicológicas um dos aspectos essenciais da arte desapareceu. Isso porque a inspiração artística não é embriaguez, e a imaginação artística não é sonho ou alucinação. Toda grande obra de arte é caracterizada por uma profunda unidade estrutural. Não podemos explicar essa unidade reduzindo-a a dois estados diferentes que, como o estado onírico e o estado de embriaguez, são inteiramente difusos e desorganizados. Não podemos integrar um todo estrutural com elementos amorfos.

As teorias que esperam elucidar a natureza da arte reduzindo-a à função de jogo são de um tipo diferente. Não se pode objetar que essas teorias menosprezam ou subestimam a atividade livre do homem. O jogo é uma função ativa; não está confinada aos limites do que é empiricamente dado. Por outro lado, o prazer que encontramos no jogo é completamente desinteressado. Portanto, nenhuma das condições essenciais da obra de arte parece estar faltando na atividade lúdica. Com efeito, a maioria dos expoentes da teoria lúdica da arte garantiram-nos de que foram totalmente incapazes de encontrar qualquer diferença entre as duas funções[35]. Declararam que não há uma só característica da arte que não se aplique aos jogos de ilusão, e nenhuma característica de tais jogos que não possa também ser encontrada na arte. Mas todos os argumentos que podem ser alegados em favor dessa teoria são puramente negativos. Do ponto de vista psicológico, o jogo e a arte têm entre si uma forte semelhança. São não-utilitários e não têm relação com qualquer fim prático. No jogo, assim como na arte, deixamos para trás toda necessidade prática imediata para dar uma nova forma ao nosso mundo. Mas essa analogia não basta para provar uma identidade real. A imaginação artística nunca deixa de distinguir-se com clareza do tipo de imaginação que caracteriza a atividade lúdica. No jogo lidamos com imagens simuladas que podem tornar-se vívidas e impressionantes a ponto de serem confundidas com a realidade. Definir a arte como mera soma de tais imagens simuladas indicaria uma concepção muito pobre de seu caráter e de sua tarefa. O que chamamos de "simulacro *estético*" não é o mesmo fenômeno que experimentamos nos jogos de ilusão. O jogo nos dá imagens ilusórias; a arte nos dá um novo tipo de verdade — não de coisas empíricas, mas de formas puras.

Na análise estética que fizemos acima distinguimos entre três tipos de imaginação: o poder de invenção, o poder de personificação e o poder de produzir formas sensuais puras. No jogo de uma criança encontramos os dois primeiros poderes, mas não o terceiro. A criança joga com *coisas*, o artista joga com *formas*, com linhas e desenhos, ritmos e melodias. Em uma criança que brinca admiramos a facilidade e a rapidez da transformação. As maiores tarefas são realizadas com os meios mais escassos. Qualquer pedaço de madeira pode ser transformado em um ser vivo. Apesar disso, essa transformação significa apenas uma metamorfose dos próprios objetos; não quer dizer uma metamorfose dos objetos em formas. No jogo apenas rearranjamos e redistribuímos os materiais dados à percepção sensorial. A arte é construtiva e criativa em um sentido diferente, e mais profundo. Uma criança que joga não vive no mesmo mundo de fatos empíricos rígidos que o adulto. O mundo da criança tem uma mobilidade e uma transmutabilidade muito maiores. Mas mesmo assim a criança que brinca não faz mais que trocar as coisas reais de seu ambiente por outras coisas possíveis. Nenhuma troca assim caracteriza a atividade artística genuína. Nesta, as exigências são muito mais rigorosas, pois o artista dissolve a matéria concreta das coisas no crisol de sua imaginação, e o resultado desse processo é a descoberta de um novo mundo de formas poéticas, musicais ou plásticas. É claro que muitas obras de arte ostensivas estão longe de ter satisfeito essa exigência. É tarefa do juízo estético ou do gosto artístico distinguir entre uma obra de arte genuína e os outros produtos espúrios que na verdade são brinquedos ou, na melhor das hipóteses, "reações à exigência de diversão".

Uma análise mais detalhada da origem psicológica e dos efeitos psicológicos do jogo e da arte leva à mesma conclusão. O jogo proporciona diversão e recreação, mas também serve a outros propósitos. O jogo tem uma relevância biológica geral, no sentido em que antecipa atividades futuras. Foi assinalado com freqüência que as brincadeiras infantis têm um valor propedêutico. O menino que brinca de guerra e a menina que veste a boneca estão ambos fazendo uma espécie de preparação e educação para outras tarefas mais sérias. A função das belas artes não pode ser explicada desse modo. Nela não há nem diversão, nem preparação. Alguns teóricos da estética modernos julgaram necessário fazer uma distinção clara entre dois tipos de beleza. Uma é a beleza da "grande" arte; a outra é descrita como beleza "fácil"[36]. Em sentido estrito, porém, a beleza de uma obra de arte nunca é "fácil". O gozo da arte não tem origem em um processo de suavização ou de relaxamento, mas de intensificação de todas as nossas energias. A diversão que encontramos no jogo é precisamente o oposto dessa atitude, que é um pré-requisito da contemplação estética e do juízo artístico. Assim que deixamos de nos concentrar e cedemos a um mero jogo de sentimentos e associações agradáveis, perdemos de vista a obra de arte como tal.

A teoria lúdica da arte desenvolveu-se em duas direções inteiramente diversas. Na história da estética, Schiller, Darwin e Spencer costumam ser vistos como representantes destacados dessa teoria. No entanto, é difícil encontrar qualquer ponto de contato entre as posições de Schiller e as das modernas teorias biológicas da arte. Em sua tendência fundamental, essas posições não são apenas divergentes como também, em certo sentido, incompatíveis. O próprio termo "jogo" é entendido e explicado por Schiller em um sentido completamente diferente do de todas as teorias subseqüentes. A teoria de Schiller é transcendental e idealista; as de Darwin e Spencer são biológicas e naturalistas. Darwin e Spencer consideram o jogo e a beleza como fenômenos naturais gerais, ao passo que Schiller os associa ao mundo da liberdade. E, de acordo com seu dualismo kantiano, a liberdade não significa a mesma coisa que a natureza; ao contrário, representa o pólo oposto. Tanto a liberdade como a beleza pertencem ao mundo inteligível, não ao fenomenal. Em todas as variantes naturalistas da teoria lúdica da arte o jogo dos animais é estudado lado a lado com o dos homens. Schiller não podia admitir tal posição. Para ele, o jogo não é uma atividade orgânica geral, mas especificamente humana. "O homem só joga quando é homem no pleno sentido da palavra, e *só é completamente homem quando joga.*"[37] Falar de analogia, e mais ainda de identidade, entre o jogo humano e o animal ou, na esfera humana, entre o jogo da arte e os chamados jogos de ilusão, é totalmente estranho à teoria de Schiller. Para ele, tal analogia teria parecido um equívoco básico.

Esse ponto de vista fica facilmente compreensível se levarmos em conta o fundo histórico da teoria de Schiller. Ele não hesitava em ligar o mundo "ideal" da arte à brincadeira de uma criança, pois, a seu modo de ver, o mundo da criança passara por um processo de idealização e sublimação. Schiller falava na qualidade de pupilo e admirador de Rousseau, e via a vida da eriança sob a nova luz em que Rousseau a colocara. "Há um sentido profundo na brincadeira de uma criança", asseverou Schiller. Contudo, mesmo que admitamos essa tese, deve ser dito que o "sentido" do jogo é diferente do da beleza. O próprio Schiller define a beleza como "forma viva". Para ele, a consciência das formas vivas é o primeiro passo indispensável que leva à experiência da liberdade. A contemplação ou reflexão estética, segundo Schiller, é a primeira atitude liberal do homem para com o universo. "Enquanto o desejo apreende imediatamente o seu objeto, a contemplação o remove para mais longe e o torna inalienavelmente seu salvando-o da cobiça da paixão."[38] É precisamente essa atitude "liberal", consciente e reflexiva, que falta nos jogos infantis, e que marca a fronteira entre o jogo e a arte.

Por outro lado, essa "remoção para mais longe" que é descrita aqui como um dos aspectos necessários e mais característicos da obra de arte sempre foi um obstáculo para a teoria estética. Se isso for verdade, objetou-se, a arte não é mais uma coisa realmente humana, pois perdeu toda ligação com a vida humana. Mas os defensores do princípio de *l'art pour l'art* não temiam essa objeção; ao contrário, desafiavam-na abertamente. Sustentavam que o mais alto mérito e privilégio da arte era queimar todas as pontes que a ligavam à realidade corriqueira. A arte não deve deixar de ser um mistério inacessível para o *profanum vulgus*. "Um poema", disse Stéphane Mallarmé, "deve ser um enigma para o vulgo, música de câmara para o iniciado."[39] Ortega y Gasset escreveu um livro em que prevê e defende a "desumanização da arte". Considera que nesse processo será finalmente alcançado o ponto em que o elemento humano terá quase desaparecido da arte[40]. Outros críticos apoiaram uma tese diametralmente oposta. "Quando olhamos para um quadro, lemos um poema ou ouvimos música", insiste I. A. Richards,

> não estamos fazendo uma coisa totalmente diferente do que estávamos fazendo a caminho da Galeria ou quando nos vestimos de manhã. O modo com que a experiência é causada em nós é diferente e como regra a experiência é mais complexa e, se tivermos êxito, mais unificada. Mas nossa atividade não é de um tipo fundamentalmente diferente[41].

No entanto, esse antagonismo teórico não é uma verdadeira antinomia. Se a beleza, segundo a definição de Schiller, é "forma viva", une em sua natureza e essência os dois elementos que aqui estão em oposição. É claro que não é a mesma coisa viver no domínio das formas e no das coisas, dos objetos empíricos que nos rodeiam. As formas da arte, por outro lado, não são formas vazias. Realizam uma tarefa específica na construção e organização da experiência humana. Viver no domínio das formas não significa uma evasão das questões da vida; ao contrário, é a realização de uma das mais altas energias da própria vida. Não podemos falar da arte como "extra-humana" ou "sobre-humana" sem menosprezar um de seus aspectos fundamentais, o seu poder construtivo na estruturação de nosso universo.

Todas as teorias estéticas que tentam explicar a arte em termos de analogias tiradas de esferas desordenadas e desintegradas da experiência humana — hipnose, sonho ou embriaguez — passam ao largo da questão principal. Um grande poeta lírico tem o poder de dar uma forma definida aos nossos sentimentos mais obscuros. Isso só é possível porque sua obra, apesar de lidar com um tema aparentemente irracional e inefável, possui uma clara organização e articulação. Nem mesmo nas criações mais extravagantes da música encontramos as "confusões arrebatadoras da fantasia", o "caos original da natureza humana". Essa definição da arte, fornecida pelos escritores românticos[42], é uma contradição em termos. Toda obra de arte tem uma estrutura intuitiva, e isso significa um caráter de racionalidade. Cada elemento isolado deve ser sentido como parte de um todo abrangente. Se mudarmos uma palavra, uma tônica ou um ritmo de um poema lírico, correremos o risco de destruir o seu tom e encanto específicos. A arte não está acorrentada à racionalidade das coisas ou eventos. Pode violar todas as leis da probabilidade que os teóricos clássicos da estética proclamaram como as leis constitucionais da arte. Pode apresentar-nos a visão mais bizarra e grotesca, e mesmo assim ter uma racionalidade própria — a racionalidade da forma. Podemos assim interpretar um dito de Goethe que, à primeira vista, parece paradoxal: "Arte: uma segunda natureza; misteriosa, também, mas mais compreensível, pois tem origem na compreensão."[43]

A ciência nos dá a ordem nos pensamentos; a moralidade nos dá a ordem nas ações; a arte nos dá a ordem na apreensão das aparências visíveis, tangíveis e audíveis. A teoria estética demorou de fato muito para reconhecer e tomar plena consciência dessas diferenças fundamentais. Contudo, se nos limitássemos a analisar a nossa experiência imediata da obra de arte em vez de buscarmos uma teoria metafísica da beleza, dificilmente deixaríamos de notar isso. A arte pode ser definida como uma linguagem simbólica. Mas isso nos deixa apenas com o gênero comum, não com a diferença específica. Na estética moderna, o interesse pelo gênero comum parece predominar a tal ponto que quase eclipsa e oblitera a diferença específica. Croce insiste em que não há apenas uma relação íntima, mas uma completa identidade, entre a linguagem e a arte. Para o seu modo de pensar, é totalmente arbitrário fazer uma distinção entre as duas atividades. Todo aquele que estudar a lingüística geral, diz Croce, estará estudando problemas estéticos — e vice-versa. Contudo, existe uma diferença inconfundível entre os símbolos da arte e os termos lingüísticos da fala e da escrita ordinárias. Essas duas atividades não concordam nem em caráter, nem em propósito; não empregam os mesmos meios, nem tendem para os mesmos fins. Nem a linguagem, nem a arte fazem uma mera imitação de coisas ou ações; ambas são representações. Mas uma representação por meio de formas sensuais difere em muito de uma representação verbal ou conceitual. A descrição de uma paisagem por um pintor ou poeta e a de um geógrafo ou geólogo têm pouquíssimas coisas em comum. Tanto o modo de descrição quanto o motivo são diferentes na obra de um cientista e na de um artista. Um géografo pode retratar uma paisagem de maneira plástica, pode até pintá-la em cores vivas e ricas. Mas o que ele deseja transmitir não é uma visão da paisagem, e sim o seu conceito empírico. Para tal, ele deve comparar a forma da paisagem com outras formas; deve descobrir, por observação e indução, seus traços característicos. O geólogo vai ainda mais longe nesse delineamento empírico. Ele não se contenta com um registro dos fatos físicos, pois deseja divulgar a origem desses fatos. Diferencia as camadas com que o solo se acumulou, observando as diferenças cronológicas, e remonta às leis causais gerais segundo as quais a terra alcançou sua forma presente. Para o artista, todas essas relações empíricas, todas essas comparações com outros fatos e toda essa pesquisa das relações causais não existem. Falando de maneira geral, nossos conceitos empíricos ordinários podem ser divididos em duas classes, segundo tenham a ver com interesses práticos ou teóricos. Uma classe ocupa-se do uso das coisas e da pergunta ''Para que serve isso?'' A outra ocupa-se com as causas das coisas e da pergunta ''Por que motivo?'' Ao ingressarmos no domínio da arte, porém, temos de esquecer todas as questões como essas. Além da existência, da natureza e das propriedades empíricas das coisas, descobrimos de repente as suas formas. Estas não são elementos estáticos. O que elas mostram é uma ordem móvel, que nos revela um novo horizonte da natureza. Até os maiores admiradores da arte com freqüência falaram dela como mero acessório, um embelezamento ou enfeite da vida. Mas isso é subestimar o seu significado real e seu verdadeiro papel na cultura humana. Uma simples duplicação da realidade teria sempre um valor questionável. Só concebendo a arte como uma direção especial, uma nova orientação, dos nossos pensamentos, nossa imaginação e nossos sentimentos, poderemos entender sua função e seu significado verdadeiros. As artes plásticas fazem-nos ver o mundo sensível em toda a sua riqueza e variedade. O que saberíamos dos inúmeros matizes no aspecto das coisas não fosse pelos trabalhos dos grandes pintores e escultores? Do mesmo modo, a poesia é uma revelação de nossa vida pessoal. Os inúmeros potenciais de que tínhamos apenas um vago e obscuro pressentimento são trazidos à luz pelo poeta lírico, pelo romancista e pelo autor dramático. Essa arte não é, de modo algum, simples falsificação ou réplica, mas uma manifestação genuína de nossa vida interior.

Enquanto vivermos apenas no mundo das impressões sensoriais estaremos limitados a simplesmente tocar a superfície da realidade. A consciência da profundidade das coisas exige sempre um esforço da parte de nossas energias ativas e construtivas. Porém, como essas energias não se movem na mesma direção e não tendem para o mesmo fim, não nos podem apresentar o mesmo aspecto da realidade. Há também uma profundidade conceitual, além da puramente visual. A primeira é descoberta pela ciência; a segunda é revelada na arte. A primeira ajuda-nos a entender as razões das coisas; a segunda, a ver suas formas. Na ciência, tentamos remontar os fenômenos a suas causas primeiras, a leis e princípios gerais. Na arte, somos absorvidos por sua aparência imediata, e apreciamos essa aparência em sua mais plena extensão, com toda a sua riqueza e variedade. Nela não nos preocupamos com a uniformidade das leis, mas com a multiformidade e a diversidade das intuições. Até a arte pode ser descrita como conhecimento, mas um conhecimento de um tipo peculiar e específico. Podemos subscrever a observação de Shaftesbury, segundo a qual "toda beleza é verdade". Mas a verdade da beleza não consiste em uma descrição teórica ou explicação das coisas; é antes a "visão simpática" das coisas[44]. As duas visões da verdade estão em contraste entre si, mas não em conflito ou contradição. Como a arte e a ciência se movem em planos totalmente diferentes, não podem contrariar-se ou contradizer-se. A interpretação conceitual da ciência não exclui a interpretação intuitiva da arte. Cada uma delas tem sua própria perspectiva e, por assim dizer, seu próprio ângulo de refração. A psicologia da percepção sensorial ensinou-nos que sem o uso de ambos os olhos, sem uma visão binocular, não existiria percepção da terceira dimensão do espaço. Do mesmo modo, a profundidade da experiência humana depende do fato de sermos capazes de variar nossos modos de ver, de podermos alternar nossas visões da realidade. *Berum videre formas* é uma tarefa não menos importante e indispensável que *rerum cognoscere causas*. Na experiência ordinária, associamos os fenômenos segundo a categoria de causalidade ou finalidade. Conforme estivermos interessados nas razões teóricas ou nos efeitos práticos das coisas, pensamos nelas como causas ou meios. Desse modo, normalmente perdemos de vista a sua aparência imediata, até não podermos mais vê-las face a face. A arte, por outro lado, ensina-nos a visualizar as coisas, e não apenas conceitualizá-las ou utilizá-las. A arte nos propicia uma imagem mais rica, mais viva e mais colorida da realidade, e uma compreensão mais profunda de sua estrutura formal. É característico da natureza do homem não estar limitado a uma única abordagem específica da realidade, mas poder escolher seu próprio ponto de vista e assim passar de um aspecto das coisas para outro.

CAPÍTULO X

A HISTÓRIA

Após todas as variadas e divergentes definições da natureza do homem apresentadas ao longo da história da filosofia, os filósofos modernos foram muitas vezes levados à conclusão de que a própria questão é, de certo modo, enganadora e contraditória. Em nosso mundo moderno, diz Ortega y Gasset, estamos experimentando uma ruptura do clássico, da teoria grega do ser e, conseqüentemente, da teoria clássica do homem.

> A natureza é uma coisa, uma grande coisa, composta de muitas coisas menores. Ora, qualquer que seja a diferença entre as coisas, todas têm um aspecto básico em comum, que consiste simplesmente no fato de que as coisas *são*, têm seu ser. E isso significa não só que elas existem, que elas estão diante de nós, mas também que possuem uma estrutura ou uma consistência dada, fixa... Uma expressão alternativa é a palavra "natureza". E a tarefa da ciência natural é penetrar sob as aparências mutáveis até essa natureza ou textura permanente... Hoje sabemos que todas as maravilhas das ciências naturais, por ines-

> gotáveis que sejam em princípio, devem sempre deter-se completamente diante da estranha realidade da vida humana. Por quê? Se todas as coisas revelaram uma boa parte de seu segredo para a ciência física, por que somente esta resiste com tanta tenacidade? A explicação deve ir bem fundo, até as raízes. Talvez seja apenas isto: que o homem não é uma coisa, que é falso falar de natureza humana, que o homem não tem natureza... A vida humana... não é uma coisa, não tem natureza, e por conseguinte devemos decidir-nos a pensar nela em termos e categorias e conceitos que sejam *radicalmente* diferentes dos que lançam a luz sobre os fenômenos da matéria...

Até agora, nossa lógica tem sido uma lógica do ser, baseada nos conceitos fundamentais do pensamento eleático. Mas com esses conceitos nunca teremos esperança de entender o caráter distintivo do homem. O eleatismo foi a intelectualização radical da vida humana. Está na hora de sairmos desse círculo mágico. "Para podermos falar do ser do homem, devemos antes elaborar um conceito não-eleático do ser, assim como outros elaboraram uma geometria não-euclidiana. Chegou o momento para que a semente plantada por Heráclito produza sua imensa colheita." Tendo aprendido a imunizar-nos contra o intelectualismo, tomamos agora consciência de uma libertação em relação ao naturalismo. "*O homem não tem natureza, o que ele tem é... história.*"[1]

No entanto, o conflito entre o ser e o devir, que no *Theaetetus* de Platão é descrito como o tema fundamental do pensamento filosófico grego, não é resolvido se passamos do mundo da natureza para o da história. Desde a *Crítica da Razão Pura* de Kant concebemos o dualismo entre o ser e o devir como mais lógico que metafísico. Já não falamos de um mundo de mudança absoluta no sentido de oposto a um mundo de repouso absoluto. Não consideramos a substância e a mudança como domínios diferentes do ser, mas como categorias — como condições e pressupostos do nosso conhecimento empírico. Tais categorias são princípios universais; não estão confinadas a objetos de conhecimento especiais. Devemos portanto esperar encontrá-las em todas a formas da experiência humana. Na verdade, nem mesmo o mundo da história pode ser entendido e interpretado apenas em termos de mudança. Este mundo inclui também um elemento substancial, um elemento de ser — o qual, contudo, não deve ser definido no mesmo sentido que no mundo físico. Sem esse elemento, dificilmente poderíamos falar, como o faz Ortega y Gasset, da história como sistema. Um sistema pressupõe sempre, se não uma natureza idêntica, pelo menos uma estrutura idêntica. Na verdade, essa identidade estrutural — uma identidade de forma, não de matéria — sempre foi enfatizada pelos grandes historiadores. Estes sempre nos disseram que o homem tem uma história *porque* tem uma natureza. Esta era a opinião dos historiadores do Renascimento — de Maquiavel, por exemplo — e muitos historiadores modernos defenderam essa posição. Por baixo do fluxo temporal e por trás do polimorfismo da vida humana, eles tinham esperanças de descobrir os aspectos constantes da natureza humana. Em seu *Thoughts on World History*, Jakob Burckhardt definiu a tarefa do historiador como a tentativa de avaliar os elementos constantes, recorrentes e típicos, pois estes elementos podem evocar um eco de ressonância em nosso intelecto e nos nossos sentimentos[2].

Aquilo que chamamos de "consciência histórica" é um produto bastante recente da civilização humana, que não é encontrado antes da época dos grandes historiadores gregos. E nem mesmo os pensadores gregos eram ainda capazes de propor uma análise filosófica da forma específica do pensamento histórico. Tal análise só surgiu no século XVIII. O conceito de história alcança a maturidade pela primeira vez na obra de Vico e Herder. Quando o homem começou a tomar consciência do problema do tempo, quando deixou de estar confinado ao círculo estreito de suas necessidades e desejos imediatos, quando começou a indagar da origem das coisas, só foi capaz de encontrar uma origem mítica, não histórica. Para poder entender o mundo — tanto o mundo físico como o social — teve de projetar sobre este o passado mítico. No mito encontramos as primeiras tentativas de estabelecer uma ordem cronológica das coisas e eventos, fazer uma cosmologia e uma genealogia dos deuses e dos homens. Mas essa cronologia e essa genealogia não significam uma distinção histórica propriamente dita. O passado, o presente e o futuro ainda estão unidos; formam uma unidade indiferenciada e um todo indiscriminado. O tempo mítico não tem estrutura definida; é ainda um "tempo eterno". Do ponto de vista do mito, o passado nunca passou; está sempre aqui e agora. Quando o homem começa a desfiar a complexa teia da imaginação mítica, sente-se transportado para um mundo novo; começa a formar um novo conceito de verdade.

Podemos acompanhar os estágios desse processo quando estudamos o desenvolvimento do pensamento histórico grego, de Heródoto a Tucídides. Tucídides foi o primeiro pensador a ver e descrever a história de seu próprio tempo e a olhar para o passado com um espírito claro e crítico — e tem consciência de que este é um passo novo e decisivo. Está convencido de que a discriminação clara entre o pensamento mítico e o histórico, entre lenda e verdade, é o traço característico que fará de sua obra uma "possessão perpétua"[3]. Outros grandes historiadores sentiram-se do mesmo modo. Em um esboço autobiográfico, Ranke fala sobre como tomou consciência pela primeira vez de sua missão como historiador. Quando jovem, foi muito atraído pelos escritos romântico-históricos de Walter Scott. Lia-os com viva simpatia, mas também se ofendia com alguns pontos. Ficou chocado ao descobrir que a descrição do conflito entre Luís XI e Carlos, o Temerário, estava em flagrante contradição com os fatos históricos.

> Estudei Commines e os relatos contemporâneos anexos às edições deste autor e convenci-me de que um Luís XI e um Carlos, o Temerário, como os que são descritos em *Quentin Durward*, de Scott, nunca haviam existido. Nesta comparação descobri que as evidências eram mais belas e, pelo menos, mais interessantes que toda a ficção romântica. Afastei-me desta e resolvi evitar toda invenção e fabricação em minhas obras, e apegar-me aos fatos[4].

Contudo, definir a verdade histórica como "concordância com os fatos" — *adaequatio res et intellectus* — não é uma solução satisfatória para o problema. Isso evita a questão em vez de solucioná-la. É inegável que a história deve começar com os fatos e que, de certo modo, estes são não só o começo, mas também o fim, o alfa e o ômega do nosso conhecimento histórico. Mas o que é um fato histórico? Toda verdade factual implica uma verdade teórica[5]. Quando falamos de fatos, não nos referimos aos nossos dados sensoriais imediatos. Estamos pensando em fatos empíricos, ou seja, objetivos. Esta objetividade não é dada; implica sempre um ato e um complicado processo de julgamento. Se quisermos saber a diferença entre fatos científicos — entre os fatos da física, da biologia, da história — deveremos, portanto, começar sempre com uma análise dos julgamentos. Deveremos estudar os modos de conhecimento pelos quais tais fatos são acessíveis.

O que faz a diferença entre um fato físico e um fato histórico? Ambos são vistos como partes de uma realidade empírica; a ambos atribuímos uma verdade objetiva. Mas, se quisermos estabelecer a natureza dessa verdade, procederemos de modos diferentes. Um fato físico é determinado por observação e experimentação. O processo de objetificação alcançará o seu fim se conseguirmos descrever os fenômenos dados em linguagem matemática, na linguagem dos números. Um fenômeno que não possa ser descrito desse modo, que não seja redutível a um processo de mensuração, não faz parte do nosso mundo físico. Definindo a tarefa da física, Max Planck diz que o físico deve medir todas as coisas mensuráveis e tornar mensuráveis todas as coisas imensuráveis. Nem todas as coisas e processos físicos são imediatamente mensuráveis; em muitos casos, se não na maioria, dependemos de métodos indiretos de verificação e mensuração. Mas os fatos físicos estão sempre relacionados por leis causais a outros fenômenos que são diretamente observáveis ou mensuráveis. Se um físico está em dúvida quanto aos resultados de uma experiência, pode repeti-la e corrigi-la. Encontra seus objetos presentes a qualquer momento, prontos para responder às suas perguntas. Mas com o historiador o caso é diferente. Seus fatos pertencem ao passado, e este foi embora para sempre. Não podemos reconstruí-lo; não podemos despertá-lo para uma nova vida em um sentido apenas físico, objetivo. Tudo o que podemos fazer é "lembrarmo-nos" dele — dar-lhe uma nova existência ideal. A reconstrução ideal, e não a observação empírica, constitui o primeiro passo na direção do conhecimento histórico. Aquilo que chamamos de fato científico é sempre a resposta para uma questão científica que formulamos anteriormente. Mas a que pode o historiador dirigir essa pergunta? Não pode confrontar os próprios acontecimentos, e não pode entrar nas formas de uma vida anterior. Só pode abordar seu tema de maneira indireta. Precisa consultar suas fontes. Estas, porém, não são coisas físicas no sentido usual do termo. Todas implicam um momento novo e específico. O historiador, como o físico, vive em um mundo material. No entanto, o que ele encontra logo no início de sua investigação não é um mundo de objetos físicos, mas um universo simbólico — um mundo de símbolos. Antes de mais nada, ele precisa aprender a ler esses símbolos. Qualquer fato histórico, por mais simples que possa parecer, só pode ser determinado e entendido por uma tal análise prévia dos símbolos. Os objetos primeiros e imediatos do nosso conhecimento histórico não são coisas ou eventos, mas documentos ou monumentos. Só através da mediação e da intervenção desses dados simbólicos podemos apreender os dados históricos reais — os acontecimentos e os homens do passado.

Antes de entrar em uma discussão geral do problema, gostaria de esclarecer essa questão por meio de uma referência a um exemplo concreto específico. Há cerca de 35 anos, um velho papiro egípcio foi encontrado no Egito sob as ruínas de uma casa. Continha diversas inscrições que pareciam ser anotações de um advogado ou notário público, relativas ao seu negócio — rascunhos de testamentos, contratos legais e coisas do gênero. Até então, o papiro pertencia apenas ao mundo material; não tinha importância histórica e, por assim dizer, nenhuma existência histórica. Mas um segundo texto foi descoberto sob o primeiro, que após ser examinado com mais atenção pôde ser reconhecido como um remanescente de quatro comédias até então desconhecidas de Menandro. Nesse momento, a natureza e o significado do códice mudaram completamente. O papiro deixou de ser um simples "pedaço de material"; transformou-se em um documento histórico do mais alto valor e interesse. Era um testemunho de um estágio importante do desenvolvimento da literatura grega. Contudo, esse significado não foi imediatamente óbvio. O códice teve de ser submetido a todo tipo de testes críticos, a uma cuidadosa análise lingüística, filológica, literária e estética. Após esse complicado processo, ele não era mais apenas uma coisa; estava carregado de sentido. Tornara-se um símbolo, e esse símbolo proporcionou-nos uma nova compreensão da cultura grega — da vida e da poesia gregas[6].

Tudo isso parece óbvio e inconfundível. É curioso, porém, que precisamente essa característica fundamental do conhecimento histórico tenha sido menosprezada por inteiro na maioria das discussões modernas sobre o método histórico e a verdade histórica. A maioria dos escritores procurava pela diferença entre a história e a ciência na *lógica*, e não no *objeto* da história. Esforçaram-se ao máximo para conceber uma nova lógica da história. Mas todas essas tentativas estavam fadadas ao fracasso, pois a lógica, afinal, é uma coisa muito simples e uniforme. É una, porque a verdade é una. Em sua busca da verdade, o historiador está preso às mesmas regras formais que o cientista. Em seus modos de raciocínio e argumentação, em suas inferências indutivas, em sua investigação das causas, ele obedece às mesmas leis gerais do pensamento que um físico ou um biólogo. No que toca a essas atividades teóricas fundamentais da mente humana, não podemos fazer qualquer discriminação entre os diferentes campos de conhecimento. Em relação a este problema, devemos subscrever as palavras de Descartes:

> As ciências, tomadas em conjunto, são idênticas à sabedoria humana, que sempre permanece a mesma, ainda que aplicada a temas diferentes, e não sofre mais diferenciação proveniente destes que a luz do sol experimenta com a variedade das coisas que ilumina[7].

Por mais heterogêneos que possam ser os objetos do conhecimento humano, as formas de conhecimento sempre apresentam uma unidade interna e uma homogeneidade lógica. Os pensamentos histórico e científico são distinguíveis não apenas por sua forma lógica, mas também por seus objetivos e por seu tema. Se quiséssemos descrever essa distinção, não bastaria dizer que o cientista se ocupa de objetos presentes, enquanto o historiador tem a ver com objetos do passado. Essa distinção seria enganadora. O cientista pode muito bem, como o historiador, inquirir sobre a origem remota das coisas. Uma tentativa assim foi feita, por exemplo, por Kant. Em 1755, ele desenvolveu uma teoria astronômica que também se tornou uma história universal do mundo material. Ele aplicou o novo método da física, o método newtoniano, à solução de um problema histórico. Ao fazê-lo, desenvolveu a hipótese nebular, pela qual tentou descrever a evolução da presente ordem cósmica a partir de um estado anterior indiferenciado e desorganizado da matéria. Este era um problema de história natural, mas não era história no sentido específico do termo. A história não visa revelar um estado anterior do mundo físico, mas um estágio anterior da vida e da cultura humanas. Para solucionar este problema, ela pode fazer uso de métodos científicos, mas não pode restringir-se apenas aos dados postos à disposição por tais métodos. Nenhum objeto está isento das leis da natureza. Os objetos históricos não têm uma realidade separada e autocontida; são corporificados em objetos físicos. Porém, a despeito dessa corporificação eles pertencem, por assim dizer, a uma dimensão superior. Aquilo que chamamos de sentido histórico não muda o aspecto das coisas, nem descobre nelas uma qualidade nova; mas dá às coisas e aos eventos uma nova profundidade. Quando o cientista deseja voltar ao passado, não emprega outros conceitos ou categorias senão os derivados de suas observações do presente. Ele liga o presente ao passado acompanhando para trás a cadeia de causas e efeitos. Estuda no presente os vestígios materiais deixados pelo passado. Este é, por exemplo, o método da geologia ou da paleontologia. A história também tem de começar com esses vestígios, pois sem eles não conseguiria dar um único passo. Esta, porém, é apenas uma primeira tarefa preliminar. A essa reconstrução empírica dos fatos, a história acrescenta uma reconstrução simbólica. O historiador precisa aprender a ler e a interpretar os documentos e monumentos não apenas como restos mortos, mas como mensagens vivas do passado, mensagens que se dirigem a nós com uma linguagem própria. No entanto, o conteúdo simbólico dessas mensagens não é imediatamente observável. É tarefa do lingüista, do filólogo e do historiador fazê-los falar e fazer-nos entender sua linguagem. Não é na estrutura lógica do pensamento histórico, mas nessa tarefa especial, nesse mandato especial, que reside a distinção fundamental entre as obras do historiador e as do geólogo ou do paleontologista. Se o historiador não conseguir decifrar a mensagem simbólica dos monumentos, para ele a história continuará sendo um livro fechado. De certo modo, o historiador é muito mais um lingüista que um cientista. Mas ele não se limita a estudar a línguas faladas e escritas da humanidade; tenta penetrar no sentido de todos os diversos idiomas simbólicos. Não encontra seus textos somente em livros, anais e memórias. Tem de ler hieróglifos e inscrições cuneiformes, olhar para as cores de uma tela, para estátuas de mármore ou bronze, para catedrais ou templos, moedas e pedras preciosas. Mas não considera essas coisas simplesmente com um espírito de antiquário que deseja colecionar e preservar os tesouros de outrora. O que o historiador procura é antes a materialização do espírito de uma época passada. Ele descobre o mesmo espírito em leis e estatutos, em alvarás e cartas de direitos, em instituições sociais e constituições políticas, em ritos e cerimônias religiosas. Para o verdadeiro historiador, esse material não é fato petrificado, mas forma viva. A história é a tentativa de fundir todos esses *disjecta membra*, os membros espalhados do passado, sintetizá-los e moldá-los em um novo aspecto.

Dentre os fundadores modernos de uma filosofia da história, Herder teve a mais clara compreensão desse lado do processo histórico. Suas obras apresentam-nos não apenas uma lembrança, mas uma ressurreição do passado. Herder não era um historiador propriamente dito. Não deixou nenhuma grande obra histórica, e nem mesmo as suas realizações filosóficas podem ser comparadas à obra de Hegel. Apesar disso, foi o pioneiro de um novo ideal de verdade histórica. Sem ele, a obra de Ranke ou de Hegel não teria sido possível. Isso porque ele tinha o grande poder pessoal de reviver o passado, de conferir eloqüência a todos os fragmentos e remanescentes da vida moral, religiosa e cultural do homem. Foi este aspecto da obra de Herder que suscitou o entusiasmo de Goethe. Tal como escreveu ele em uma de suas cartas, não encontrou nas descrições de Herder apenas "a casca dos seres humanos". O que provocou sua profunda admiração por Herder foi seu "modo de varredura — não simplesmente peneirando o ouro dentre os detritos, mas regenerando os próprios detritos para uma planta viva"[8].

É essa "palingênese", esse renascimento do passado, que marca e distingue o grande historiador. Friedrich Schlegel chamou o historiador de *einen rückwärts gekehrten Propheten*, um profeta retrospectivo[9]. Existe também uma profecia do passado, uma revelação de sua vida oculta. A história não pode prever os eventos vindouros; só pode interpretar o passado. Mas a vida humana é um organismo em que todos os elementos implicam e explicam um ao outro. Por conseguinte, uma nova compreensão do passado nos proporciona ao mesmo tempo uma nova perspectiva do futuro, que por sua vez se torna um impulso para a vida intelectual e social. Para obter essa dupla visão do mundo em perspectiva e em retrospectiva, o historiador deve escolher um ponto de partida. Não pode encontrá-lo a não ser em seu próprio tempo. Não pode ir além das condições de sua experiência presente. O conhecimento histórico é uma resposta a perguntas definidas, resposta que deve ser dada pelo passado; mas as próprias perguntas são feitas e ditadas pelo presente — por nossos atuais interesses intelectuais e necessidades morais e sociais.

Essa ligação entre o passado e o presente é inegável; mas podemos tirar disso conclusões muito diferentes acerca da certeza e do valor do conhecimento histórico. Na filosofia contemporânea, Croce é o defensor do "historicismo" mais radical. Para ele, a história não é apenas uma província especial, mas o conjunto da realidade. Sua tese de que toda história é história contemporânea leva, portanto, a uma completa identificação da filosofia com a história. Acima e além do domínio humano da história não há nenhum outro domínio do ser, nenhum outro tema para o pensamento filosófico[10]. A inferência oposta foi feita por Nietzsche. Ele também insistia que "só podemos explicar o passado por aquilo que é mais elevado no presente". Mas essa afirmação serviu-lhe apenas de ponto de partida para um violento ataque contra o valor da história. Em seus "Pensamentos Fora de Época", com que iniciou sua obra de filósofo e crítico da cultura moderna, Nietzsche desafiou o chamado "sentido histórico" dos nossos tempos. Tentou provar que esse sentido histórico, longe de ser um mérito e um privilégio de nossa vida cultural, é seu perigo intrínseco. É uma enfermidade de que padecemos. A história não tem significado a não ser como serviçal da vida e da ação. Se o serviçal usurpa o poder, se nos toma o lugar de senhor, ele obstrui as energias da vida. Por excesso de história, nossa vida ficou deformada e degenerada. A história impede o impulso vigoroso para novos feitos e paralisa o realizador, pois a maioria de nós só consegue agir esquecendo. O sentido histórico irrestrito, levado ao seu extremo lógico, erradica o futuro[11]. Essa opinião, porém, depende da discriminação artificial feita por Nietzsche entre a vida da ação e a vida do pensamento. Quando fez esse ataque, Nietzsche ainda era adepto e pupilo de Schopenhauer. Concebia a vida como manifestação de uma vontade cega. Para Nietzsche, a cegueira chegou a ser a própria condição para a vida verdadeiramente ativa, o pensamento e a consciência opunham-se à vitalidade. Se rejeitarmos esse pressuposto, as conseqüências de Nietzsche se tornarão insustentáveis. É claro que a nossa consciência do passado não deve debilitar ou mutilar nossos poderes ativos. Empregada da maneira correta, ela nos proporciona uma visão mais livre do presente e reforça nossa responsabilidade para com o futuro. O homem não pode moldar a forma do futuro sem ter consciência de suas condições presentes e das limitações do seu passado. Como dizia Leibniz, *on recède pour mieux sauter*, recuamos para saltar mais alto. Heráclito cunhou para o mundo físico a máxima ὁδὸς ἄνω κάτω μίη, a subida e a descida são uma única e mesma coisa[12]. De certo modo, podemos aplicar a mesma afirmação ao mundo histórico. Até mesmo a nossa consciência histórica é uma "unidade de opostos": ela liga os pólos opostos do tempo, permitindo-nos assim sentir a continuidade da cultura humana.

Estas unidade e continuidade são especialmente claras no campo da nossa cultura intelectual, na história da matemática, da ciência ou da filosofia. Ninguém poderia sequer tentar escrever uma história da matemática ou da filosofia sem ter uma clara compreensão dos problemas sistemáticos dessas duas ciências. Os fatos do passado filosófico, as doutrinas e sistemas dos grandes pensadores não têm qualquer sentido sem uma interpretação. E esse processo de interpretação nunca chega a deter-se completamente. Assim que chegamos a um novo centro e uma nova linha de visão em nossos próprios pensamentos, temos de rever nossos juízos. Talvez nenhum exemplo seja mais característico e instrutivo a este respeito que a mudança na nossa visão de Sócrates. Temos o Sócrates de Xenofonte e Platão; temos um Sócrates estóico, um cético, um místico, um racionalista e um romântico. Todos eles são inteiramente diferentes entre si. No entanto, não são falsos; cada um deles apresenta-nos um novo aspecto, uma perspectiva característica do Sócrates histórico e de sua fisionomia intelectual e moral. Platão via em Sócrates o grande dialético e o grande mestre ético; Montaigne viu nele o filósofo antidogmático que confessava sua ignorância; Friedrich Schlegel e os pensadores românticos enfatizaram a ironia de Sócrates. E no caso do próprio Platão podemos acompanhar o mesmo desenvolvimento. Temos o Platão místico, o do neoplatonismo; um Platão cristão, o de Agostinho e de Marsilio Ficino; um Platão racionalista, o de Moses Mendelssohn; e há algumas décadas apresentaram-nos o Platão kantiano. Podemos sorrir diante dessas diferentes interpretações, mas além do negativo elas têm também um lado positivo. Todas, em sua medida, contribuíram para uma compreensão e uma avaliação sistemática da obra de Platão. Cada uma delas insistiu sobre um certo aspecto que está contido nesta obra, mas que só podia se tornar manifesto mediante um complicado processo de pensamento. Ao falar de Platão em sua *Crítica da Razão Pura*, Kant indicou este fato. "... Não é de modo algum incomum", disse ele, "ao comparar os pensamentos que um autor expressou em relação ao seu tema,... descobrir que o entendemos melhor que ele entendia a si mesmo. Como ele não determinou suficientemente o seu conceito, muitas vezes falou, e até pensou, em oposição à sua própria intenção."[13] A história da filosofia mostra-nos com muita clareza que muito raramente a plena determinação de um conceito é obra do pensador que o introduziu pela primeira vez. Isso porque, de maneira geral, um conceito filosófico é antes um problema que a solução de um problema — e o pleno significado desse problema não pode ser entendido enquanto ele permanecer em seu primeiro estado implícito. Ele deve tornar-se explícito para poder ser entendido em seu verdadeiro sentido, e essa transição de um estado implícito para o explícito é obra do futuro.

Pode-se objetar que esse processo contínuo de interpretação e reinterpretação é de fato necessário na história das idéias, mas que a necessidade deixa de existir quando chegamos à história "real" — à história do homem e das ações humanas. Neste caso tem-se a impressão de que estamos lidando com fatos concretos, óbvios, palpáveis, fatos que simplesmente têm de ser relacionados para serem conhecidos. Mas nem mesmo a história política é uma exceção à regra metodológica geral. O que serve para a interpretação de um grande pensador e de suas obras filosóficas serve também para os juízos relativos a uma grande personagem política. Friedrich Gundolf escreveu um livro inteiro não sobre César, mas sobre a história da fama de César e sobre as variadas interpretações do seu caráter e da sua missão política, desde a antiguidade até nossos dias[14]. Mesmo na nossa vida social e política, muitas tendências fundamentais só revelam sua plena força e significado em um estágio relativamente tardio. Um ideal político e um programa social, há muito concebidos em um sentido implícito, tornam-se explícitos mediante um desenvolvimento posterior. "... muitas idéias dos primeiros americanos", escreve S. E. Morison em sua história dos Estados Unidos,

> podem ser remontadas à mãe pátria. Na Inglaterra, essas idéias persistiram ao longo dos séculos a despeito de uma certa distorção e mutilação às mãos dos monarcas Tudor e dos aristocratas Whig; na América elas tiveram oportunidade de desenvolver-se livremente. Desse modo... encontramos sólidos e antigos preconceitos britânicos exaltados na carta de Direitos americana, e instituições há muito obsoletas na Inglaterra... perdurando com poucas mudanças nos Estados americanos até meados do século XIX. Foi uma missão incons-

ciente dos Estados Unidos tornar explícito o que por muito tempo fora implícito na Constituição britânica, e provar o valor de princípios que haviam sido em grande parte esquecidos na Inglaterra de Jorge III[15].

O que nos interessa na história política não são, de modo algum, os meros fatos. Queremos entender não só as ações, mas também os agentes. É claro que o nosso juízo acerca dos eventos políticos depende da nossa concepção dos homens que neles estiveram envolvidos. Assim que vemos esses indivíduos sob uma nova luz, temos de alterar nossas idéias sobre os eventos. No entanto, mesmo assim uma verdadeira visão histórica não pode ser obtida sem uma constante revisão. O livro *Grandeza e Decadência de Roma*, de Ferrero, difere em muitos pontos importantes da descrição que Mommsen fez do mesmo período. Tal desacordo é devido em grande parte ao fato de que os dois autores têm uma concepção inteiramente diferente de Cícero. Para formar uma opinião justa acerca de Cícero, porém, não basta conhecer todos os eventos de seu consulado, o papel que ele teve na revelação da conspiração de Catilina ou nas guerras civis entre Pompeu e César. Todas essas questões são dúbias e ambíguas enquanto eu não conhecer o homem, enquanto eu não entender a sua personalidade e o seu caráter. Para este fim, é necessária uma interpretação simbólica. É preciso não apenas que eu estude suas orações e seus escritos filosóficos; devo ler suas cartas à filha Tulia e aos seus amigos íntimos; devo sentir os encantos e os defeitos de seu estilo pessoal. Somente juntando todos esses indícios circunstanciais poderei obter uma imagem verdadeira de Cícero e do seu papel na vida política de Roma. A menos que o historiador seja um mero analista, a menos que ele se contente com uma narrativa cronológica dos eventos, ele deve sempre empreender essa difícil tarefa; deve descobrir a unidade por trás de inúmeras declarações, muitas vezes contraditórias, de um personagem histórico.

Gostaria, para ilustrar isso, de citar outro exemplo característico tirado da obra de Ferrero. Um dos acontecimentos mais importantes da história romana — acontecimento que decidiu os destinos futuros de Roma e, por conseguinte, o futuro do mundo — foi a Batalha de Actium. A versão comum é que Antônio perdeu essa batalha porque Cleópatra, que estava assustada e temia o desfecho, fez sua nave manobrar e fugiu. Antônio resolveu segui-la, abandonando seus soldados e amigos por Cleópatra. Se esta versão tradicional estiver certa, teremos de subscrever as palavras de Pascal; teremos de admitir que, se o nariz de Cleópatra houvesse sido mais curto, toda a face da terra teria sido mudada[16]. Mas Ferrero lê o texto histórico de um modo bastante diferente. Proclama que a história de amor de Antônio e Cleópatra é uma lenda. Antônio, afirma ele, não se casou com Cleópatra por estar apaixonadamente enamorado dela. Ao contrário, Antônio estava levando a cabo um grandioso plano político.

> Antônio queria o Egito, e não a bela pessoa da rainha egípcia; pretendia, por esse casamento dinástico, estabelecer ó protetorado romano sobre o vale do Nilo e poder dispor, para a campanha persa, dos tesouros do Reino dos Ptolomeus... Com um casamento dinástico ele pôde garantir para si mesmo todas as vantagens da posse efetiva, sem correr os riscos da anexação;

desse modo ele se decidiu por esse artifício que... fora provavelmente imaginado por César... O romance entre Antônio e Cleópatra encobre, pelo menos no início, um tratado político. Com o matrimônio, Cleópatra procura fortalecer seu poder vacilante; Antônio, colocar o vale do Nilo sob o protetorado romano... A história real de Antônio e Cleópatra é um dos episódios mais trágicos de uma luta que dilacerou o Império Romano por quatro séculos até finalmente destruí-lo, a luta entre o Oriente o Ocidente... À luz dessas considerações, a conduta de Antônio fica esclarecida. O casamento em Antióquia, através do qual ele coloca o Egito sob o protetorado de Roma, é o ato decisivo de uma política que procura transportar o centro de seu governo para o Oriente[17]...

Se aceitarmos esta descrição dos caracteres de Antônio e Cleópatra, as ocorrências individuais, até a Batalha de Actium, aparecerão sob uma luz nova e diferente. A fuga de Antônio da batalha, declara Ferrero, não foi de modo algum induzida pelo medo, nem um ato de amor cego e apaixonado. Foi um ato político cuidadosamente planejado.

Com a obstinação, a certeza e a veemência de uma mulher ambiciosa, de uma rainha confiante e voluntariosa, Cleópatra esforçou-se para convencer o triúnviro... a voltar ao Egito por mar... No princípio de julho, Antônio parece ter contemplado o abandono da guerra e o regresso ao Egito. Era impossível, porém, proclamar sua intenção de abandonar a Itália para Otaviano, de desertar a causa republicana e trair os senadores romanos que haviam saído da Itália por ele. Portanto, a engenhosidade de Cleópatra concebeu outro artifício; seria travada uma batalha naval para mascarar a retirada. Parte do exército deveria ser posta a bordo da frota, outras tropas seriam despachadas para guardar os pontos mais importantes da Grécia; a frota deveria partir em ordem de batalha e atacar se o inimigo avançasse; então deveria rumar para o Egito[18].

Não estou avançando aqui nenhuma opinião acerca da validade dessa afirmação. O que quero ilustrar com este exemplo é o método geral da interpretação histórica dos eventos políticos. Na física, os fatos são explicados quando conseguimos dispô-los em uma ordem serial tripla: na ordem de espaço, tempo, causa e efeito. Desse modo eles são plenamente determinados; e é precisamente essa determinação que temos em mente quando falamos de verdade ou realidade dos fatos físicos. Contudo, a objetividade dos fatos históricos pertence a uma ordem diferente e mais elevada. Também neste caso lidamos com a determinação do lugar e do momento dos eventos. Mas quando se trata de investigar suas causas temos um novo problema a enfrentar. Se conhecermos todos os fatos em sua ordem cronológica, teremos um esquema geral e um esqueleto de história, mas não teremos a vida real. Todavia, um entendimento da vida humana é o tema geral e a meta última do conhecimento histórico. Na história consideramos todas as obras do homem, e todos os seus feitos, como precipitados de sua vida; e queremos reconstruí-los em seu estado original, queremos entender e sentir a vida de que derivam.

A este respeito, o pensamento histórico não é a reprodução, mas o inverso, do processo histórico efetivo. Em nossos documentos e monumentos históricos, encontramos uma vida passada que assumiu uma certa forma. O homem não pode viver sua vida sem constantes esforços para expressá-la. Os modos dessa expressão são variados e inúmeros. Mas são outros tantos testemunhos de uma única e mesma tendência fundamental. A teoria de Platão sobre o amor define-o como um desejo de imortalidade. No amor, o homem esforça-se para romper as cadeias de sua existência individual e efêmera. Este instinto fundamental pode ser satisfeito de duas maneiras.

> Aqueles que estão prenhes no corpo só se dirigem às mulheres e geram filhos — tal é o caráter do amor deles; sua prole, esperam, guardará a sua memória e lhes trará a bem-aventurança e a imortalidade... Mas as almas que estão prenhes concebem aquilo que é apropriado para a alma conceber ou conter[19].

Logo, uma cultura pode ser descrita como produto e prole desse amor platônico. Mesmo no estágio mais primitivo da civilização humana, mesmo no pensamento mítico, encontramos esse protesto apaixonado contra o fato da morte[20]. Nas camadas culturais mais elevadas — na religião, na arte, na história, na filosofia — esse protesto assume um novo aspecto. O homem começa a descobrir em si mesmo um novo poder, através do qual ele ousa desafiar o poder do tempo. Emerge do mero fluxo do tempo, esforçando-se para eternizar e imortalizar a vida humana. As pirâmides egípcias parecem ter sido construídas para a eternidade. Os grandes artistas pensam em suas obras e falam delas como *monumenta\ae-re perennius*. Têm a certeza de ter erguido um monumento que não será destruído pelos anos incontáveis e pelo correr dos tempos. Mas essa pretensão está sujeita a uma condição especial. Para resistirem, as obras do homem devem ser continuamente renovadas e restauradas. Uma coisa física permanece em seu estado presente de existência graças à sua inércia física. Conserva a mesma natureza enquanto não for alterada ou destruída por forças externas. Mas as obras humanas são vulneráveis de um ponto de vista bem diferente. Estão sujeitas à mudança e à decadência não só em um sentido material, mas também no mental. Mesmo que sua existência continue, elas estão em constante perigo de perder seu sentido. Sua realidade é simbólica, não física; e tal realidade nunca deixa de exigir interpretação e reinterpretação. E é neste ponto que começa a grande tarefa da história. O pensamento do historiador tem com seu objeto uma relação bastante diferente da do pensamento do físico ou do naturalista. Os objetos materiais mantêm a sua existência independentemente do trabalho do cientista, mas os objetos históricos só têm uma existência verdadeira enquanto são lembrados — e o ato de lembrança deve ser ininterrupto e contínuo. O historiador não deve apenas observar seu objetos como o naturalista; deve também conservá-los. Sua esperança de manter-lhes a existência física pode ser frustrada a qualquer momento. Por causa do fogo que destruiu a biblioteca de Alexandria, inúmeros e inestimáveis documentos foram perdidos para sempre. Mas até os monumentos sobreviventes desapareceriam pouco a pouco se não fossem constantemente mantidos vivos pela arte do historiador. Para possuir o mundo da cultura devemos reconquistá-lo sem cessar através da recordação histórica. Mas a recordação não significa simplesmente um ato de reprodução. É uma nova síntese intelectual — um ato construtivo. Nessa reconstrução, a mente humana move-se na direção contrária à do processo original. Todas as obras de cultura têm origem em um ato de solidificação e estabilização. O homem não poderia comunicar seus pensamentos e sentimentos e não poderia, por conseguinte, viver em um mundo social se não tivesse o talento especial de objetificar seus pensamentos, de dar-lhes uma forma sólida e permanente. Por trás dessas formas fixas e estáticas, dessas obras petrificadas da cultura humana, a história descobre os impulsos dinâmicos originais. É um talento dos grandes historiadores reduzir todos os fatos simples a seus *fieri*, todos os produtos a processos, todas as coisas e instituições estáticas a suas energias criativas. Os historiadores políticos apresentam-nos uma vida cheia de paixões e emoções, de lutas violentas de partidos políticos, de conflitos e guerras entre nações diferentes.

Mas nem tudo isso é necessário para dar a uma obra histórica o seu caráter e o seu acento dinâmicos. Quando Mommsen escreveu sua *História Romana* falou como um grande historiador político, em um tom novo e moderno. "Quis descer os antigos", disse ele em uma carta, "do pedestal fantástico sobre o qual aparecem ao mundo real. Foi por isso que o cônsul teve de tornar-se o burgomestre. Talvez eu tenha exagerado; mas a minha intenção foi acertada o bastante."[21] Suas obras posteriores parecem ter sido concebidas e escritas em um estilo totalmente diferente. Mesmo assim, não perdem seu caráter dramático. Pode parecer paradoxal atribuir um tal caráter a obras que tratam dos temas mais áridos, tais como, por exemplo, a história da cunhagem ou do direito público romano. Mas tudo é feito no mesmo espírito. O livro *Römisches Staatsrecht*, de Mommsen, não é uma simples codificação de leis constitucionais. Essas leis são cheias de vida; sentimos por trás delas os grandes poderes necessários para construir um tal sistema. Sentimos as grandes forças intelectuais e morais que eram as únicas que podiam ter produzido esse organismo do direito romano; o talento do espírito romano para ordenar, organizar e comandar. Também neste caso a intenção de Mommsen foi mostrar-nos o mundo romano no espelho do direito romano. "Enquanto a jurisprudência ignorou o Estado e o povo", disse ele, "e a história e a filologia ignoraram o direito, ficaram batendo em vão à porta do mundo romano."

Se entendermos a tarefa da história deste modo, muitos dos problemas que têm sido discutidos com tanto ardor nas últimas décadas, encontrando respostas tão variadas e divergentes, poderão ser desvendados sem dificuldade. Os filósofos modernos tentaram muitas vezes conceber uma lógica especial da história. A ciência natural, afirmaram, baseia-se em uma lógica de universais, a história em uma lógica de particulares. Windelband declarou que o juízo da ciência natural é nomotético, e que os da história são idiográficos[22]. Os primeiros apresentam-nos leis gerais; os segundos descrevem fatos particulares. Essa distinção tornou-se a base de toda a teoria do conhecimento histórico de Rickert. "A realidade empírica torna-se natureza, se a considerarmos com relação ao universal; torna-se história, se a considerarmos com relação ao particular."[23]

Mas não é possível separar os dois momentos de universalidade e de particularidade dessa maneira abstrata e artificial. Um juízo é sempre a unidade sintética dos dois momentos; contém um elemento de universalidade e outro de particularidade. Tais elementos não são mutuamente opostos: um implica o outro, e os dois se interpenetram. "Universalidade" não é um termo que designa um certo campo de pensamento; é uma expressão do próprio caráter, da função do pensamento. O pensamento é sempre universal. Por outro lado, a descrição de fatos particulares, de um "aqui" e de um "agora", não é de maneira alguma privilégio da história. A singularidade dos eventos históricos foi muitas vezes considerada como a característica que distingue a história da ciência. Contudo, esse critério não é suficiente. Um geólogo que faz uma descrição dos vários estados da terra em diferentes períodos geológicos apresenta um relatório sobre eventos concretos e singulares. Tais eventos não podem ser repetidos; não ocorrem na mesma ordem por uma segunda vez. A este respeito, a descrição do geólogo não difere da de um historiador que, por exemplo, como Gregorovius, conta-nos a história da cidade de Roma na Idade Média. Mas o historiador não se limita a nos apresentar uma série de eventos em uma ordem cronológica definida. Para ele, esses eventos são a máscara sob a qual procura uma vida humana e cultural — uma vida de ações e paixões, de perguntas e respostas, de tensões e soluções. O historiador não pode inventar uma nova linguagem e uma nova lógica para tudo isso. Não pode pensar, nem falar, sem usar termos gerais. Mas infunde a seus conceitos e suas palavras seus próprios sentimentos interiores, dando-lhes assim um novo som e uma nova cor — a cor de uma vida pessoal.

O dilema fundamental do pensamento histórico começa precisamente neste ponto. É sem dúvida a riqueza e a variedade, a profundidade e a intensidade de sua experiência invididual que constitui a marca distintiva do grande historiador. Em caso contrário, sua obra ficaria sem cor e sem vida. Mas, desse modo, como podemos ter esperanças de alcançar o objetivo supremo do conhecimento histórico, como podemos descobrir a verdade das coisas e dos eventos? Não seria uma verdade pessoal uma contradição em termos? Certa vez, Ranke expressou o desejo de extinguir o seu próprio eu para ser capaz de fazer de si mesmo o espelho duro das coisas, para ser capaz de ver os eventos do modo que eles efetivamente ocorreram. Está claro, porém, que essa declaração paradoxal tinha a intenção de ser vista como um problema, não como uma solução. Se o historiador conseguisse apagar sua vida pessoal, não alcançaria com isso uma objetividade mais alta. Ao contrário, ele se privaria do próprio instrumento de todo pensamento histórico. Se eu apagar a luz da minha experiência pessoal, não serei capaz de enxergar e não poderei julgar a experiência alheia. Sem uma rica experiência pessoal no campo da arte, ninguém pode escrever uma história da arte; ninguém senão um pensador sistemático pode dar-nos uma história da filosofia. A aparente antítese entre a objetividade da verdade histórica e a subjetividade do historiador deve ser resolvida de outro modo.

A melhor solução talvez não se encontre nas palavras de Ranke, mas em suas obras. Nelas encontramos a verdadeira explicação do que realmente significa a objetividade histórica, e do que ela não significa. Quando Ranke publicou seus primeiros escritos, seu ideal de verdade histórica não foi, de modo algum, entendido por todos os seus contemporâneos. Sua obra foi alvo de violentos ataques. Um famoso historiador, Heinrich von Leo, acusou Ranke de "evitar timidamente as opiniões pessoais"; descreveu com desprezo os escritos de Ranke como pintura de porcelana, delícia de damas e amadores. Hoje em dia, um tal juízo pareceria não só totalmente injusto, mas também absurdo e grotesco. Apesar disso, foi repetido por críticos posteriores, em especial pelos historiadores da escola prussiana. Heinrich von Treitschke queixou-se da pálida objetividade de Ranke, "que não diz de que lado está o coração do narrador"[24]. Algumas vezes, em um tom zombeteiro, os adversários de Ranke compararam sua atitude e seu estilo pessoal à atitude das esfinges na segunda parte do *Fausto* de Goethe:

> Sitzen vor den Pyramiden,
> Zu der Völker Hochgericht;
> Überschwemmung, Krieg und Frieden —
> Und verziehen kein Gesicht[25].

Tal sarcasmo, contudo, é muito superficial. Ninguém pode estudar os escritos de Ranke sem se aperceber da profundidade de sua experiência pessoal e de seu sentimento religioso. Esse sentimento permeia toda a sua obra histórica. Mas o interesse religioso de Ranke era amplo o bastante para incluir todo o campo da vida religiosa. Antes de se aventurar a fazer sua descrição da Reforma, ele terminou sua grande obra sobre a *História dos Papas*. Foi precisamente o caráter peculiar de seu sentimento religioso que impediu que ele tratasse as questões religiosas à maneira de um fanático ou de um mero apologista. Ele concebia a história como um perpétuo conflito entre grandes idéias políticas e religiosas. Para ver esse conflito sob sua verdadeira luz, ele foi forçado a estudar todos os partidos e todos os atores dessa peça histórica. A simpatia de Ranke, a simpatia do verdadeiro historiador, é de um tipo específico. Não implica amizade ou parcialidade, mas abarca amigos e oponentes. A melhor comparação que se pode fazer com essa forma de simpatia é com a dos grandes poetas. Eurípedes não simpatiza com Medéia; Shakespeare não simpatiza com Lady Macbeth ou com Ricardo III. Mesmo assim, eles nos fazem entender essas personagens; penetram suas paixões e seus motivos. O dito *tout comprendre est tout pardonner* não serve nem para as obras dos grandes artistas, nem para as dos grandes historiadores. A simpatia deles não implica qualquer juízo moral, nenhuma aprovação ou desaprovação de atos isolados. É claro que o historiador tem toda liberdade para julgar, mas antes de julgar ele deseja entender e interpretar.

Schiller cunhou o dito *Die Weltgeschichte ist das Weltgericht*, dito que foi ecoado por Hegel e transformado em uma das pedras angulares de sua filosofia da história. "As sinas e os feitos de estados particulares e de mentes particulares", disse Hegel,

> são a dialética fenomenal da finitude dessas mentes das quais surge a mente universal, a mente ilimitada do mundo. Esta mente exerce seu direito — e seu direito é o mais alto — naquelas; na história universal, o juízo do mundo. A história do mundo é o juízo do mundo, pois contém, em sua universalidade dependente de si mesma, todas as formas especiais — a família, a sociedade civil e a nação — reduzidas à idealidade, isto é, a *membros subordinados, mas orgânicos, de si mesma*. É tarefa do espírito produzir todas essas formas especiais[26].

O próprio Ranke, por mais que se opusesse às opiniões básicas de Hegel, poderia ter subscrito esta. Mas ele concebia a missão do historiador de modo menos presunçoso. Achava que, no grande julgamento da história, o historiador deveria preparar a sentença, e não pronunciá-la. Isso está bem longe da indiferença moral; trata-se, ao contrário, de um sentimento da mais alta responsabilidade moral. Segundo Ranke, o historiador não é nem o acusador, nem o defensor do réu. Se fala como juiz, é como *juge d'instruction*. Ele deve coletar todos os documentos do processo para submetê-los a um tribunal superior, à história do mundo. Se fracassar nessa tarefa, se por favoritismo partidário ou ódio ele suprimir ou falsificar um único testemunho, estará faltando para com seu mais alto dever.

Essa concepção ética de sua tarefa, da dignidade e da responsabilidade do historiador, é um dos principais méritos de Ranke, e conferiu à obra dele o seu horizonte amplo e livre. Sua simpatia universal pôde abranger todas as épocas e nações[27]. Ele foi capaz de escrever a história dos papas e a história da Reforma, a da França e a da Inglaterra, seu trabalho sobre os otomanos e sobre a monarquia espanhola com o mesmo espírito de imparcialidade e sem qualquer viés nacional. Para ele, as nações latinas e as teutônicas, os gregos e os romanos, a Idade Média e os estados nacionais modernos significavam um único organismo coerente. Cada nova obra permitia-lhe alargar seu horizonte histórico e apresentar uma perspectiva mais ampla e mais livre.

Muitos dos adversários de Ranke que não possuíam esse espírito livre e distanciado tentaram fazer da necessidade virtude. Asseveraram ser impossível escrever uma obra de história política sem paixões políticas e sem parcialidade nacional. Treitschke, representante da escola prussiana, negava-se até a estudar material que não fosse proveniente de arquivos prussianos. Temia que um tal estudo perturbasse o seu juízo favorável acerca da política prussiana[28]. Tal atitude pode ser compreensível e perdoável em um panfletista ou propagandista político. Em um historiador, porém, representa o colapso e a bancarrota do conhecimento histórico. Podemos compará-la ao estado de espírito dos adversários de Galileu que se recusavam insistentemente a olhar pelo telescópio e a convencerem-se da verdade das descobertas astronômicas de Galileu, pois não queriam ser perturbados em sua fé implícita no sistema aristotélico. A uma tal concepção da história podemos opor as palavras de Jakob Burckhardt:

> Além do louvor cego a nosso próprio país, outro dever mais oneroso impõe-se a nós como cidadãos, nomeadamente o de educar-nos para sermos seres humanos compreensivos, para os quais a verdade e a afinidade das coisas do espírito sejam o bem supremo, e que possam extrair o nosso verdadeiro dever como cidadãos desse conhecimento, mesmo que não fosse inato em nós. No domínio do pensamento, é supremamente justo e certo que todas as fronteiras sejam varridas[29].

Como diz Schiller nas Cartas Estéticas, existe uma arte da paixão, mas não pode haver "arte apaixonada"[30]. Essa visão das paixões serve também para a história. O historiador que fosse ignorante acerca do mundo das paixões — das ambições políticas, do fanatismo religioso e dos conflitos econômicos e sociais — apresentar-nos-ia um compêndio muito árido dos eventos históricos. Se ele tiver qualquer pretensão à verdade histórica, porém, não poderá permanecer nesse mundo. A todo esse material das paixões ele deve dar uma forma teórica; e essa forma, tal como a da obra de arte, não é um produto ou uma excrescência da paixão. A história é uma história de paixões; se ela própria tenta ser apaixonada, porém, deixa de ser história. O historiador não deve demonstrar as afeições, as fúrias e os frenesis que descreve. Sua simpatia é intelectual e imaginativa, não emocional. O estilo pessoal que sentimos a cada linha de um grande historiador não é emocional ou retórico. Um estilo retórico pode ter muitos méritos; pode comover e deliciar o leitor. Mas falha no ponto principal: não pode levar-nos a uma intuição e a um juízo livre e imparcial das coisas e dos eventos.

Se tivermos em mente essa característica do conhecimento histórico, ficará fácil distinguir a objetividade histórica daquela forma de objetividade que é a meta da ciência natural. Um grande cientista, Max Planck, descreveu todo o processo do pensamento científico como um esforço constante para eliminar todos os elementos "antropológicos". Devemos esquecer o homem para podermos estudar a natureza, descobrir e formular suas leis[31]. No desenvolvimento do pensamento científico, o elemento antropomórfico é pouco a pouco empurrado para o fundo da cena, até desaparecer inteiramente na estrutura ideal da física. A história procede de maneira bastante diferente. Só pode viver e respirar no mundo humano. Tal como a linguagem ou a arte, a história é fundamentalmente antropomórfica. Apagar seus aspectos humanos seria destruir sua natureza e seu caráter específicos. Mas o antropomorfismo do pensamento histórico não se constitui em um obstáculo ou impedimento para a sua verdade objetiva. A história não é um conhecimento de fatos ou eventos externos; é uma forma de autoconhecimento. Para conhecer-me, não posso tentar ir além de mim mesmo, não posso saltar, por assim dizer, por cima de minha própria sombra. Devo escolher a abordagem oposta. Na história, o homem volta constantemente a si mesmo; tenta recordar e efetivar o conjunto de sua experiência passada. Mas o eu histórico não é um simples eu individual. É antropomórfico, mas não egocêntrico. Falando na forma de um paradoxo, podemos dizer que a história busca um "antropomorfismo objetivo". Dando-nos a conhecer o polimorfismo da existência humana, ela nos liberta das aberrações e preconceitos de um momento especial e singular. É esse enriquecimento e alargamento do eu, do nosso ego que conhece e sente, e não o seu apagamento, que é a meta do conhecimento histórico.

O ideal de verdade histórica desenvolveu-se com muita lentidão. Nem mesmo a mente grega, com toda a sua riqueza e profundidade, pôde levá-lo à sua plena maturidade. No progresso da consciência moderna, porém, a descoberta e a formulação desse conceito de história tornou-se uma de nossas tarefas mais importantes. No século XVII, o conhecimento histórico ainda é eclipsado por outro ideal de verdade. A história não encontrou ainda o seu lugar ao sol, e está encoberta pela matemática e pela física. Mas então, no início do século XVIII, surge uma nova orientação do pensamento moderno. O século XVIII foi muitas vezes considerado um século a-histórico ou anti-histórico. Trata-se, contudo, de uma visão unilateral e equivocada. Os pensadores do século XVIII são precisamente os pioneiros do pensamento histórico. Fazem novas perguntas e concebem novos métodos para respondê-las. A investigação histórica foi um dos instrumentos necessários da filosofia do Iluminismo[32]. Mas no século XVIII ainda predomina uma concepção pragmática da história. Nenhum novo conceito crítico surgiu antes do início do século XIX, antes do advento de Niebuhr e de Ranke. A partir desse momento, porém, o conceito moderno de história fica firmemente estabelecido, e estende a sua influência sobre todos os campos do conhecimento e da cultura humanos.

Entretanto, não foi fácil determinar o caráter *específico* da verdade histórica e do método histórico. Muitos filósofos estavam mais inclinados a negar que a explicar esse caráter específico. Enquanto o historiador mantiver suas opiniões pessoais especiais, enquanto acusar ou elogiar, aprovar ou desaprovar, afirmaram eles, nunca estará à altura de sua tarefa. Consciente ou inconscientemente, ele distorcerá a verdade objetiva. O historiador deve perder seu interesse pelas coisas e pelas ocorrências para ser capaz de vê-las em seu aspecto verdadeiro. Esse postulado metodológico teve sua expressão mais clara e impressionante nas obras históricas de Taine. O historiador, declarou Taine, deve agir como um naturalista. Deve livrar-se não só de todos os preconceitos convencionais, mas também de todas as predileções pessoais e de todos os padrões morais. "O método moderno que sigo", escreveu ele na introdução ao seu *Filosofia da Arte*, e que agora começa a penetrar em todas as ciências morais consiste em considerar as obras do homem... como fatos e produtos cujas propriedades devem ser apresentadas e cujas causas devem ser investigadas. Vista desse modo, a ciência não precisa nem justificar, nem condenar. As ciências morais devem proceder como a botânica, que com igual interesse estuda a laranjeira e o loureiro, o pinheiro e a faia. Não são nada além de uma espécie de botânica aplicada que não trata de plantas, mas das obras humanas. Este é o movimento geral pelo qual as ciências morais e as ciências naturais se estão aproximando umas das outras, e em virtude do qual as primeiras alcançarão a mesma certeza e o mesmo progresso que as últimas[33].

Se aceitamos essa visão, o problema da objetividade da história parece ser resolvido da maneira mais simples. Tal como o físico ou o químico, o historiador deve estudar as causas das coisas em vez de julgar o valor delas. "Não importa se os fatos são físicos ou morais", diz Taine,

> todos têm suas causas; há uma causa para a ambição, para a coragem e para a verdade, assim como há uma para a digestão, para o movimento muscular e para o cio animal. O vício e a virtude são produtos, como o vitríolo e o açúcar; e cada fenômeno complexo tem suas fontes em outros fenômenos mais simples, dos quais depende. Procuremos, então, os fenômenos simples para as qualidades morais, tal como os procuramos para as qualidades físicas.

Em ambos os casos encontramos as mesmas causas universais e permanentes,

> presentes em cada momento e em cada caso, sempre e por toda a parte atuantes, indestrutíveis e, no final, infalivelmente supremas, visto que os incidentes que lhes são obstáculos, por serem limitados e parciais, acabam cedendo à monótona e incessante repetição da força delas; de tal maneira que a estrutura geral das coisas, e os grandes rasgos dos acontecimentos, são obra delas; e as religiões, filosofias, poesias, indústrias, a estrutura da sociedade e das famílias são na verdade apenas marcas impressas pelo selo delas[34].

Não pretendo aqui começar uma discussão e uma crítica desse sistema de determinismo histórico[35]. Uma negação da causalidade histórica seria precisamente a maneira incorreta de combater esse determinismo. Isso porque a causalidade é uma categoria geral que se estende por todo o campo do conhecimento humano. Não está restringida a um domínio particular, ao mundo dos fenômenos materiais. A liberdade e a causalidade não devem ser consideradas forças metafísicas diferentes ou opostas; são simplesmente modos de juízo diferentes. Nem mesmo Kant, o mais resoluto defensor da liberdade e do idealismo ético, jamais negou que o nosso conhecimento empírico, o conhecimento dos homens bem como o das coisas físicas, deve reconhecer o princípio da causalidade. Pode-se admitir, diz Kant,

> que se fosse possível ter do caráter mental de um homem, tal como é mostrado por suas ações internas e externas, uma compreensão profunda a ponto de dar a conhecer todos os seus motivos, mesmo os mais ínfimos, e do mesmo modo todas as condições externas que podem influenciá-los, poderíamos calcular a conduta de um homem para o futuro com tanta certe-

za quanto um eclipse solar ou lunar; e mesmo assim podemos sustentar que o homem é livre[36].

Não estamos lidando aqui com esse aspecto do problema, com o conceito metafísico ou ético de liberdade. Interessamo-nos apenas pela repercussão desse conceito no método histórico. Ao estudar as principais obras de Taine, ficamos surpresos ao ver que, na prática, tal repercussão foi muito pequena. À primeira vista tem-se a impressão de que não foi uma diferença maior e mais radical que a que houve entre as concepções de Taine e Dilthey sobre o mundo histórico. Os dois pensadores abordam o problema de pontos de vista inteiramente diferentes. Dilthey enfatiza a autonomia da história, sua irredutibilidade a uma ciência natural, seu caráter de *Geisteswissenschaft*. Taine nega enfaticamente essa visão. A história nunca se tornará uma ciência enquanto insistir em seguir seu próprio caminho. Existe apenas um modo e um caminho de pensamento científico. Mas essa visão é imediatamente corrigida quando Taine começa sua própria investigação e descrição dos fenômenos históricos. "Qual é a vossa primeira observação", pergunta ele,

> ao abrirdes as páginas grandes e rígidas de um fólio, as folhas amareladas de um manuscrito — um poema, um código de leis, uma declaração de fé? Isto, dizeis, não foi criado sozinho. Não passa de um molde, como uma concha fóssil, uma marca, como aquelas formas deixadas na pedra por algum animal que viveu e pereceu. Sob a concha havia um animal, e por trás do documento havia um homem. Por que estudais a concha, a não ser para que se vos apresente o animal? As-

sim também estudais o documento só para poder conhecer o homem. A concha e o animal são restos sem vida, valiosos apenas como chave para a existência inteira e vivente. Devemos procurar alcançar essa existência, esforçar-nos para recriá-la. É um engano estudar o documento como se estivesse isolado. Isso seria tratar as coisas como um simples pedante, incorrer no erro do bibliomaníaco. Por trás de tudo não temos nem a mitologia, nem as linguagens, mas apenas homens, que arranjam as palavras e as imagens... nada existe exceto através de um homem individual; é com esse indivíduo que devemos travar conhecimento. Depois de estabelecermos a linhagem dos dogmas, ou a classificação dos poemas, ou o progresso das constituições, ou a modificação dos idiomas, teremos apenas limpado o terreno: a história genuína vem à existência só quando o historiador começa a desvendar, através do lapso do tempo, o homem vivo, labutando, apaixonado, arraigado em seus costumes, com sua voz e seus traços, seus gestos e seu vestuário, distinto e completo como aquele de quem acabamos de nos despedir na rua. Esforcemo-nos, portanto, para aniquilar tanto quanto possível este grande intervalo de tempo que nos impede de ver o homem com nossos próprios olhos, os olhos da nossa cabeça. ... Uma língua, uma legislação ou um catecismo nunca passam de coisas abstratas: a coisa completa é o homem que age, o homem corpóreo e visível, que come, anda luta, trabalha... Tornemos presente o passado; para podermos julgar uma coisa, precisamos tê-la diante de nós; não existe experiência a respeito do que está ausente. Não há dúvida de que tal reconstrução é sempre incompleta; só pode produzir juízos incompletos — mas devemos resignar-nos a isso. É melhor ter um conhecimento incompleto que fútil ou falso; e não há qualquer outra maneira de travarmos conhecimento aproximadamente com as ocorrências de outros dias além de ver aproximadamente os homens de outros dias[37].

Tudo isso está em perfeito acordo com a visão de história e de método histórico que tentamos expor e defender nas páginas precedentes. No entanto, se esta visão estiver correta, é impossível "reduzir" o pensamento histórico ao método do pensamento científico. Se conhecêssemos todas as leis da natureza, se aplicássemos ao homem todas as nossas regras estatísticas, econômicas e sociológicas, isso não nos ajudaria a "ver" o homem neste aspecto especial e em sua forma individual. Não nos movemos aqui em um universo físico, mas simbólico. E para entender e interpretar os símbolos temos de desenvolver outros métodos que não os da investigação das causas. A categoria do sentido não pode ser reduzida à categoria do ser[38]. Se formos buscar um título geral sob o qual incluir o conhecimento histórico, poderemos descrevê-lo não como um ramo da física, mas da semântica. As regras da semântica, e não as leis da natureza, são os princípios gerais do pensamento histórico. A história está situada no campo da hermenêutica, não no da ciência natural. Taine admite isso na prática, mas nega na teoria. Sua teoria reconhece apenas duas tarefas do historiador: ele deve colher "fatos" e investigar suas causas. O que Taine despreza por completo é que esses próprios fatos não são imediatamente dados ao historiador. Não são observáveis como fatos físicos ou químicos; precisam ser reconstruídos. E para essa reconstrução o historiador precisa dominar uma técnica especial e muito complicada; deve aprender a ler os documentos e a entender os monumentos para poder ter acesso a um único e simples fato. Na história, a interpretação dos símbolos tem precedência sobre a coleta de fatos, e sem essa interpretação não há como alcançar a verdade histórica.

Isso nos leva a outro problema muito controvertido. É óbvio que a história não pode descrever todos os fatos do passado. Ela lida apenas com os fatos "memoráveis", os que "valem a pena" lembrar. Mas onde está a diferença entre tais fatos memoráveis e todos os demais que caem no esquecimento? Rickert tentou provar que o historiador, para ser capaz de distinguir entre os fatos históricos e os não-históricos, deve ter em mãos um certo sistema de valores formais, e que deve usar tal sistema como padrão na seleção dos fatos. Contudo, essa teoria é suscetível de graves objeções[39]. Pareceria muito mais natural e plausível dizer que o verdadeiro critério não consiste no valor dos fatos, mas em suas conseqüências práticas. Um fato torna-se historicamente relevante se estiver prenhe de conseqüências. Muitos historiadores eminentes foram dessa opinião. "Se nos perguntarmos", diz Eduard Meyer,

> quais dos eventos de que sabemos são históricos, teremos de responder: histórico é tudo aquilo que é efetivo ou tornou-se efetivo. O que é efetivo experimentamos primeiro no presente em que percebemos imediatamente o efeito, mas também podemos experimentá-lo em relação ao passado. Em ambos os casos temos diante de nossos olhos uma massa de estados do ser, ou seja, de efeitos. A pergunta histórica é: como foram produzidos esses efeitos? O que reconhecemos como a causa de tal efeito é um evento histórico[40].

Mas nem mesmo essa marca de distinção é suficiente. Quando estudamos uma obra histórica, em especial uma obra biográfica, podemos encontrar quase a cada página menções a coisas e eventos que, de um ponto de vista simplesmente pragmático, têm muito pouco significado. Uma carta de Goethe ou uma observação feita durante uma conversa sua não deixou qualquer vestígio na história da literatura. Mesmo assim podemos considerá-la notável ou memorável. Mesmo sem qualquer efeito prático, essa carta ou essas palavras podem ser contadas entre os documentos com os quais tentaremos construir nosso retrato histórico de Goethe. Nada disso é importante em suas conseqüências, mas pode ser altamente característico. Todos os fatos históricos são fatos característicos, pois na história — tanto na das nações como na dos indivíduos — nunca olhamos apenas para os feitos ou para as ações. Nos feitos vemos a expressão do caráter. No nosso conhecimento histórico — que é conhecimento semântico — não aplicamos os mesmos padrões que nos servem no conhecimento prático ou físico. Uma coisa que, física ou praticamente, não tem qualquer importância pode apesar disso ter um grande significado semântico. A letra *iota* nas expressões gregas *homo-ousios* e *homoi-ousios* não significava nada em um sentido físico; mas, como símbolo religioso, como expressão e interpretação do dogma da Trindade, tornou-se o ponto de partida de discussões intermináveis que suscitaram as mais violentas emoções e abalaram as fundações da vida religiosa, social e política. Taine gostava de basear suas descrições históricas naquilo que designava como *"de tout petits faits significatifs"*. Tais fatos não eram significativos com relação a seus efeitos, mas eram "expressivos"; eram símbolos através dos quais o historiador podia ler e interpretar caracteres individuais ou o caráter de toda uma época. Macaulay conta que, ao escrever sua grande obra histórica, não formou sua concepção da índole dos partidos religiosos e políticos a partir de uma única obra, e sim de milhares de folhetos, sátiras e sermões esquecidos. Nenhuma dessas coisas tinha um grande peso histórico, e todas podem ter tido muito pouca influência sobre o curso geral dos acontecimentos. Apesar disso, são valiosas para o historiador, indispensáveis mesmo, pois ajudam-no a entender as personagens e os eventos.

Na segunda metade do século XIX houve muitos historiadores que nutriram esperanças extravagantes com a introdução dos métodos estatísticos. Profetizaram que, através de uso correto daquela nova e poderosa arma, uma nova era de pensamento histórico se abriria. Se fosse possível descrever estatisticamente os fenômenos históricos, isso pareceria de fato ter um efeito revolucionário sobre o pensamento humano. Nesse caso, todo o nosso conhecimento do homem assumiria de repente uma nova feição. Teríamos atingido um grande objetivo, uma matemática da natureza humana. Os primeiros escritores históricos a expor essa visão estavam convencidos de que não só o estudo dos grandes movimentos coletivos, mas também o da moralidade e da civilização, dependiam em grande medida de métodos estatísticos. Isso porque existe uma estatística moral, assim como uma estatística sociológica ou econômica. Na verdade, nenhuma província da vida humana está isenta de estritas regras numéricas, que se estendem por sobre todo o campo de ação dos homens.

Essa tese foi vigorosamente defendida por Buckle na introdução à sua *History of Civilization in England* (1857). A estatística, declarou, é a melhor e mais conclusiva refutação do ídolo do "livre arbítrio". Temos agora a informação mais extensa, não só relativa aos interesses materiais do homem, mas também a respeito de suas peculiaridades morais. Conhecemos agora a taxa de mortalidade, a taxa de casamentos e também a taxa de criminalidade dos povos mais civilizados. Estes e outros fatos semelhantes foram colhidos e sistematizados e estão agora maduros para serem usados. Que a criação da ciência da história tenha sido retardada e que a história nunca tenha sido capaz de emular a física ou a química é devido ao fato de que os métodos estatísticos foram negligenciados. Não tínhamos percebido que cada evento está ligado ao seu antecedente por uma conexão inevitável, e que cada antecedente está ligado a um fato precedente, e que desse modo o mundo inteiro — o mundo moral tanto quanto o físico — forma uma cadeia necessária na qual cada homem tem de fato o seu papel. De maneira nenhuma, porém, ele pode determinar qual será esse papel. "Rejeitando, portanto, o dogma metafísico do livre arbítrio, ... somos levados à conclusão de que as ações dos homens, determinadas apenas por seus antecedentes, devem ter um caráter de uniformidade, ou seja, devem, sob circunstâncias precisamente idênticas, ter sempre precisamente os mesmos resultados."[41]

Sem dúvida é inegável que a estatística tem uma grande e valiosa serventia para o estudo dos fenômenos sociológicos ou econômicos. Até mesmo no campo da história, a uniformidade e a regularidade de certas ações humanas devem ser admitidas. A história não nega que tais ações, por serem o resultado de causas amplas e gerais que agem sobre o agregado da sociedade, produzam certas consequências sem levar em conta a vontade dos indivíduos de que é composta essa sociedade. Quando chegamos à descrição histórica de um ato individual, porém, temos de enfrentar um problema diferente. Por sua própria natureza, os métodos estatísticos restringem-se aos fenômenos coletivos. As regras estatísticas não são concebidas para determinar um caso isolado; lidam apenas com certos "coletivos". Buckle está bem longe de uma compreensão clara do caráter e do propósito dos métodos estatísticos. Uma análise lógica adequada desses métodos só foi feita em um período posterior[42]. Há ocasiões em que ele fala das regras estatísticas de um modo um tanto estranho. Dá a impressão de não ver nelas fórmulas que descrevem certos fenômenos, mas forças que produzem esses fenômenos. Isso, é claro, não é ciência, mas mitologia. Para ele, as leis estatísticas são de certo modo "causas". O suicídio, sustenta, parece ser um ato inteiramente livre. Mas, se estudarmos a estatística moral, deveremos ter uma opinião bem diferente. Descobriremos que

> o suicídio é simples produto das condições gerais da sociedade, e que o criminoso individual apenas leva a cabo o que é uma conseqüência necessária de circunstâncias precedentes. Em um dado estado da sociedade, um certo número de pessoas deve pôr fim às próprias vidas... E o poder da lei maior é tão irresistível que nem o amor à vida, nem o temor do outro mundo servem de nada, sequer para atrapalhar a sua operação[43].

Mal é preciso dizer que esse "deve" contém todo um cesto cheio de falácias metafísicas. O historiador, porém, não se ocupa com esse aspecto do problema. Se fala de um caso individual — digamos, o suicídio de Catão — fica claro que para a interpretação histórica desse fato individual ele não pode esperar qualquer ajuda dos métodos estatísticos. Sua intenção primária não é fixar um evento no espaço e no tempo, mas desvendar o "sentido" da morte de Catão. O sentido da morte de Catão é expressado no verso de Lucano, "*Victrix causa diis placuit sed victa Catoni*"[44]. O suicídio de Catão não foi um ato apenas físico, mas também simbólico. Foi a expressão de um grande caráter; foi o último protesto do espírito republicano romano contra a nova ordem de coisas. Tudo isso é completamente inacessível àquelas "causas amplas e gerais" que podemos considerar responsáveis pelos grandes movimentos coletivos na história. Podemos tentar reduzir as ações humanas a regras estatísticas. Estas, porém, nunca alcançarão o fim que é reconhecido até pelos historiadores da escola naturalista. Não "veremos" os homens de outras épocas. Nesse caso, o que veremos não será a vida real, o drama da história; serão apenas os movimentos e os gestos de marionetes em um espetáculo de marionetes, e os cordéis que as movimentam.

A mesma objeção serve para todas as tentativas de reduzir o conhecimento histórico ao estudo dos tipos psicológicos. À primeira vista pareceria evidente que, se podemos falar de leis gerais na história, essas leis não podem ser as da natureza, e sim as da psicologia. A regularidade que procuramos e desejamos descrever na história não pertence à nossa realidade exterior, mas à interior. É uma regularidade de estados psíquicos, de pensamentos e sentimentos. Se conseguíssemos encontrar uma lei geral inviolável que governasse esses pensamentos e sentimentos e lhes prescrevesse uma ordem definida, então poderíamos pensar ter encontrado uma chave para o mundo histórico.

Entre os historiadores modernos, foi Karl Lamprecht quem se convenceu de ter encontrado uma tal lei. Nos doze volumes de sua *História Alemã*, ele tentou provar sua tese geral com um exemplo concreto. Segundo Lamprecht, existe uma ordem invariável em que os estados da mente humana se seguem uns aos outros. E essa ordem determina, de uma vez por todas, os processos da cultura humana. Lamprecht rejeitou as visões do materialismo econômico. Cada ato econômico, declarou ele, assim como cada ato mental, depende de condições psicológicas. Não precisamos de uma psicologia individual, e sim social, uma psicologia que explique as mudanças na mente social. Tais mudanças estão presas a um esquema rígido e fixo. Logo, a história deve deixar de ser um estudo de indivíduos; deve libertar-se de toda espécie de culto ao herói. Seu principal problema tem a ver com fatores sociopsíquicos. Nem as diferenças individuais, nem as nacionais podem afetar ou alterar o curso normal de nossa vida sociopsíquica. A história da civilização apresenta-nos, sempre e em toda a parte, a mesma seqüência e o mesmo ritmo uniforme. De um primeiro estágio, descrito por Lamprecht como animismo, passamos a uma era de simbolismo, depois tipismo, convencionalismo, individualismo e subjetivismo. O esquema é imutável e inexorável. Se aceitarmos esse princípio, a história deixará de ser uma simples ciência indutiva. Estaremos em condições de fazer afirmações dedutivas gerais. Lamprecht abstraiu esse esquema dos fatos da história alemã, mas nunca pretendeu restringi-lo a essa única área. Achava que seu esquema era um princípio apriorístico de aplicação geral da vida histórica. "Obtemos do material total", escreveu, "não só a idéia de unidade, histórica e empírica, mas também uma impressão psicológica geral que declara e exige absolutamente essa unidade; todos os incidentes psíquicos simultâneos, tanto os individuais como os sociopsíquicos, tendem a aproximar-se de uma similitude comum."[45] O mecanismo psíquico universal do curso dos vários eventos ocorre por toda a parte, tanto na Rússia moderna como na história da Grécia ou de Roma, tanto na Ásia como na Europa. Se examinarmos todos os monumentos da Europa do norte, central e meridional, bem como os do Mediterrâneo oriental, e da Ásia menor, poderemos ver que todas essas civilizações avançaram ao longo de linhas paralelas. "Quando tudo isso houver sido realizado, poderemos estimar a importância para a história mundial de cada comunidade ou nação individual. Uma *Weltgeschichte* científica poderá então ser escrita."[46]

O esquema geral de Lamprecht é totalmente diverso da concepção de Buckle acerca do processo histórico. Apesar disso, as duas teorias têm um ponto de contato. Em ambas encontramos o mesmo termo nefasto, "deve". Após um período de tipismo e convencionalismo deve sempre seguir-se um período de individualismo e subjetivismo. Nenhuma época especial e nenhuma cultura especial podem jamais escapar a esse curso geral das coisas, que parece ser uma espécie de fatalismo histórico. Se essa concepção fosse verdadeira, o grande drama da história tornar-se-ia um espetáculo monótono que poderíamos dividir, de uma vez por todas, em atos isolados cuja seqüência seria invariável. Mas a realidade da história não é uma seqüência uniforme de eventos, e sim a vida interior do homem. Essa vida pode ser descrita e interpretada após ter sido vivida; não pode ser antecipada em uma fórmula abstrata geral, e não pode ser reduzida a um esquema rígido de três ou cinco atos. Contudo, não pretendo discutir aqui o contexto da tese de Lamprecht, mas apenas colocar uma questão formal, metodológica. Como foi que Lamprecht obteve as provas empíricas para fundamentar sua teoria construtiva? Tal como todos os historiadores anteriores, teve de começar com um estudo de documentos e monumentos. Não estava interessado apenas por acontecimentos políticos, organizações sociais, fenômenos econômicos. Queria abarcar toda a gama da vida cultural. Muitos de seus argumentos mais importantes baseiam-se em uma cuidadosa análise da vida religiosa, das obras de música e literatura. Um de seus maiores interesses era o estudo da história das belas artes. Em sua história da Alemanha, fala não só de Kant e Beethoven, mas também de Feuerbach, Klinger, Boecklin. No seu Instituto Histórico, em Leipzig, ele acumulou um material assombrosamente variado sobre todas essas questões. Mas está claro que, para interpretar esse material, precisaria primeiro traduzi-lo para uma linguagem diferente. Para usar as palavras de Taine, ele tinha de encontrar por trás da "concha fóssil" o animal, por trás do documento o homem. "Quando considerais com vossos olhos o homem visível, o que procurais?", perguntou Taine.

> O homem invisível. As palavras que chegam aos vossos ouvidos, os gestos, os movimentos de sua cabeça, as roupas que

ele veste, atos visíveis e feitos de todo tipo, são meramente expressões; algo se revela debaixo de tudo, e isso é a alma. Um homem interior está oculto debaixo do homem externo; o segundo não faz senão revelar o primeiro... Todas essas coisas externas não passam de avenidas que convergem para um centro; ingressais nelas apenas para poderdes alcançar esse centro; e este é o homem genuíno... Esse mundo subterrâneo é um tema novo, apropriado para o historiador[47].

Portanto, é precisamente o estudo dos historiadores "naturalistas", de Taine e Lamprecht, que confirma a nossa própria visão, que nos convence de que o mundo da história é um universo simbólico e não físico.

Após a publicação dos primeiros volumes da *História Alemã*, de Lamprecht, a crescente crise no pensamento histórico tornou-se cada vez mais manifesta e foi sentida em toda a sua intensidade. Teve início uma longa e áspera controvérsia acerca do caráter do método histórico. Lamprecht havia declarado que todas as visões tradicionais estavam obsoletas. Considerava seu próprio método como o único "científico" e o único "moderno"[48]. Seus adversários, por outro lado, estavam convencidos de que o que ele apresentara era uma mera caricatura do pensamento histórico[49]. Os dois lados expressavam-se em linguagem muito peremptória e intransigente. A reconciliação parecia impossível. O teor erudito do debate foi muitas vezes perturbado por preconceitos pessoais ou políticos. Mas quando abordamos o problema com um espírito imparcial e de um ponto de vista meramente lógico encontramos, a despeito de todas as diferenças de opinião, uma certa unidade fundamental. Tal como assinalamos, nem mesmo os historiadores naturalistas negaram, na verdade não puderam negar, que os fatos históricos não são do mesmo tipo que os físicos. Tinham conhecimento do fato de que seus documentos e monumentos não eram simplesmente coisas físicas, mas tinham de ser lidos como símbolos. Por outro lado, está claro que cada um dos símbolos — um edifício, uma obra de arte, um rito religioso — tem seu lado material. O mundo humano não é uma entidade separada, nem uma realidade dependente apenas de si mesma. O homem vive em ambientes físicos que o influenciam constantemente e deixam a sua marca sobre todas as formas da vida dele. Para entender suas criações — seu "universo simbólico" — devemos ter essa influência sempre em mente. Em sua obra-prima Montesquieu tentou descrever o "espírito das leis". Mas descobriu que em toda a parte esse espírito está preso a suas condições físicas. O solo, o clima, o caráter antropológico das várias nações foram declarados condições fundamentais de suas leis e instituições. É óbvio que tais condições físicas precisam ser estudadas por meios físicos. Tanto o espaço como o tempo históricos estão incrustados em um todo mais amplo. O tempo histórico não passa de uma pequena fração de um tempo cósmico universal. Se quisermos medir esse tempo, se estivermos interessados na cronologia dos eventos, precisaremos de instrumentos físicos. No trabalho concreto do historiador não encontramos qualquer oposição entre essas duas visões. Elas estão perfeitamente fundidas em uma única. Só na nossa análise lógica podemos separar um fato do outro. Na investigação de um problema cronológico complicado, o historiador pode proceder de dois modos. Pode usar critérios materiais ou formais; pode tentar métodos de interpretação estatísticos ou ideais. A intricada questão da cronologia dos diálogos platônicos pôde ser resolvida, em grande medida, por observações estatísticas relativas ao estilo de Platão. Por meio de vários critérios estilísticos, foi possível determinar que um certo grupo dos diálogos — o *Sofista*, o *Estadista*, o *Filebus*, o *Timeus* — pertencem ao período da velhice de Platão[50]. E, quando Adickes preparou sua edição dos manuscritos de Kant, não conseguiu encontrar um critério melhor para colocá-los em uma ordem cronológica definida que uma análise química da tinta com que as várias anotações foram escritas. Se, em vez de usar esses critérios, começarmos com uma análise dos pensamentos de Platão ou de Kant e de sua conexão lógica, precisaremos de conceitos que pertencem obviamente a outro domínio. Se eu, por exemplo, encontrar um desenho ou esboço, poderei reconhecê-lo imediatamente como uma obra de Rembrandt; poderei até ser capaz de dizer a que período da vida de Rembrandt ele pertence. Os critérios estilísticos por meio dos quais eu decido essa questão são de uma ordem totalmente diversa da dos critérios materiais[51]. Esse dualismo de métodos não atrapalha o trabalho do historiador, nem destrói a unidade do pensamento histórico. Os dois métodos cooperam para um fim comum sem se perturbarem ou obstruírem entre si.

A questão sobre qual desses métodos tem a primazia lógica sobre o outro e qual é o método verdadeiramente "científico" dificilmente permite uma resposta definida. Se aceitamos a definição de Kant, segundo a qual, no sentido apropriado do termo, só podemos aplicar o termo "ciência" a um corpo de conhecimentos cuja certeza seja apodíctica[52], fica claro que não podemos falar de uma ciência da história. Mas o nome que damos à história não interessa, contanto que tenhamos uma clara compreensão do seu caráter geral. Sem ser uma ciência exata, a história sempre manterá seu lugar e sua natureza inerente no organismo do conhecimento humano. O que procuramos na história não é o conhecimento de uma coisa externa, mas de nós mesmos. Um grande historiador como Jakob Burckhardt, em sua obra sobre Constantino, o Grande, ou sobre a civilização do Renascimento, não pretendeu ter apresentado uma descrição científica dessas épocas. Tampouco hesitou em propor o paradoxo de que a história é a menos científica de todas as ciências[53]. "O que eu concebo historicamente", escreveu Burckhardt em uma carta, "não é o resultado da crítica ou da especulação, mas da imaginação que procura preencher as lacunas das observações. A história, para mim, em grande parte ainda é poesia; é uma série das mais belas e pitorescas composições."[54] A mesma opinião foi sustentada por Mommsen. Este não foi apenas um gênio científico; foi, ao mesmo tempo, um dos grandes organizadores do trabalho científico. Criou o *Corpus inscriptionum*; organizou o estudo da numismática e publicou sua *História da Cunhagem*. É difícil dizer que esta tenha sido a obra de um artista. Mas, quando Mommsen tomou posse do cargo de reitor da Universidade de Berlim e fez seu discurso inaugural, definiu o ideal do método histórico dizendo que o historiador tem mais a ver com os artistas que com os eruditos. Embora ele próprio fosse um dos mais eminentes professores de história, não teve escrúpulos em afirmar que a história não é uma coisa que possa ser imediatamente adquirida por meio do ensino e da aprendizagem.

A roda que guia mil fios e a compreensão da individualidade dos homens e das nações são golpes de gênio que desafiam todo ensino e todo aprendizado. Se um professor de história achar-se capaz de educar historiadores no mesmo sentido que os estudiosos clássicos e os matemáticos podem ser ensinados, é vítima de uma perigosa e perniciosa ilusão. O historiador nasce, não é feito; não pode ser educado, tem de educar a si mesmo[55].

Mas, mesmo que não possamos negar que toda grande obra histórica contém e implica um elemento artístico, nem por isso ela se torna uma obra de ficção. Em sua busca da verdade, o historiador está tão limitado pelas mesmas regras estritas quanto o cientista. Deve utilizar todos os métodos da investigação empírica. Tem de colher todos os indícios que estiveram à sua disposição, comparar e criticar todas as suas fontes. Não pode esquecer ou menosprezar qualquer fato importante. Apesar disso, seu último ato, e decisivo, é sempre um ato da imaginação produtiva. Em uma conversa com Eckermann, Goethe queixou-se de que havia poucos homens com "imaginação para a verdade da realidade" (*"eine Phantasie für die Wahrheit des Realen"*). "A maioria prefere países e circunstâncias estranhas", disse ele, "de que nada sabem e por meio dos quais podem cultivar sua imaginação, por estranho que pareça. Ou então há outros que se apegam completamente à realidade e, quando querem integralmente o espírito poético, são severos demais em suas requisições."[56] Os grandes historiadores evitam ambos os extremos. São empiristas; são cuidadosos observadores e investigadores de fatos especiais, mas não carecem de "espírito poético". É da perspicácia para a realidade empírica das coisas, combinada ao talento livre da imaginação, que depende a síntese ou a sinopse histórica.

O equilíbrio dessas forças opostas não pode ser descrito em uma fórmula geral. A proporção parece variar de uma época para outra e de um escritor para outro. Na história antiga encontramos uma concepção da tarefa do historiador diferente daquela da história moderna. Os discursos que Tucídides incluiu em sua obra histórica não têm qualquer base empírica. Não foram pronunciados tal qual Tucídides os apresenta. Contudo, não são nem ficção pura, nem mero adorno retórico. São história, não por reproduzirem acontecimentos reais, mas porque, na obra de Tucídides, cumprem uma importante função histórica. Constituem, de maneira muito significativa e concentrada, uma caracterização dos acontecimentos e dos homens. A grande oração fúnebre de Péricles talvez seja a melhor e mais impressionante descrição da vida e da cultura de Atenas no século V. O estilo de todos esses discursos tem a marca pessoal e genuína de Tucídides. "São de estilo nitidamente tucidiano", foi dito, "assim como as várias personagens de uma peça de Eurípedes têm todas uma dicção parecida."[57] Apesar disso, não transmitem idiossincrasias apenas pessoais; são representativos da época como um todo. Neste sentido são objetivos, e não subjetivos; possuem uma verdade ideal, se não uma verdade empírica. Nos tempos modernos, tornamo-nos muito mais suscetíveis às exigências da verdade empírica, mas talvez corramos constantemente o risco de perder de vista a verdade ideal das coisas e das personalidades. O justo equilíbrio entre os dois momentos depende do tato individual do historiador; não pode ser reduzido a uma regra geral. Na consciência histórica moderna, a proporção mudou, mas os elementos ainda são os mesmos. Com relação à distribuição e ao poderio das duas forças, cada historiador tem sua própria equação pessoal.

E no entanto a idealidade da história não é o mesmo que a idealidade da arte. A arte nos dá uma descrição da vida humana através de uma espécie de processo alquímico; transforma a nossa vida empírica em dinâmica de formas puras[58]. A história não funciona assim. Não vai além da realidade empírica das coisas e dos eventos, mas molda essa realidade em uma nova forma, conferindo-lhe a idealidade da lembrança. A vida à luz da história permanece um grande drama realista, com todas as suas tensões e conflitos, sua grandiosidade e sua miséria, suas esperanças e ilusões, sua exibição de energias e paixões. Esse drama, contudo, não é apenas sentido; ele é intuído. Ao vermos esse espetáculo no espelho da história enquanto ainda estamos vivendo no nosso mundo empírico de emoções e paixões, tomamos consciência de um sentido interior de clareza e calma — da lucidez e serenidade da contemplação pura. "A mente", diz Jakob Burckhardt em suas *Reflexões sobre a História Mundial*, "deve transformar em uma possessão a lembrança de sua passagem através das eras do mundo. O que foi outrora alegria e pesar deve agora tornar-se conhecimento... Nosso estudo, porém, não é apenas um direito e um dever; é também uma necessidade suprema. É a nossa liberdade na própria consciência da servidão universal e da corrente de necessidades."[59] Escrita e lida da maneira correta, a história nos eleva a essa atmosfera de liberdade em meio a todas as necessidades da nossa vida física, política, social e econômica.

Não é minha intenção, neste capítulo, enfrentar os problemas de uma filosofia da história. No sentido tradicional do termo, uma filosofia da história é uma teoria especulativa e construtiva do próprio processo histórico. Uma análise da cultura humana não precisa entrar nessa questão especulativa. A tarefa que ela propõe a si mesma é bem mais simples e modesta. Procura determinar o lugar do conhecimento histórico no organismo da civilização humana. Não podemos duvidar de que, sem a história, perderíamos um elo essencial na evolução desse organismo. A arte e a história são os mais poderosos instrumentos da nossa indagação sobre a natureza humana. Que saberíamos sobre o homem sem essas duas fontes de informação? Ficaríamos dependentes dos dados da nossa vida pessoal, que só nos podem proporcionar uma visão subjetiva e que, na melhor das hipóteses, não passam de fragmentos dispersos do espelho partido da humanidade. É claro que, se quiséssemos completar a imagem sugerida por esses dados introspectivos, poderíamos apelar para métodos mais objetivos. Poderíamos fazer experiências psicológicas e colher dados estatísticos. Mas, a despeito disso, nossa imagem do homem continuaria sendo inerte e sem cor. Só descobriríamos o homem "médio" — o homem das nossas relações cotidianas práticas e sociais. Nas grandes obras da história e da arte começamos a distinguir, por trás dessa máscara do homem convencional, os traços do homem real, individual. Para podermos encontrá-lo, devemos procurar os grandes historiadores ou os grandes poetas — os grandes autores trágicos como Eurípedes ou Shakespeare, os escritores cômicos como Cervantes, Molière ou Laurence Sterne ou os nossos romancistas modernos como Dickens ou Thackeray, Balzac ou Flaubert, Gogol ou Dostoievski. A poesia não é uma simples imitação da natureza; a história não é uma narração de fatos e acontecimentos mortos. A história, assim como a poesia, é um sistema do nosso autoconhecimento, um instrumento indispensável para construir nosso universo humano.

CAPÍTULO XI

A CIÊNCIA[1]

A ciência é a última etapa do desenvolvimento mental do homem, e pode ser vista como a mais alta e mais característica façanha da cultura humana. É um produto recente e requintado, que só se pôde desenvolver sob condições especiais. Nem mesmo a concepção de ciência, em seu sentido específico, existia antes da época dos grandes pensadores gregos — antes dos pitagóricos e dos atomistas, de Platão e Aristóteles. E essa primeira concepção pareceu ter sido esquecida e eclipsada nos séculos seguintes. Foi preciso redescobri-la e restabelecê-la na época do Renascimento. Após essa redescoberta, o triunfo da ciência pareceu ser completo e incontestado. Não existe nenhum segundo poder no nosso mundo moderno que possa ser comparado ao do pensamento científico. Este é proclamado como o ápice e a consumação de todas as nossas atividades humanas, o último capítulo da história do gênero humano e o tema mais importante de uma filosofia do homem.

Podemos discutir os resultados da ciência ou os seus princípios básicos, mas sua função geral parece ser inquestionável. É a ciência que nos proporciona a garantia de um mundo constante. À ciência podemos aplicar as palavras ditas por Arquimedes: δός μοι ποῦ στῶ καὶ κόσμον κινήσω ("Dêem-me um ponto de apoio e eu moverei o universo"). Em um universo mutável, o pensamento científico fixa os pontos de apoio, os pólos inamovíveis. Em grego, o próprio termo *episteme* deriva etimologicamente de uma raiz que significa firmeza e estabilidade. O processo científico leva a um equilíbrio estável, a uma estabilização e consolidação do mundo de nossas percepções e pensamentos. Por outro lado, a ciência não está sozinha no cumprimento dessa tarefa. Na nossa epistemologia moderna, tanto na escola empirista como na racionalista, encontramos com freqüência a concepção de que os primeiros dados da experiência humana estão em um estado de caos total. O próprio Kant, nos primeiros capítulos da *Crítica da Razão Pura*, parece partir desse pressuposto. A experiência, diz ele, é sem dúvida o primeiro produto do nosso entendimento. Mas não é um fato simples; é um composto de dois fatores opostos, matérias e forma. O fator material é dado por nossa percepção sensorial; o formal é representado por nossos conceitos científicos. Estes, os conceitos do entendimento puro, conferem aos fenômenos e sua unidade sintética. O que chamamos de unidade de um objeto não pode ser senão a unidade formal da nossa consciência na síntese da multiplicidade nas nossas representações. Dizemos que conhecemos um objeto só se tivermos produzido uma unidade sintética na multiplicidade da intuição.[3] Para Kant, portanto, toda a questão da objetividade do conhecimento humano está indissolúvelmente ligada ao fato da ciência. Sua Estética Transcendental ocupa-se do problema da matemática pura; sua Analítica Transcendental procura explicar o fato de uma ciência matemática da natureza.

Uma filosofia da cultura humana, porém, deve remontar o problema a uma fonte mais remota. O homem vivia em um mundo objetivo muito antes de viver em um mundo científico. Mesmo antes de ter encontrado a abordagem da ciência, sua experiência não era uma simples massa amorfa de expressões sensoriais. Era uma experiência organizada e articulada, possuidora de uma estrutura definida. Mas os conceitos que dão a esse mundo a sua unidade sintética não são os mesmos, nem estão no mesmo nível, dos conceitos científicos. São conceitos míticos ou lingüísticos. Quando os analisamos, vemos que não são de modo algum simples ou "primitivos". As primeiras classificações dos fenômenos que encontramos na linguagem ou no mito são, de certo modo, muito mais complicadas e sofisticadas que nossas classificações científicas. A ciência começa com uma busca da simplicidade. *Simplex sigillum veri* parece ser um dos seus mecanismos fundamentais. Essa simplicidade lógica, contudo, é um *terminus ad quem*, e não um *terminus a quo*. É um fim, não um começo. A cultura humana começa com um estado de espírito muito mais complexo e convoluto. Quase todas as nossas ciências da natureza tiveram de passar por um estágio mítico. Na história do pensamento científico, a alquimia precede a química, a astrologia precede a astronomia. A ciência só foi capaz de avançar para além dessas primeiras etapas pela introdução de uma nova medida, um padrão lógico de verdade diferente. A verdade, declara ela, não será alcançada enquanto o homem continuar limitado ao estreito círculo de sua experiência imediata, dos fatos observáveis. Em vez de descrever fatos separados e isolados, a ciência esforça-se para apresentar-nos uma visão abrangente. Mas tal visão não pode ser obtida por uma simples extensão, um alargamento e enriquecimento da nossa experiência ordinária. Ela exige um novo princípio de ordem, uma nova forma de interpretação intelectual. A linguagem é a primeira tentativa do homem no sentido de articular o mundo de suas percepções sensoriais. Essa tendência é uma das características fundamentais da fala humana. Alguns lingüistas chegaram a julgar necessário presumir um instinto classificatório especial no homem para poderem dar conta do fato e da estrutura da fala humana. "O homem", diz Otto Jespersen,

> é um animal classificador: em certo sentido, pode ser dito que todo o processo da fala não passa de uma distribuição de fenômenos — dos quais não há dois que sejam idênticos em todos os aspectos — em classes diferentes, com base nas semelhanças e dessemelhanças percebidas. No processo de atribuição de nomes testemunhamos a mesma tendência inerradicável, e muito útil, de ver a parecença e expressar a similitude nos fenômenos através da similitude nos nomes[3].

Mas o que a ciência procura nos fenômenos é muito mais que a similitude; é a ordem. As primeiras classificações que encontramos na fala humana não têm qualquer objetivo estritamente teórico. Os nomes dos objetos cumprem a sua tarefa se nos permitirem comunicar nossos pensamentos e coordenar nossas atividades práticas. Têm uma função teleológica, que aos poucos se desenvolve para uma função mais objetiva, "representativa"[4]. Toda aparente semelhança entre fenômenos diferentes basta para que sejam designados por um nome comum. Em alguns idiomas, a borboleta é descrita como um pássaro, ou a baleia como um peixe. Quando a ciência começou suas primeiras classificações, precisou corrigir e superar essas semelhanças superficiais. Os nomes científicos não são criados ao acaso; seguem um distinto princípio de classificação. A criação de uma terminologia sistemática coerente não é, de modo algum, um aspecto acessório da ciência, e sim um de seus elementos inerentes e indispensáveis. Quando Lineu criou sua *Philosophia botanica*, teve de enfrentar a objeção de que se tratava apenas de um sistema artificial, não natural. Mas todos os sistemas classificatórios são artificiais. A natureza, como tal, contém apenas fenômenos individuais e diversificados. Se colocarmos esses fenômenos em conceitos de classe e leis gerais, não estaremos descrevendo fatos da natureza. Todo sistema é uma obra de arte — resultado da ação criativa consciente. Mesmo os sistemas biológicos mais recentes, ditos "naturais", que se opuseram ao sistema de Lineu tiveram de usar elementos conceituais novos. Baseavam-se em uma teoria geral da evolução. Mas a própria evolução não é um simples fato da história natural; é uma hipótese científica, uma máxima reguladora para a nossa observação e classificação dos fenômenos naturais. A teoria de Darwin abriu um horizonte novo e mais amplo, forneceu um levantamento mais completo e mais coerente dos fenômenos da vida orgânica. Não era de modo algum uma refutação do sistema de Lineu, que sempre foi considerado por seu autor como uma etapa preliminar. Ele tinha consciência de que, de certo modo, havia apenas criado uma nova terminologia botânica, mas estava convencido de que essa terminologia tinha tanto um valor verbal como real. "*Nomina si nescis*", disse ele, "*perit et cognitio rerum.*"

A esse respeito parece não haver qualquer solução de continuidade entre a linguagem e a ciência. Nossos nomes lingüísticos ou os primeiros nomes científicos podem ser vistos como resultado e produto do mesmo instinto classificatório. O que é feito inconscientemente na linguagem é conscientemente pretendido e metodicamente realizado no processo científico. Em seus primeiros estágios, a ciência tinha ainda de aceitar os nomes das coisas no sentido em que eram usados na fala cotidiana. Podia usá-los para descrever os elementos fundamentais ou as qualidades das coisas. Nos primeiros sistemas gregos de filosofia natural, em Aristóteles, vemos que esses nomes comuns ainda exercem grande influência sobre o pensamento científico[5]. Mas no pensamento grego esse poder já não é o único, nem o predominante. Na época de Pitágoras e dos primeiros pitagóricos, a filosofia grega havia descoberto uma nova linguagem, a dos números. Essa descoberta marcou o momento do nascimento da nossa moderna concepção de ciência.

Que há uma regularidade, uma certa uniformidade, nos eventos naturais — nos movimentos dos planetas, no nascer do sol ou da lua, na mudança das estações — é uma das primeiras grandes experiências do gênero humano. Já no pensamento mítico essa experiência havia encontrado seu pleno reconhecimento e sua expressão característica. Aqui encontramos os primeiros traços da idéia de uma ordem geral da natureza[6]. E muito antes dos tempos de Pitágoras essa ordem havia sido descrita não apenas em termos míticos, mas também em símbolos matemáticos. As linguagens mítica e matemática se interpenetram de modo muito curioso nos primeiros sistemas de astrologia da Babilônia, cujas origens remontam a cerca de 3.800 a.C. A distinção entre os diferentes grupos estelares e a divisão em doze partes do zodíaco foram introduzidas pelos astrônomos babilônicos. Todos esses resultados não teriam sido alcançados sem uma nova base teórica. Mas foi necessária uma generalização muito mais ousada para criar a primeira filosofia dos números. Os pensadores pitagóricos foram os primeiros a conceber o número como um elemento abrangente, realmente universal. Seu uso não está mais confinado aos limites de um campo especial de investigação. Estende-se por todo o território do ser. Quando Pitágoras fez sua primeira grande descoberta, quando descobriu a dependência da altura do som em relação ao comprimento das cordas vibrantes, não foi o fato em si, mas a sua interpretação, que se mostrou decisiva para a futura orientação do pensamento matemático e filosófico. Pitágoras não podia ver nessa descoberta um fenômeno isolado. Um dos mais profundos mistérios, o mistério da beleza, parecia ter sido revelado nela. Para a mente grega, a beleza sempre teve um sentido inteiramente objetivo. A beleza é a verdade; é um traço fundamental da realidade. Se a beleza que sentimos na harmonia dos sons pode ser reduzida a uma simples razão numérica, é o número que nos revela a estrutura fundamental da ordem cósmica. "O número", diz um dos textos pitagóricos, "é o guia e o mestre do pensamento humano. Sem o seu poder tudo seria obscuro e confuso."[7] Não viveríamos em um mundo de verdade, mas de engano e ilusão. No número, e apenas no número encontramos um universo *inteligível*.

Que esse universo fosse um novo universo de discurso — que o mundo do número fosse um mundo simbólico — era uma concepção inteiramente estranha à mente dos pensadores pitagóricos. Neste, como em todos os outros casos, não podia haver uma distinção clara entre símbolo e objeto. O símbolo não só explicava o objeto; definitivamente, assumia o seu lugar. As coisas não eram apenas relacionadas aos números ou exprimíveis por eles; elas *eram* números. Já não sustentamos essa tese pitagórica da realidade substancial do número; não o consideramos mais como o próprio cerne da realidade. Mas o que somos forçados a reconhecer é que o número é uma das funções fundamentais do conhecimento humano, uma etapa necessária no grande processo de objetificação. Esse processo começa na linguagem, mas assume na ciência um aspecto inteiramente novo. Isso porque o simbolismo do número é de um tipo lógico completamente diverso do simbolismo da fala. Na linguagem encontramos os primeiros esforços de classificação, mas estes são ainda descoordenados. Não são capazes de levar a uma verdadeira sistematização, pois os próprios símbolos da linguagem não têm qualquer ordem sistemática definida. Cada termo lingüístico isolado tem uma "área de sentido" especial. Ele é, como diz Gardiner, "um raio de luz, que ilumina primeiro esta e depois aquela porção do campo em que está a coisa, ou antes a complexa concatenação de coisas significada por uma sentença"[8]. Mas nem todos esses diferentes raios de luz têm um foco comum. Estão dispersos e isolados. Na "síntese da multiplicidade", cada nova palavra é um novo começo.

Esse estado de coisas muda por completo assim que ingressamos no reino do número. Não podemos falar de números singulares ou isolados. A essência do número é sempre relativa, não absoluta. Um número singular é apenas um lugar singular em uma ordem sistemática geral. Não tem ser próprio, nem realidade contida em si mesma. Seu sentido é definido pela posição que ocupa no conjunto do sistema numérico. A série dos números naturais é uma série infinita. Tal infinitude, porém, não impõe limites ao nosso conhecimento teórico. Não significa uma indeterminação, um *Apeiron* no sentido platônico, mas precisamente o contrário. Na progressão dos números não deparamos com uma limitação externa, com um "último termo". O que encontramos é uma limitação em virtude de um princípio lógico intrínseco. Todos os termos estão ligados por um elo comum. Têm origem em uma única e mesma relação generativa, a relação que liga o número n a seu sucessor imediato $(n + 1)$. A partir dessa relação singela podemos derivar todas as propriedades dos números inteiros. A marca distintiva e o maior privilégio lógico desse sistema é a sua completa transparência. Em nossas teorias modernas — nas teorias de Frege e Russell, de Peano e Dedekind — o número perdeu todos os seus segredos ontológicos. Concebemo-lo como um simbolismo novo e poderoso que, para todos os propósitos científicos, é infinitamente superior ao da fala. O que encontramos nele não são mais palavras isoladas, mas termos que procedem segundo um único plano fundamental e, portanto, mostram-nos uma lei estrutural clara e definida.

Apesar disso tudo, a descoberta pitagórica significou apenas uma primeira etapa no desenvolvimento da ciência natural. O conjunto da teoria pitagórica do número foi subitamente posto em causa por um fato novo. Quando os pitagóricos descobriram que em um triângulo retângulo a linha oposta ao ângulo reto não tem qualquer medida comum com os dois outros lados, tiveram de enfrentar um problema inteiramente novo. Em toda a história do pensamento grego, em especial nos diálogos de Platão, sentimos a profunda repercussão desse dilema. Ele indica uma crise genuína na matemática grega. Nenhum pensador da antiguidade conseguiu resolver o problema à maneira moderna, através da introdução dos chamados "números irracionais". Do ponto de vista da lógica e da matemática gregas, os números irracionais eram uma contradição em termos. Eram um ἄρρητον, uma coisa sobre a qual não se podia pensar, nem falar[9]. Como o número fora definido como um inteiro ou uma relação entre inteiros, uma extensão incomensurável era uma extensão que não admitia qualquer expressão numérica, que desafiava e anulava todos os poderes lógicos do número. O que os pitagóricos haviam procurado e encontrado no número era a perfeita harmonia de todos os tipos de seres e todas as formas de conhecimento, percepção, intuição e pensamento. A partir de então a aritmética, a geometria, a física, a música e a astronomia deram a impressão de formar um todo coerente. Todas as coisas no céu e na terra tornaram-se "uma harmonia e um número"[10]. A descoberta de extensões incomensuráveis, contudo, foi o colapso dessa tese. Passou a não existir mais uma harmonia real entre a aritmética e a geometria, entre o reino dos números distintos e o das quantidades contínuas.

Foram precisos os esforços de muitos séculos de pensamento matemático e filosófico para restaurar essa harmonia. Uma teoria lógica do *continuum* matemático é uma das mais recentes realizações do pensamento matemático[11]. E, sem uma teoria assim, toda a criação de novos números — das frações, dos números irracionais e assim por diante — sempre pareceu um empreendimento questionável e precário. Se a mente humana, por seu próprio poder, pudesse criar arbitrariamente uma nova esfera de coisas, teríamos de mudar todos os nossos conceitos de verdade objetiva. Mas também aqui o dilema perde força assim que levamos em conta o caráter simbólico do número. Nesse caso fica evidente que, com a introdução de novas classes de números, não criamos novos objetos, mas novos símbolos. A esse respeito, os números naturais estão no mesmo nível dos irracionais ou fracionais. Também eles não são descrições ou imagens de coisas concretas, de objetos físicos, mas antes expressam relações muito simples. A ampliação do território natural dos números, sua extensão por sobre um campo mais vasto, significa apenas a introdução de novos símbolos capazes de descrever relações de uma ordem mais elevada. Os números novos não são símbolos de relações simples, mas de "relações de relações", de "relações de relações de relações" e assim por diante. Nada disso está em contradição com o caráter dos números inteiros, mas elucida e confirma esse caráter. Para preencher a lacuna entre os números inteiros, que são quantidades distintas, e o mundo de eventos físicos contido no *continuum* do espaço e do tempo, o pensamento matemático foi obrigado a encontrar um novo instrumento. Se o número fosse uma "coisa", uma *substantia quae in se est et per se concipitur*, o problema seria insolúvel. Como se tratava de uma linguagem simbólica, porém, só era preciso desenvolver o vocabulário, a morfologia e a sintaxe dessa linguagem de modo coerente. O que se exigia não era uma mudança na natureza e na essência do número, mas apenas uma mudança de sentido. Uma filosofia da matemática precisava provar que essa mudança não conduz a uma ambigüidade ou a uma contradição — que quantidades que não podem ser expressadas com exatidão pelos números inteiros ou por razões entre estes tornavam-se inteiramente compreensíveis e exprimíveis com a introdução dos novos símbolos.

Que todas as questões geométricas admitem uma tal transformação foi uma das primeiras grandes descobertas da filosofia moderna. A geometria analítica de Descartes apresentou a primeira prova convincente dessa relação entre a extensão e o número. A partir dela, a linguagem da geometria deixou de ser um idioma especial e passou a fazer parte de uma linguagem muito mais abrangente, de uma *mathesis universalis*. Porém, para Descartes não era ainda possível dominar o mundo físico, o mundo da matéria e do movimento, do mesmo modo. Suas tentativas de desenvolver uma física matemática fracassaram. O material do nosso mundo físico é composto de dados dos sentidos, e os fatos obstinados e refratários representados por esses dados pareciam resistir a todos os esforços do pensamento lógico e racional de Descartes. A física cartesiana não deixou de ser uma trama de suposições arbitrárias. Mas se Descartes, como físico, podia errar em seus meios, não errou em sua meta filosófica fundamental. A partir dele, essa meta passou a ser entendida com clareza e ficou firmemente estabelecida. Em todos os seus ramos isolados, a física tendeu para um único e mesmo ponto; tentou colocar todo o mundo dos fenômenos naturais sob o controle do número.

Nesse ideal metodológico geral não encontramos qualquer antagonismo entre a física clássica e a moderna. A mecânica quântica, de certo modo, é a verdadeira renascença, a renovação e a confirmação do ideal pitagórico. Nela também, contudo, foi necessário introduzir uma linguagem simbólica muito mais abstrata. Quando Demócrito descreveu a estrutura do seu átomo, recorreu a analogias tiradas do mundo de nossas experiências sensoriais. Apresentou um retrato, uma imagem do átomo, que se parece com objetos comuns do nosso macrocosmo. Os átomos distinguiam-se uns dos outros por sua forma, por seu tamanho e pelo arranjo de suas partes. A ligação entre eles era explicada por vínculos materiais; os átomos isolados receberam ganchos e ilhoses, pinos e encaixes, para que pudessem ser ligados. Todas essas imagens, essa ilustração figurativa, desapareceram das nossas modernas teorias do átomo. No modelo de átomo de Bohr não resta nada dessa linguagem pitoresca. A ciência não fala mais a língua da experiência sensorial comum, mas o idioma pitagórico. O simbolismo puro do número substitui e oblitera o simbolismo da fala comum. Não só o macrocosmo, mas também o microcosmo — o mundo dos fenômenos interatômicos — podia agora ser descrito por essa linguagem. Isso acabou sendo o ponto de partida de uma interpretação sistemática inteiramente nova. "Após a descoberta da análise espectral", escreveu Arnold Sommerfeld no prefácio de seu livro *Atomic Structure and Spectral Lines*[12],

> ninguém com uma formação em física podia duvidar de que o problema do átomo seria resolvido quando os físicos aprendessem a entender a linguagem dos espectros. Tão variada era a enorme quantidade de material acumulado em sessenta anos de pesquisa espectrográfica que, à primeira vista, parecia estar além da possibilidade de ser desenredado.... O que estamos agora ouvindo da linguagem dos espectros é uma verdadeira "música das esferas" no seio do átomo, acordes de relações integrais, uma ordem e uma harmonia que se tornam cada vez mais perfeitas a despeito de sua múltipla variedade.... Todas as leis integrais das linhas espectrais e da teoria atômica surgem originariamente da teoria quântica. Esta é o *organon* misterioso no qual a Natureza toca a sua música dos espectros, e com cujo ritmo ela regula a estrutura dos átomos e dos núcleos.

A história da química é um dos melhores e mais notáveis exemplos dessa lenta transformação da linguagem científica. A química ingressou na "rodovia da ciência" muito depois da física. Não foi absolutamente a falta de novas provas empíricas que obstruiu por muitos séculos o progresso do pensamento químico e que manteve a química nos limites dos conceitos pré-científicos. Quando estudamos a história da alquimia verificamos que os alquimistas possuíam um espantoso talento para a observação. Eles acumularam uma vasta reserva de fatos valiosos, uma matéria-prima sem a qual a química dificilmente teria sido desenvolvida[13]. No entanto, a forma em que essa matéria-prima era apresentada era totalmente inadequada. Quando o alquimista começava a descrever suas observações, não tinha à sua disposição outro instrumento além de uma linguagem semimística, repleta de termos obscuros e mal definidos. Falava em metáforas e alegorias, não em conceitos científicos. Essa linguagem obscura deixava uma marca sobre toda a sua concepção da natureza. Esta transformava-se em um território de qualidades obscuras que só era compreensível para o iniciado, para os adeptos. Uma nova corrente do pensamento químico tem início na época do Renascimento. Nas escolas da "iatroquímica", o pensamento biológico e médico torna-se predominante. Uma verdadeira abordagem científica dos problemas da química, porém, só foi alcançada no século XVII. O livro *Chymista scepticus*, de Robert Boyle (1677), é o primeiro grande exemplo de um ideal moderno da química, baseado em uma nova concepção geral da natureza e das leis naturais. Contudo, mesmo nele, e no ulterior desenvolvimento da teoria do flogístico, encontramos apenas uma descrição qualitativa dos processos químicos. Só no final do século XVIII, na época de Lavoisier, a química aprendeu a falar uma linguagem quantitativa. A partir de então pode-se observar um rápido progresso. Quando Dalton descobriu a lei das proporções equivalentes ou múltiplas, um novo caminho foi aberto para a química. O poder do número foi firmemente estabelecido. Não obstante isso, restavam ainda vastos campos de experiência química que não estavam completamente submetidos às regras dos números. A lista de elementos químicos era uma simples listagem empírica; não dependia de qualquer princípio fixo, nem apresentava uma ordem sistemática definida. Mas até esse último obstáculo foi removido pela descoberta do sistema periódico dos elementos. Cada elemento encontrou o seu lugar em um sistema coerente, e esse lugar era marcado por seu número atômico. "O verdadeiro número atômico é simplesmente o número que dá a posição do elemento no sistema natural quando se levam em devida conta as relações químicas ao decidir a ordem de cada elemento." Argumentando com base no sistema periódico foi possível prever elementos desconhecidos e descobri-los posteriormente. Desse modo, a química adquiriu uma nova estrutura matemática e dedutiva[14].

Podemos acompanhar a mesma tendência geral de pensamento na história da biologia. Tal como todas as outras ciências naturais, a biologia teve de começar por uma simples classificação dos fatos, ainda guiada pelos conceitos classificatórios da nossa linguagem ordinária. A biologia científica deu a esses conceitos um sentido mais definido. O sistema zoológico de Aristóteles e o sistema botânico de Teofrasto mostram um alto grau de coerência e ordem metodológica. Na biologia moderna, porém, todas essas formas anteriores de classificação são encobertas por um ideal diferente. A biologia vai passando aos poucos para um novo estágio de "teoria formulada dedutivamente". "Qualquer ciência, em seu desenvolvimento normal", diz o Professor Northrop,

> passa por dois estágios — o primeiro, que chamamos de estágio da história natural, e o segundo, que é o da teoria prescrita postulacionalmente. A cada um desses estágios corresponde um tipo definido de conceito científico. O tipo de conceito para o estágio da história natural é chamado de conceito por

inspeção; o do estágio postulacionalmente prescrito é o conceito por postulação. Um conceito por inspeção é aquele cujo sentido completo é dado por algo que se apreende imediatamente. O conceito por postulação é aquele cujo sentido é prescrito para ele pelos postulados da teoria dedutiva em que ocorre[15].

Para esse passo decisivo, que leva do meramente apreensível ao compreensível, precisamos sempre de um novo instrumento de pensamento. Devemos referir nossas observações a um sistema de símbolos bem ordenados para poder torná-las coerentes e interpretáveis em termos de conceitos científicos.

Que a matemática seja uma linguagem simbólica universal — que não se ocupa da descrição das coisas, mas de expressões gerais de relações — é uma concepção que aparece em um período relativamente recente da história da filosofia. Uma teoria da matemática baseada nesse pressuposto só surgiu no século XVII. Leibniz foi o primeiro grande pensador moderno a ter uma clara compreensão do verdadeiro caráter do simbolismo matemático e a tirar dessa compreensão, imediatamente, conclusões férteis e abrangentes. A esse respeito, a história da matemática não difere da de todas as demais formas simbólicas. Mesmo para a matemática foi extremamente difícil descobrir a nova dimensão de pensamento simbólico. Tal pensamento era empregado pelos matemáticos muito antes que fossem capazes de explicar o seu caráter lógico específico. Assim como os símbolos da linguagem e da arte, os da matemática estão desde o princípio envoltos em uma espécie de atmosfera mágica. São vistos com reverência e veneração religiosas. Posteriormente essa fé religiosa e mística desenvolve-se aos poucos para uma espécie de fé metafísica. Na filosofia de Platão o número já não está envolto em mistério. Ao contrário, é visto como o próprio centro do mundo intelectual — tornou-se a chave para toda a verdade e inteligibilidade. Quando Platão, já idoso, apresentou sua teoria do mundo ideal, tentou descrevê-lo em termos de número puro. Para ele, a matemática é o domínio intermediário entre o mundo sensível e o supra-sensível. Também ele é um verdadeiro pitagórico — e nessa qualidade está convencido de que o poder do número se estende por sobre todo o mundo visível. Mas a essência metafísica do número não pode ser revelada por nenhum fenômeno visível. Os fenômenos fazem parte dessa essência, mas não podem expressá-la adequadamente. É um engano considerar esses números visíveis que encontramos nos fenômenos naturais, nos movimentos dos corpos celestiais, como os verdadeiros números matemáticos. O que vemos nesse caso são apenas "indicações" ($\pi\alpha\rho\alpha\delta\epsilon\acute{\iota}\gamma\mu\alpha\tau\alpha$) dos números ideais puros. Esses números devem ser apreendidos pela razão e pela inteligência, mas não pela visão.

> Os céus estrelados deveriam ser usados como um padrão, e com vistas a um conhecimento mais elevado; sua beleza é como a beleza das figuras e imagens forjadas com excelência pela mão de Dédalo ou qualquer outro grande artista, que possamos por acaso ver; qualquer geômetra que as visse apreciaria o requinte do trabalho que as fez, mas nunca sonharia em pensar que nelas poderia encontrar o verdadeiro igual ou a verdadeira réplica, ou a verdade de qualquer outra proporção...

E não terá o verdadeiro astrônomo o mesmo sentimento quando olha para o movimento das estrelas? Não pensará que o céu e as coisas no céu são ali colocadas pelo Criador da maneira mais perfeita? Mas nunca imaginará que as proporções da noite e do dia, ou de ambos para o mês, ou deste para o ano, e quaisquer outras coisas que sejam materiais e visíveis possam também ser eternas e não estar sujeitas a nenhum desvio — isso seria absurdo; e é igualmente absurdo dar-se a tantas penas para investigar a sua exata verdade[16].

A epistemologia moderna não sustenta mais essa teoria platônica do número. Não considera a matemática como um estudo de coisas, visíveis ou invisíveis, mas como um estudo de relações e tipos de relação. Quando falamos da objetividade do número, não pensamos nele como uma entidade física ou metafísica separada. O que queremos expressar é que o número é um instrumento para a descoberta da natureza e da realidade. A história da ciência mostra-nos exemplos típicos desse processo intelectual contínuo. Muitas vezes, o pensamento matemático parece ir à frente da investigação física. Nossas teorias matemáticas mais importantes não brotaram de necessidades práticas ou técnicas imediatas. São concebidas como esquemas gerais de pensamento antes de qualquer aplicação concreta. Quando Einstein desenvolveu sua teoria da relatividade geral, recorreu à geometria de Riemann, que este criara muito tempo antes, mas considerava como uma mera possibilidade lógica. Apesar disso, estava convencido de que precisamos de tais possibilidades para estarmos preparados para uma descrição dos fatos reais. O que necessitamos é de plena liberdade na ideação das várias formas do nosso simbolismo matemático, para podermos dar ao pensamento físico todos os seus instrumentos intelectuais. A natureza é inesgotável — sempre nos colocará problemas novos e inesperados. Não podemos antecipar os fatos, mas podemos tomar providências para a interpretação intelectual dos fatos através do poder do pensamento simbólico.

Se aceitarmos essa visão, poderemos encontrar a resposta para um dos problemas mais difíceis e mais debatidos da nossa ciência natural moderna — o problema do determinismo. O que a ciência precisa não é de um determinismo metafísico, mas de um determinismo metodológico. Podemos repudiar o determinismo mecanicista que teve sua expressão na famosa fórmula de Laplace[17]. Mas o verdadeiro determinismo científico, o determinismo do número, não é passível de tais objeções. Deixamos de ver no número um poder místico ou a essência metafísica das coisas. Consideramo-lo um instrumento específico de conhecimento. É óbvio que essa concepção não é questionada por nenhum resultado da física moderna. O progresso da mecânica quântica mostrou-nos que a nossa linguagem matemática é muito mais rica, elástica e flexível do que se pensava nos sistemas da física clássica. É adaptável a novos problemas e exigências. Quando Heisenberg postulou sua teoria, usou uma nova forma de simbolismo algébrico, para o qual algumas das regras algébricas usuais tornaram-se inválidas. Mas a forma geral do número é preservada em todos os esquemas subseqüentes. Gauss declarou que a matemática é a rainha das ciências e a aritmética é a rainha da matemática. Em um estudo histórico do desenvolvimento do pensamento matemático durante o século XIX, Felix Klein afirmou que um dos aspectos mais característicos desse desenvolvimento é a progressiva "aritmetização da matemática"[18]. Também podemos acompanhar esse processo de aritmetização na história da física moderna. Dos quatérnios de Hamilton aos diferentes sistemas da mecânica quântica deparamos com sistemas cada vez mais complexos de simbolismo algébrico. O cientista age com base no princípio de que até nos casos mais complicados acabará conseguindo encontrar um simbolismo adequado que lhe permita descrever suas observações em uma linguagem universal e de compreensão geral.

É certo que o cientista não nos dá uma prova lógica ou empírica de sua pressuposição fundamental. A única prova que nos apresenta é seu trabalho. Ele aceita o princípio do determinismo numérico como uma máxima condutora, uma idéia normativa que confere ao seu trabalho a sua coerência lógica e sua unidade sistemática. Encontro uma das melhores explanações desse caráter geral do processo científico no *Tratado sobre Óptica Fisiológica*, de Helmholtz. Ele afirma que, se os princípios do nosso conhecimento científico, por exemplo a lei da causação, não passassem de regras empíricas, sua prova indutiva estaria em péssimo estado. O melhor que poderíamos dizer seria que tais princípios não eram muito mais válidos que regras da meteorologia como a lei da rotação dos ventos, etc. Mas esses princípios trazem estampado o caráter de leis puramente lógicas, pois as conclusões derivadas deles não dizem respeito à nossa experiência efetiva e aos meros fatos da natureza, mas à nossa interpretação da natureza.

> O processo da nossa compreensão com relação aos fenômenos naturais é que tentamos encontrar *noções gerais* e *leis da natureza*. As leis da natureza são apenas noções genéricas para as mudanças da natureza... Logo, quando não podemos atribuir um fenômeno natural a uma lei... cessa a própria possibilidade de compreendermos esse fenômeno.
>
> Contudo, devemos tentar compreendê-los. Não há outro método para colocá-los sob o controle do intelecto. De modo que, ao investigá-los, devemos agir com base no pressuposto de que são compreensíveis. Conseqüentemente, a lei da razão suficiente não passa, na verdade, da *ânsia* de nosso intelecto de colocar todas as nossas percepções sob seu controle. Não é uma lei da natureza. O nosso intelecto é a faculdade de formular concepções gerais. Não tem nada a ver com nossas percepções sensoriais e experiências, a menos que seja capaz de formar concepções ou leis gerais... Além do nosso intelecto, não existe qualquer outra faculdade igualmente sistematizada, pelo menos para a compreensão do mundo externo. Logo, se formos incapazes de *conceber* uma coisa, não poderemos imaginá-la existindo[19].

Estas palavras descrevem de modo muito claro a atitude geral do espírito científico. O cientista sabe que existem ainda vastos campos de fenômenos que ainda não foi possível reduzir a leis estritas e a regras numéricas exatas. Mesmo assim, continua fiel a este credo pitagórico geral: acha que a natureza, tomada em seu conjunto e em todos os seus campos especiais, é "um número e uma harmonia". Diante da imensidão da natureza, muitos dos maiores cientistas podem ter tido aquela sensação especial que foi expressada em uma frase famosa de Newton. Eles podem ter pensado que, em seu próprio trabalho, eram como uma criança que caminha pelas margens de um imenso oceano e apanha ocasionalmente um calhau cuja cor ou forma atraem o seu olhar. Tal sentimento modesto é compreensível, mas não proporciona uma descrição verdadeira e completa do trabalho do cientista. Este não pode atingir seu objetivo sem uma estrita obediência aos fatos da natureza. Essa obediência, porém, não é submissão passiva. A obra de todos os grandes cientistas naturais — de Galileu e Newton, de Maxwell e Helmholtz, de Planck e Einstein — não foi uma mera coleta de fatos; foi uma obra teórica, ou seja, construtiva. Essas espontaneidade e produtividade são o próprio centro de todas as atividades humanas. É o mais alto poder do homem, e designa ao mesmo tempo o limite natural de nosso mundo humano. Na linguagem, na religião, na arte e na ciência, o homem não pode fazer mais que construir seu próprio universo — um universo simbólico que lhe permite entender e interpretar, articular e organizar, sintetizar e universalizar sua experiência humana.

CAPÍTULO XII

SUMÁRIO E CONCLUSÃO

Se, no final de nossa longa estrada, olharmos de novo para o ponto de partida, poderemos não ter a certeza de havermos alcançado o nosso objetivo. Uma filosofia da cultura parte do pressuposto de que o mundo da cultura humana não é um mero agregado de fatos dispersos e separados. Procura entender esses fatos como um sistema, como um todo orgânico. Para uma visão empírica ou histórica pareceria ser bastante colher os dados da cultura humana. O que nos interessa aqui é a totalidade da vida humana. Estamos envolvidos em um estudo dos fenômenos particulares em sua riqueza e variedade; apreciamos a policromia e a polifonia da natureza do homem. Uma análise filosófica, porém, impõe a si mesma uma tarefa diferente. Seu ponto de partida e sua hipótese de trabalho estão corporificados na convicção de que os raios variados e aparentemente dispersos podem ser concentrados e levados a um foco comum. Os fatos estão aqui reduzidos a formas, e supõe-se que essas próprias formas possuam uma unidade interna. Mas teremos sido capazes de provar esse ponto essencial? Não terão todas as nossas análises individuais mostrado precisamente o contrário? O tempo todo tivemos de enfatizar a estrutura e o caráter específico das várias formas simbólicas — do mito, da linguagem, da arte, da religião, da história, da ciência. Tendo em mente esse aspecto da nossa investigação, talvez possamos sentir-nos inclinados a favorecer a tese oposta, a tese da descontinuidade e da radical heterogeneidade da cultura humana.

De um ponto de vista meramente ontológico ou metafísico, pode ser de fato muito difícil refutar essa tese. Para uma filosofia crítica, porém, o problema assume outro aspecto. Nela não temos a obrigação de provar a unidade substancial do homem. Este não é mais visto como uma substância simples que existe em si mesma e deve ser conhecida por si mesma. A unidade do homem é concebida como uma unidade funcional. Tal unidade não pressupõe uma homogeneidade dos vários elementos de que consiste. Nem tampouco simplesmente admite, ou sequer pede, uma multiplicidade e multiformidade de suas partes constituintes. Trata-se de uma unidade dialética, uma coexistência de contrários.

"Os homens não entendem", disse Heráclito, "de que modo aquilo que é puxado para direções diferentes entra em acordo consigo mesmo — harmonia na contrariedade, como no caso do arco e da lira."[1] Para podermos demonstrar essa harmonia não precisamos provar a identidade ou similitude das diferentes forças pelas quais é produzida. As várias formas da cultura humana não são mantidas juntas por uma identidade em sua natureza, mas por uma conformidade em sua tarefa fundamental. Se existe um equilíbrio na cultura humana, só pode ser descrito como dinâmico, e não estático; resulta de uma luta entre forças opostas. Essa luta não exclui a "harmonia oculta" que, segundo Heráclito, "é melhor que aquela que é óbvia"[2].

A definição do homem por Aristóteles como um "animal social" não é suficientemente abrangente. Ela nos proporciona um conceito geral, mas não a diferença específica. A sociabilidade como tal não é uma característica exclusiva do homem, nem privilégio só dele. Nos chamados estados animais, entre as abelhas e formigas, encontramos uma nítida divisão do trabalho e uma organização social surpreendentemente complicada. No caso do homem, porém, encontramos não só uma sociedade de ação, como ocorre entre os animais, mas também uma sociedade de pensamento e de sentimento. A linguagem, o mito, a arte, a religião e a ciência são os elementos e as condições constitutivas dessa forma mais elevada de sociedade. São os meios pelos quais as formas de vida social que encontramos na natureza orgânica se desenvolvem para um novo estado, o da consciência social. A consciência social do homem depende de um ato duplo, de identificação e discriminação. O homem não pode encontrar a si mesmo, não pode tomar consciência de sua individualidade, a não ser através do meio da vida social. Para ele, porém, esse meio significa mais que uma força externa determinante. O homem, como os animais, submete-se às regras da sociedade, mas, além disso, tem uma participação ativa na criação e um poder ativo de mudança das formas de vida social. Nos estágios rudimentares da sociedade humana, essa atividade é dificilmente perceptível; parece estar reduzida a um mínimo. Quanto mais avançamos, contudo, mais explícita e significativa fica essa característica. Esse lento desenvolvimento pode ser acompanhado em quase todas as formas da cultura humana.

É fato conhecido que muitas ações realizadas nas sociedades animais são não apenas iguais, mas em alguns aspectos superiores às obras dos homens. Foi com freqüência assinalado que, na construção de seus alvéolos, as abelhas agem como um perfeito geômetra, alcançando a mais alta precisão. Tal atividade exige um complexíssimo sistema de coordenação e colaboração. Em nenhuma dessas realizações animais, no entanto, encontramos uma diferenciação individual. Todas são produzidas do mesmo modo e segundo as mesmas regras invariáveis. Não há qualquer latitude para a escolha ou a capacidade individual. Só quando chegamos aos estágios superiores da vida animal encontramos os primeiros indícios de uma certa individualização. As observações dos macacos antropóides por Wolfgang Koehler parecem provar que há muitas diferenças de inteligência e habilidade nesses animais. Um deles pode ser capaz de resolver um problema que para os demais é insolúvel. E aqui podemos até falar de "invenções" individuais. Porém, para a estrutura geral da vida animal, tudo isso é irrelevante. Essa estrutura é determinada pela lei biológica geral segundo a qual os caracteres adquiridos não são passíveis de transmissão hereditária. Todo aperfeiçoamento que um organismo possa obter no curso de sua vida individual fica confinado à sua própria existência, e não influencia a vida da espécie. Nem o homem é uma exceção a essa regra biológica geral. Mas o homem descobriu um novo modo de estabilizar e propagar suas obras. Não pode viver sua vida sem expressá-la. Os vários modos dessa expressão constituem uma nova esfera. Têm uma vida própria, um tipo de eternidade através da qual sobrevivem à existência individual e efêmera do homem. Em todas as atividades humanas vemos uma polaridade fundamental, que pode ser descrita de várias maneiras. Podemos falar de uma tensão entre estabilização e evolução, entre uma tendência que leva a formas fixas e estáveis de vida e outra que rompe esse esquema rígido. O homem fica dividido entre essas duas tendências, uma das quais procura preservar as formas antigas, enquanto a outra esforça-se para produzir novas formas. Há uma luta incessante entre a tradição e a inovação, entre forças reprodutivas e criativas. Esse dualismo é encontrado em todos os domínios da vida cultural. O que varia é a proporção dos fatores opostos. Ora um fator, ora outro, parece preponderar. Essa preponderância determina em alto grau o caráter das formas isoladas e confere a cada uma delas a sua fisionomia particular.

No mito e na religião primitiva, a tendência à estabilização é tão forte que supera totalmente o pólo oposto. Esses dois fenômenos culturais parecem ser os poderes mais conservadores da vida humana. O pensamento mítico, por sua origem e princípio, é pensamento tradicional, pois o mito não tem meios de entender, explicar e interpretar a forma presente da vida humana, a não ser remetendo-a a um passado remoto. Aquilo que tem suas raízes nesse passado mítico, que tem sido desde então, que existiu desde tempos imemoriais, é firme e inquestionável. Colocar isso em causa seria um sacrilégio. Para a mente primitiva não há nada mais sagrado que a sacralidade da idade. É a idade que confere a todas as coisas, aos objetos físicos e às instituições humanas, seu valor, sua dignidade e seu mérito moral e religioso. Para que seja possível manter essa dignidade, torna-se imperativo preservar a ordem humana na mesma ordem inalterável. Qualquer solução de continuidade destruiria a própria substância da vida religiosa e mítica. Do ponto de vista do pensamento primitivo, a mais leve alteração no esquema estabelecido das coisas é algo desastroso. As palavras de uma fórmula mágica, de um feitiço ou encantamento, as fases singulares de um ato religioso, de um sacrifício ou de uma oração, tudo deve ser repetido em uma única e mesma ordem invariável. Qualquer mudança aniquilaria a força e a eficácia da palavra mágica ou do rito religioso. A religião primitiva, portanto, não pode deixar espaço para qualquer liberdade de pensamento individual. Ela prescreve suas regras fixas, rígidas e invioláveis não só para cada ação humana, mas também para todo sentimento humano. A vida do homem está sob uma pressão constante. Está encerrada no estreito círculo de exigências positivas e negativas, de consagrações e proibições, de observâncias e tabus. Apesar disso, a história da religião mostra-nos que essa primeira forma de pensamento religioso não expressa de modo algum o seu real sentido e seu fim. Nela também encontramos um avanço contínuo na direção oposta. O interdito sob o qual a vida humana fora posta pelo pensamento mítico e religioso primitivo é gradualmente afrouxado, e finalmente dá mostras de ter perdido a sua força coesiva. Surge uma nova forma dinâmica de religião que abre uma nova perspectiva de vida moral e religiosa. Nessa religião dinâmica, os poderes individuais obtiveram a predominância sobre os simples poderes de estabilização. A vida religiosa alcançou sua maturidade e sua liberdade; quebrou o feitiço de um tradicionalismo rígido[3].

Se passarmos do campo do pensamento mítico e religioso para o da linguagem, encontraremos neste, sob forma diferente, o mesmo processo fundamental. Até mesmo a linguagem é um dos mais firmes poderes conservadores da cultura humana. Sem esse conservadorismo não seria capaz de cumprir sua tarefa principal, a comunicação. Esta requer regras estritas. Os símbolos e as formas lingüísticas precisam ter estabilidade e constância para poderem resistir à influência corrosiva e destruidora do tempo. Apesar disso, as mudanças fonéticas e semânticas não são apenas aspectos casuais do desenvolvimento da linguagem. São condições inerentes e necessárias desse desenvolvimento. Uma das razões mais importantes para essa contínua mudança é o fato de que a língua deve ser transmitida de geração a geração. Essa transmissão não é possível através da simples reprodução de formas fixas e estáveis. O processo de aquisição da linguagem envolve sempre uma atitude ativa e produtiva. Até os enganos infantis são característicos a esse respeito. Longe de serem erros que surgem de uma capacidade insuficiente de memória ou de reprodução, constituem a melhor prova de atividade e espontaneidade por parte da criança. Em um estágio comparativamente primitivo de seu desenvolvimento, a criança parece ter adquirido uma certa idéia da estrutura geral de sua língua materna sem ter, é claro, qualquer consciência abstrata de regras lingüísticas. Usa palavras ou sentenças que nunca ouviu antes e que são infrações às regras morfológicas ou sintáticas. Mas é precisamente nessas tentativas que surge o agudo senso de analogia da criança. Nelas, ela ensaia a sua capacidade de apreender a forma da língua em vez de se limitar a reproduzir o seu conteúdo. A transferência da língua de uma geração a outra, portanto, nunca pode ser comparada a uma simples transferência de propriedade através da qual uma coisa material, sem alterar sua natureza, apenas muda de dono. Em seus *Prinzipien der Sprachgeschichte*, Hermann Paul enfatizou especialmente esta questão. Mostrou com exemplos concretos que a evolução histórica de uma língua depende em grande medida dessas mudanças lentas e contínuas que têm lugar na transferência de palavras e formas lingüísticas dos pais para os filhos. Segundo Paul, esse processo deve ser visto como uma das razões principais para os fenômenos da transformação sonora e da mudança semântica[4]. Em tudo isso sentimos com muita nitidez a presença de duas tendências diferentes — uma que leva à conservação, outra à renovação e ao rejuvenescimento da língua. No entanto, mal poderíamos falar de uma oposição entre essas duas tendências. Elas estão em equilíbrio perfeito; são os dois elementos e condições indispensáveis da vida da linguagem.

Um novo aspecto do mesmo problema se nos apresenta no desenvolvimento da arte. Neste caso, porém, o segundo fator — o fator da originalidade, da individualidade, da criatividade — parece definitivamente predominar sobre o primeiro. Na arte não nos contentamos com a repetição ou reprodução de formas tradicionais. Sentimos uma nova obrigação; introduzimos novos padrões críticos. "Mediocribus esse poetis non di, non homines, non concessere columnae", diz Horácio em sua *Ars Poetica* ("A mediocridade dos poetas não é permitida, nem pelos deuses, nem pelos homens, nem pelos pilares que sustentam as lojas dos livreiros"). É claro que mesmo neste campo a tradição tem um papel de suprema importância. Tal como no caso da linguagem, as mesmas formas são transmitidas de uma geração a outra. Os mesmos motivos fundamentais da arte ocorrem repetidamente. Apesar disso todo grande artista, de certo modo, faz uma nova época. Tomamos consciência desse fato quando comparamos nossas formas comuns de fala com a linguagem poética. Nenhum poeta pode criar uma linguagem inteiramente nova. Precisa adotar as palavras, e respeitar as regras fundamentais de sua língua. A tudo isso, porém, o poeta dá não só um novo aspecto, mas também uma nova vida. Na poesia as palavras não são significativas apenas de maneira abstrata; não são meros ponteiros através dos quais queremos indicar certos objetos empíricos. Deparamos neste caso com uma espécie de metamorfose de nossas palavras comuns. Cada verso de Shakespeare, cada estrofe de Dante ou de Ariosto, cada poema lírico de Goethe tem seu som peculiar. Lessing disse que é tão impossível roubar um verso de Shakespeare quanto roubar a maça de Hércules. E o que é ainda mais espantoso é o fato de que o grande poeta nunca se repete. Shakespeare falava uma língua que nunca antes fora ouvida — e cada personagem shakesperiano fala seu próprio idioma incomparável e inconfundível. Em Lear ou em Macbeth, em Brutus ou em Hamlet, em Rosalinda ou em Beatriz ouvimos essa linguagem pessoal que é o espelho de uma alma individual. Somente assim pode a poesia expressar todos os inúmeros matizes, aqueles delicados tons de sentimento que são impossíveis em outros modos de expressão. Se em seu desenvolvimento a linguagem necessita uma constante renovação, não existe para isso fonte melhor e mais profunda que a poesia. A grande poesia sempre faz uma incisão clara, uma cesura definida, na história da linguagem. Após a morte de Dante, Shakespeare e Goethe, a língua italiana, a língua inglesa e a língua alemã não eram as mesmas que haviam sido no dia do nascimento deles.

Em nossas teorias estéticas, a diferença entre os poderes conservador e produtivo de que depende a obra de arte foi sempre sentida e expressada. Em todas as épocas houve sempre uma tensão e um conflito entre as teorias da imitação e da inspiração. A primeira declara que a obra de arte deve ser julgada segundo regras fixas e constantes, ou de acordo com modelos clássicos. A segunda rejeita todos os padrões ou cânones de beleza. A beleza é única e incomparável, é obra do gênio. Foi essa concepção que, após uma longa luta contra as teorias do classicismo e do neoclassicismo, se tornou predominante no século XVIII e pavimentou o caminho para a nossa estética moderna. "O *gênio*", diz Kant em sua *Crítica do Juízo*, "é a disposição mental inata (*ingenium*) *através da qual* a Natureza dá a regra à Arte." É um "*talento* para produzir aquilo para o que nenhuma regra definida pode ser dada; não é mera aptidão para o que pode ser aprendido por uma regra. Logo, a *originalidade* deve ser sua primeira propriedade". Essa originalidade é a prerrogativa e a distinção da arte; não pode ser estendida a outros campos da atividade humana. "A Natureza, por meio do gênio, não prescreve regras para a Ciência, mas para a Arte; e para ela contanto que seja Arte bela." Podemos falar de Newton como um gênio científico; mas nesse caso falamos apenas metaforicamente. "Desse modo podemos aprender prontamente tudo o que *Newton* apresentou em sua obra imortal sobre os Princípios da Filosofia Natural, por maior que fosse a mente necessária para descobri-la; mas não podemos aprender a escrever poesia com espírito, por mais expressos que sejam os preceitos da arte e por mais excelentes que sejam os seus modelos."[5]

A relação entre subjetividade e objetividade, individualidade e universalidade, não é de fato a mesma na obra de arte e na obra do cientista. É verdade que uma grande descoberta científica sempre traz a marca da mente individual de seu autor. Nela não encontramos somente um novo aspecto objetivo das coisas, mas também uma atitude mental individual e até um estilo pessoal. Mas tudo isso tem uma relevância apenas psicológica, não sistemática. No conteúdo objetivo da ciência, esses traços individuais são esquecidos e apagados, pois uma das principais metas do pensamento científico é a eliminação de todos os elementos pessoais e antropomórficos. Nas palavras de Bacon, a ciência esforça-se para conceber o mundo "*ex analogia universi*", e não "*ex analogia hominis*"[6].

Tomada como um todo, a cultura humana pode ser descrita como o processo da progressiva autolibertação do homem. A linguagem, a arte, a religião e a ciência são várias fases desse processo. Em todas elas o homem descobre e experimenta um novo poder — o poder de construir um mundo só dele, um mundo "ideal". A filosofia não pode renunciar à sua busca por uma unidade fundamental nesse mundo ideal; mas não confunde essa unidade com simplicidade. Ela não menospreza as tensões e atritos, os fortes contrastes e os profundos conflitos entre os vários poderes do homem. Estes não podem ser reduzidos a um denominador comum. Tendem para direções diferentes e obedecem a princípios diferentes. Mas essas multiplicidade e disparidade não denotam discórdia ou desarmonia. Todas essas funções completam-se e complementam-se entre si. Cada uma delas abre um novo horizonte e mostra-nos um novo aspecto da humanidade. O dissonante está em harmonia consigo mesmo; os contrários não são mutuamente exclusivos, mas interdependentes: "harmonia na contrariedade, como no caso do arco e da lira".

NOTAS

PREFÁCIO

1. 8 volumes, Berlim, Bruno Cassirer, 1923-29.

CAPÍTULO I

1. Aristóteles, *Metafísica*, Livro A. 1980ª 21. Tradução para o inglês de W.D. Ross, *The Works of Aristotle* (Oxford, Clarendon Press, 1924), Vol. VIII.
2. Fragmento 101 em Diels, *Die Fragmente der Vorsokratiker*, editado por W. Krantz (5.ª edição, Berlim, 1934), I, 173.
3. Platão, *Phaedrus* 230A (tradução de Jowett).
4. Platão, *Apology* 37E (tradução de Jowett).
5. Nas páginas seguintes não tentarei apresentar um levantamento do desenvolvimento histórico da filosofia antropológica. Selecionarei apenas alguns estágios típicos para ilustrar a linha geral de pensamento. A história da filosofia do homem é ainda uma aspiração. Enquanto a história da metafísica, da filosofia natural, do pensamento ético e científico foi estudada em todos os detalhes, neste caso estamos ainda no início. No decorrer do último século, a importância deste problema vem sendo sentida de maneira cada vez mais clara. Wilhelm Dilthey concentrou todos os seus esforços em sua solução. Mas a obra de Dilthey, por mais rica e sugestiva que fosse, ficou incompleta. Um dos pupilos de Dilthey, Bernhard Groethuysen, fez uma excelente descrição do desenvolvimento geral da filosofia antropológica. Infelizmente, porém, mesmo esta descrição detém-se antes da última e decisiva etapa — a da era moderna. Ver Bernhard Groethuysen, "Philosophische Anthropologie", *Handbuch der Philosophie* (Munique e Berlim, 1931), III, 1-207.

Ver também o artigo de Groethuysen, "Towards an Anthropological Philosophy", *Philosophy and History, Essays presented to Ernst Cassirer* (Oxford, Clarendon Press, 1936), pp. 77-89.

6. Marcus Aurelius Antoninus, *Ad se ipsum* (εἰς ἑαυτόν), Livro I, par. 8. Na maior parte dos trechos seguintes de Marco Aurélio, cito a versão inglesa de C.R. Haines, *The Communings with Himself of Marcus Aurelius Antoninus* (Cambridge, Massachussets, Harvard University Press, 1916), Loeb Classical Library.

7. Marcus Aurelius, *op. cit*, Livro V, par. 15.

8. *Idem*, Livro IV, par. 8.

9. *Idem*, Livro III, par. 6.

10. *Idem*, Livro V, par. 11.

11. *Idem*, Livro VIII, par. 41.

12. Cf. *Idem*, Livro V, par. 14. Ὁ λόγος καὶ ἡ λογικὴ τέχνη δυνάμεις εἰσὶν ἑαυταῖς ἀρκούμεναι καὶ τοῖς καθ' ἑαυτάς ἔργοις.

13. Ὁ κόσμος ἀλλοίωσις· ὁ βίος ὑπόληψις. Livro IV, par. 3. O termo "afirmação" ou "juízo" parece-me ser uma expressão muito mais adequada do pensamento de Marco Aurélio do que "opinião", que encontrei em todas as versões inglesas que consultei. "Opinião" (a δόξα platônica) contém um elemento de mudança e incerteza que não era entendido por Marco Aurélio. Como termos equivalentes para ὑπόληψις encontramos em Marco Aurélio κρίσις, κρῖμα, διάκρισις. Cf. Livro III, par. 2; VI, par. 52; VIII pars. 28, 47.

14. Para um relato detalhado, ver Cassirer, *Descartes* (Estocolmo, 1939), pp. 215 ss.

15. Para uma distinção entre *l'esprit géométrique* e *l'esprit de finesse*, compare-se o tratado "De l'esprit géométrique", de Pascal, e *Pensées*, também de Pascal, editado por Charles Louandre (Paris, 1858), cap. ix, p. 231. Nos trechos que se seguem, citei a tradução para o inglês de O.W. Wight (Nova York, 1861).

16. *Pensées*, cap. x, seção 1.

17. *Idem*, cap. xii, seção 5

18. *Idem*, cap. xiii, seção 3.

19. *Idem*, cap. x, seção 1.

20. Sobre o conceito estóico de providência (πρόνοια), ver, por exemplo, Marcus Aurelius, *op. cit.*, Livro II, par. 3.

21. Pascal, *op. cit.*, cap. xxv, seção 18.

22. Montaigne, *Essais*, II, cap. xii. Tradução para o inglês de William Hazlitt, *The Works of Michel de Montaigne* (2ª edição, Londres, 1845), p. 205.

23. *Idem*, I, cap. xxv. Tradução para o inglês, pp. 65 s.

24. Para mais detalhes, ver Cassirer, *Individuum und Kosmos in der Philosophie der Renaissance* (Leipzig, 1927), pp. 197 ss.

25. Galileo, *Dialogo dei due massimi sistemi del mondo*, I (Edizione nazionale), VII, 129.
26. Diderot, *Pensées sur l'interprétation de la nature*, seção 4; cf. seções 17, 21.
27. Darwin, *The Variation of Animals and Plants under Domestication* (Nova York, Appleton & Co., 1897), II, cap. xxviii, 425 s.
28. Taine, *Histoire de la littérature anglaise*, Introdução. Tradução para o inglês de H. van Laun (Nova York, Holt & Co., 1872), I, 12 ss.
29. Max Scheler, *Die Stellung des Menschen im Kosmos* (Darmstadt, Reichl, 1928), pp. 13 s.

CAPÍTULO II

1. Ver Johannes von Uexküll, *Theoretische Biologie* (2.ª ed., Berlim, 1938); *Umwelt und Innenwelt der Tiere* (1909; 2.ª ed., Berlim, 1921).
2. Ver Cassirer, *Die Begriffsform im mythischen Denken* (Leipzig, 1921).

CAPÍTULO III

1. J. B. Wolfe, "Effectiveness of Token-Rewards for Chimpanzees", Comparative Psychology Monographs, 12, n? 5.
2. Robert M. Yerkes, *Chimpanzees. A Laboratory Colony* (New Haven, Yale University Press, 1943), p. 189.
3. G. Révész, "Die menschlichen Kommunikationsformen und die sogenannte Tiersprache", *Proceedings of the Netherlands Akademie van Wetenschappen*, XLIII (1940), n? 9, 10; XLIV (1941), N? 1.
4. Sobre a distinção entre as meras expressões emocionais e "o tipo normal de comunicação de idéias que é a fala", ver as observações introdutórias de Edward Sapir, *Language* (Nova York, Harcourt, Brace, 1921).
5. Para mais detalhes, ver Charles Bally, *Le langage et la vie* (Paris, 1936).
6. Wolfgang Koehler, "Zur Psychologie des Schimpansen", *Psychologische Forschung*, I (1921), 27. Cf. a edição inglesa, *The Mentality of Apes* (Nova York, Harcourt, Brace, 1925), Apêndice, p. 317.
7. Uma das primeiras tentativas de se fazer uma nítida distinção entre a linguagem proposicional e a emocional foi feita no campo da psicopatologia da linguagem. O neurologista inglês Jackson introduziu o termo "linguagem proposicional" para explicar alguns fenômenos patológicos muito interessantes. Descobriu que muitos pacientes de afasia não haviam de modo algum perdido o uso da fala, mas que não conseguiam empregar suas palavras de modo objetivo, proposicional. A distinção de Jackson revelou-se muito frutífera. Teve um papel importante no desenvolvimento da psicopa-

tologia da linguagem. Para mais detalhes, ver Cassirer, *Philosophie der symbolischen Formen*, III, cap. vi, 237-323.

8. Koehler, *The Mentality of Apes*, p. 277.

9. Révész, *op. cit.*, XLIII, Parte II (1940), 33.

10. Yerkes e Nissen, "Pre-linguistic Sign Behavior in Chimpanzee", *Science*, LXXXIX, 587.

11. Yerkes, *Chimpanzees*, p. 189.

12. A susceptibilidade foi provada, por exemplo, no famoso caso de "Hans Esperto", que há algumas décadas criou uma certa sensação entre os psicobiólogos. Hans Esperto era um cavalo que parecia possuir uma espantosa inteligência. Ele conseguia até dominar problemas aritméticos bastante complicados, extrair raízes cúbicas e coisas do gênero, batendo a pata no chão quantas vezes fossem necessárias para a solução do problema. Uma comissão especial de psicólogos e outros cientistas foi convocada para investigar o caso. Logo ficou claro que o animal reagia a certos movimentos involuntários do dono. Quando este estava ausente ou não entendia a pergunta, o cavalo não conseguia responder.

13. Para ilustrar isto, gostaria de mencionar outro exemplo revelador. O Dr. Pfungst, psicobiólogo que desenvolvera métodos novos e interessantes para o estudo do comportamento animal, contou-me certa vez que havia recebido uma carta de um major sobre um problema curioso. O major tinha um cão que o acompanhava em suas caminhadas. Todas as vezes que o dono se preparava para sair, o animal dava mostras de grande alegria e excitação. Certo dia, porém, o major decidiu tentar uma pequena experiência. Fingindo que ia sair, colocou o chapéu, apanhou a bengala e fez os preparativos costumeiros — sem ter, no entanto, a menor intenção de sair para passear. Para sua grande surpresa, o cão não se deixou enganar; ficou calmamente em seu canto. Após um breve período de observação, o Dr. Pfungst conseguiu resolver o problema. No quarto do major havia uma escrivaninha com uma gaveta que continha documentos importantes e valiosos. O major criara o hábito de sacudir essa gaveta antes de sair de casa para garantir que estava trancada em segurança. Não fez isso no dia em que não pretendia sair. Mas para o cão aquilo se tornara um sinal, um elemento necessário da situação de passeio. Sem esse sinal o cão não reagiu.

14. Sobre a distinção entre operadores e designadores, ver Charles Morris, "The Foundation of the Theory of Signs", *Encyclopedia of the Unified Sciences* (1938).

15. Edward L. Thorndike, *Animal Intelligence*, (Nova York, Macmillan, 1911), pp. 119 ss.

16. Ver Koehler, *op. cit.*, cap. vii, "'Chance' and 'Imitation'".

17. Ver R.M. e A.W. Yerkes, *The Great Apes* (New Haven, Yale University Press, 1929), pp. 368 ss., 520 ss.

18. Sobre Laura Bridgman, ver Maud Howe e Florence Howe Hall, *Laura Bridgman* (Boston, 1903); Mary Swift Lamson, *Life and Education of Laura*

Dewey Bridgman (Boston, 1881); Wilhelm Jerusalem, *Laura Bridgman. Erziehung einer Taubstumm-Blinden* (Berlim, 1905).

19. Ver Helen Keller, *The Story of My Life* (Nova York, Doubleday, Page & Co., 1902, 1903), Supplementary Account of Helen Keller's Life and Education, pp. 315 ss.

20. Ver Mary Swift Lamson, *Life and Education of Laura Dewey Bridgman, the Deaf, Dumb and Blind Girl* (Boston, Houghton, Mifflin Co., 1881), pp. 7 s.

21. Para mais detalhes, ver Cassirer, *Sprache und Mythos* (Lepzig, 1925).

22. Para este problema, ver W.M. Urban, *Language and Reality*, Parte I, iii, 95 ss.

23. Ver Francis Lieber, "A Paper on the Vocal Sounds of Laura Bridgman", *Smithsonian Contributions to Knowledge*, II, Artigo 2, p. 27.

24. Ver Mary Swift Lamson, *op. cit.*, p. 84.

25. Ver Wolfgang Koehler, "Optische Untersuchungen am Schimpansen und am Haushuhn; Nachweis einfacher Strukturfunktionen beim Schimpansen und beim Haushuhn", *Abhandlungen der Berliner Akademie der Wissenschaften* (1915, 1918).

26. A teoria de Hume sobre a "distinção da razão" é explicada em seu *Treatise of Human Nature*, Parte I, seção 7 (Londres, Green and Grose, 1874), I, 332 ss.

27. Exemplos são dados por Yerkes em *Chimpanzees*, pp. 103 ss.

28. Herder, *Über den Ursprung der Sprache* (1772), "Werke", ed. Suphan, V. 34 s.

29. Ver, por exemplo, as observações de R.M. Yerkes acerca das "respostas generalizadas" no chimpanzé, *op. cit.*, pp. 130 ss.

30. Um relato detalhado e interessantíssimo desses fenômenos pode ser encontrado em várias publicações de K. Goldstein e A. Gelb. Goldstein apresentou um apanhado geral de suas visões teóricas em *Human Nature in the Light of Psychopathology*, das William James Lectures, pronunciadas na Harvard University, 1937-38 (Cambridge, Massachussets, Harvard University Press, 1940). Discuti esta questão de um ponto de vista filosófico geral em *Philosophie der symbolischen Formen*, III, vi, 237-323.

CAPÍTULO IV

1. Ver as observações de William Stern em seu *Psychology of Early Childhood*, traduzido por Anna Barwell (2ª ed., Nova York, Holt & Co., 1930), pp. 114 ss.

2. Ver os *Principia*, de Newton, Livro I, Definição 8, Scholium.

3. Heinz Werner, *Comparative Psychology of Mental Development* (Nova York, Harper & Bros., 1940), p. 167.

4. Sobre estas teorias, ver os escritos de Hugo Winckler, especialmente *Himmelsbild und Weltenbild der Babylonier als Grundlage der Weltanschauung und*

Mythologie aller Völker (Leipzig, 1901) e *Die babylonische Geisteskultur in ihren Beziehungen zur Kulturentwicklung der Menschheit* (Leipzig, 1901).

5. Otto Neugebauer, "Vorgriechische Mathematik", em *Vorlesungen über die Geschichte der antiken Mathematischen Wissenschaften* (Berlim, J. Springer, 1934), I, 68 ss.

6. Ver Ewald Hering, *Über das Gedächtnis als eine allgemeine Funktion der organischen Materie* (1870).

7. Para mais detalhes, ver *Mneme* (1909) e *Die Mnemischen Empfindungen* (1909), de Semon. Uma versão inglesa abreviada desses livros, editada por Bella Duffy, foi publicada com o título *Mnemic Psychology* (Nova York, 1923).

8. "Der latente Rest einer früheren Reizwirkung" (Semon).

9. Yerkes, *Chimpanzees*, p. 145.

10. "At *leve* er — krig med trolde i hjertets og hjernens hvaelv.
    Att *digte*, — det er at holde dommedag over sig selv."
    Ibsen, *Digte* (5.ª ed., Copenhague, 1886), p. 203.

11. Stern, *op. cit.*, pp. 112 s.

12. Koehler, *The Mentality of Apes*, p. 282.

CAPÍTULO V

1. Ver Kant, *Critique of Judgment*, seções 76, 77.

2. "... ein der Bilder bedürftiger Verstand" (Kant).

3. As crianças também parecem ter às vezes muita dificuldade para imaginar casos hipotéticos. Isso fica particularmente claro quando o desenvolvimento da criança é retardado por circunstâncias especiais. Um notável paralelo dos casos patológicos citados acima pode ser extraído, por exemplo, da vida e da educação de Laura Bridgman. "Foi observado", escreve uma de suas professoras, "que no início era muito difícil fazê-la entender figuras de linguagem, fábulas ou casos supostos de qualquer tipo, e essa dificuldade ainda não foi inteiramente superada. Se lhe é dado um problema aritmético qualquer, a primeira impressão é de que aquilo que se supõe aconteceu de fato. Por exemplo, há alguns dias, quando sua professora pegou um livro de aritmética para ler um problema, ela perguntou: '*Como é que o homem que escreveu esse livro sabia que eu estava aqui?*' O problema era o seguinte: 'Se você pode comprar um barril de cidra por quatro dólares, quanto é que você pode comprar com um dólar?', sobre o qual seu primeiro comentário foi, '*Não posso pagar muito pela cidra, porque é muito azeda*'." Ver Maud Howe e Florence Howe Hall, *Laura Bridgman*, p. 112.

4. Kurt Goldstein, *Human Nature in the Light of Psychopathology*, pp. 49 ss., 210.

5. Para um tratamento mais detalhado deste problema, ver Cassirer, *Substanzbegriff und Funktionsbegriff*. Tradução para o inglês de W.C. e M.C. Swabey, *Substance and Function* (Chicago e Londres, 1923).

6. Ver A. Koyré, "Galileo and the Scientific Revolution of the seventeenth Century", *Philosophical Review*, LII (1943), 392 ss.

7. "In der Idee leben heisst das Unmögliche so behandeln als wenn es möglich wäre." Goethe, *Sprüche in Prosa*, "Werke" (edição Weimar), XLII, Parte II, 142.

PARTE II

CAPÍTULO VI

1. Comte, *Lettres à Valat*, p. 89; citado de L. Lévy-Bruhl, *La philosophie d'Auguste Comte*. Para mais detalhes, ver Lévy-Bruhl, *op. cit.*, tradução para o inglês, *The Philosophy of Comte* (Nova York e Londres, 1903), pp. 247 ss.

2. Comte, *Cours de philosophie positive*. Tradução para o inglês de Harriet Martineau, *Positive Philosophy* (Nova York, 1855), introdução, cap. ii, 45 s.

3. *De l'intelligence* (Paris, 1870), 2 volumes.

4. *Chimpanzees*, p. 110.

5. John Dewey, *Human Nature and Conduct* (Nova York, Holt & Co., 1922), Parte II, seção 5, p. 131.

6. *Philosophie der symbolischen Formen*. Vol I, *Die Sprache* (1923); Vol. II, *Das mythische Denken* (1925); Vol. III, *Phaenomenologie der Erkenntnis* (1929).

7. Para uma discussão mais detalhada do problema, ver Cap. VIII, pp. 196-201.

8. Wölfflin, *Kunstgeschichtliche Grundbegriffe*. Tradução para o inglês de M.D. Hottinger (Londres, G. Bell & Sons, 1932), pp. 226 ss.

CAPÍTULO VII

1. Ver acima, Cap. I, p. 26.

2. Uma excelente descrição desta unidade interna foi feita na obra de Archibald Allan Bowman, *Studies in the Philosophy of Religion* (Londres, 1938). 2 volumes.

3. Malinowski, *Myth in Primitive Psychology* (Nova York, Norton, 1926), pp. 12 s.

4. F.C. Prescott, *Poetry and Myth* (Nova York, Macmillan, 1927), p. 10.

5. Ver Frazer, *The Magic Art and the Evolution of Kings*, Vol. I de *The Golden Bough* (2ª ed. Macmillan, 1900), pp. 61 ss., 220 ss.

6. Para uma crítica da tese de Frazer, ver R.R. Marett, *The Threshold of Religion* (2ª ed., Londres, Methuen, 1914), pp. 47 ss., 177 ss.

7. Cf. Kant, *Prolegomena to Every Future Metaphysics*, seção 14.

8. Com relação a este problema, ver Cassirer, *Philosophie der symbolischen Formen*, Vol. III, Parte I, caps. ii e iii.

9. *Experience and Nature* (Chicago, Open Court Publishing Co., 1925), pp. 96, 264 s.

10. Cf. Durkheim, *Les formes élémentaires de la vie religieuse* (Paris, 1912); tradução para o inglês, *Elementary Forms of the Religious Life* (Nova York, 1915).

11. Cf. Lévy-Bruhl, *Les fonctions mentales dans les sociétés inférieures* (Paris, 1910); tradução inglesa, *How Natives Think* (Londres e Nova York, 1926); *La mentalité primitive* (Paris, 1922); tradução para o inglês, *Primitive Mentality* (Nova York, 1923); *L'Ame primitive* (Paris, 1928); tradução para o inglês, *The "Soul" of the Primitive* (Nova York, 1928).

12. Malinowski, *The Foundations of Faith and Morals* (Londres, Oxford University Press, 1936; publicado para a University of Durham), p. 34.

13. Até na literatura moderna encontramos ainda muitos vestígios desta tendência intelectualista. Ver, por exemplo, F. Langer, *Intellectualmythologie* (Leipzig, 1916).

14. Sir Baldwin Spencer e F.J. Gillen, *The Native Tribes of Central Australia, The Northern Tribes of Central Australia*.

15. Cf. Karl von den Steinen, *Unter den Naturvölkern Zentral-Brasiliens* (Berlim, 1897), p. 307.

16. Frazer, *Lectures on the Early History of Kingship* (Londres, Macmillan, 1905), p. 109.

17. Spencer e Gillen, *The Native Tribes of Central Australia*, p. 48.

18. James Henry Breasted, *Development of Religion and Thought in Ancient Egypt* (Nova York, Charles Scribner's Sons, 1912), p. 91.

19. Um rico material etnológico para ilustrar esta questão pode ser encontrado no artigo sobre o culto aos ancestrais (Ancestor-Worship) da *Encyclopedia of Religion and Ethics*, de Hastings, I, 425 ss.

20. J.J.M. de Groot, *The Religion of the Chinese* (Nova York, Macmillan, 1910), pp. 67, 82. Para mais informações, ver de Groot, *The Religious System of China* (Leyden, 1892 ss.), Volumes IV-VI.

21. Fustel de Coulanges, *La cité antique*; Wissowa, *Religion der Römer* (1902), pp. 187 ss.

22. Cf. Ancestor-Worship, na *Encyclopedia* de Hastings, I, 433.

23. Cf. Rudolf Otto, *Das Heilige* (Göttingen, 1912).

24. W. Robertson-Smith, *Lectures on the Religion of the Semites* (Edimburgo, A. & C. Black, 1889), Lecture II, pp. 53 ss. Cf. Lecture X, pp. 334 ss.

25. Para o material etnológico, ver Sir Edward Burnett Tylor, *Primitive Culture* (Nova York, Henry Holt & Co., 1874), cap. xiv.

26. Tylor, *op. cit.*, (3ª ed.), II, 32 s.

27. Bergson, *Les deux sources de la morale et de la religion*. Tradução para o inglês de R. Ashley Audra e Cloudesley Brereton, *The Two Sources of Morality and Religion* (Nova York, Holt & Co., 1935), ii, 25, 26, 30, 42.

28. Bergson, *op. cit.*, pp. 48 ss.

29. Ver Malinowski, *Crime and Custom in Savage Society* (Londres e Nova York, 1926).

30. Para mais detalhes, ver Jane Ellen Harrison, *Prolegomena to the Study of Greek Religion* (Cambridge, 1903), cap. 1.

31. Gilbert Murray, *Five Stages of Greek Religion*, Columbia University Lectures (Nova York, Columbia University Press, 1930), p. 16.

32. Idem, p. 82.

33. Frazer, *The Golden Bough*, I, 78.

34. Malinowski, *The Foundations of Faith and Morals*, p. 22.

35. Ver, por exemplo, R.R. Marett, *Faith, Hope, and Charity in Primitive Religion*, Gifford Lectures (Macmillan, 1932), Lecture II, pp. 21 ss.

36. Frazer, *op. cit.*, I, 76 s.

37. Ver a crítica da teoria de Frazer em Marett, *The Threshold of Religion*, pp. 29 ss.

38. Ver acima, p. 126 s.

39. Cf. Freud, *Totem und Tabu* (Viena, 1920).

40. Cf. Frazer, *op. cit.*, I, 9.

41. Para uma descrição mais detalhada destes conceitos e seu significado no pensamento mítico, ver Cassirer, *Philosophie der symbolischen Formen*, II, 98 ss.

42. Uma teoria assim foi desenvolvida por Frazer, *Lectures on the Early History of Kingship*, pp. 52 ss.

43. Cf. Malinowski, *op. cit.*, p. 14.

44. O povo Arunta dos desertos centrais da Austrália, segundo Marett, "estabeleceu por meio de seus ritos dramáticos uma espécie de Alcheringa atemporal na qual pode afastar-se das durezas de seu presente destino, de maneira a aliviar-se mediante a comunhão com seres transcendentes que são ao mesmo tempo seus antepassados e suas personalidades ideais. Quanto ao resto, deve ser notado que, em matéria de individualidade distintiva, esses super-homens da Alcheringa não têm quase nada. O coro procura simplesmente colar sua alma coletiva ao glamour dos ancestrais — com a consciência do gênero. O *mana* de que tomam parte é tribal". *Faith, Hope, and Charity in Primitive Religion*, p. 36.

45. R. H. Codrington, *The Melanesians* (Oxford, Clarendon Press, 1891), p. 118.

46. Sobre este problema, ver Marett, "The Conception of Mana", *The Threshold of Religion*, pp. 99 ss.

47. Codrington, *op. cit.*, p. 119.

48. Para mais detalhes, ver Cassirer, *Philosophie der symbolischen Formen*, II, 246 ss.

49. Ver J.B. Carter em um artigo da *Encyclopedia* de Hastings, I, 462.

50. Sobre esta questão, ver Erwin Rohde, *Psyche. The Cult of Souls and the Belief in Immortality among the Greeks* (Nova York, Harcourt, Brace, 1925).

51. *The Odissey*, Livro XIII, vv. 291 ss. Traduzido por A.T. Murray (Loeb Classical Library, Harvard University Press, Cambridge, Massachussets, 1930).

52. Codrington, *op. cit.*, p. 118.

53. Ver Marett, "The Conception of Mana", *op. cit.*, pp. 112 ss.
54. M.N. Dhalla, *History of Zoroastrianism* (Nova York, Oxford University Press, 1938), pp. 52 ss.
55. Sêneca, *Ad Marciam de consolatione*, 18.
56. Marco Aurélio, *Ad se ipsum*, Livro III, parágrafo 4.
57. Bergson, *op. cit.*, pp. 201 ss.
58. Idem, pp. 175 s.
59. Cf. Marett, "Is Taboo a Negative Magic?". *The Threshold of Religion*, p. 84.
60. Cf. F.B. Jevons, *An Introduction to the History of Religion* (Londres, Methuen, 1902), p. 70.
61. *Idem*, pp. 86 s. Citado por cortesia da Methuen & Co. e dos Testamenteiros de F.B. Jevons.
62. Sobre o material antropológico, ver Frazer, *The Golden Bough*, I, 169 ss., e Parte VI, *The Scapegoat*; e Jevons, *op. cit.*, caps. vi-viii.
63. Para mais detalhes, ver Robertson-Smith, *op. cit.*, Nota G., pp. 427 ss.
64. Para mais detalhes, ver Dhalla, *op. cit.*, pp. 55, 221 ss.
65. Robertson-Smith, *op. cit.*, pp. 143 s.
66. Jevons, *op. cit.*, p. 91.

CAPÍTULO VIII

1. F. Max Müller, *Contributions to the Science of Mythology* (Londres, Longmans, Green & Co., 1897), I, 68 s., e *Lectures on the Science of Religion* (Nova York, Charles Scribner's Sons, 1893), pp. 118 s.
2. Ver acima, Cap. VII, pp. 137-144.
3. Ver C.K. Ogden e I.A. Richards, *The Meaning of Meaning* (1923; 5ª edição, Nova York, 1938).
4. Empédocles, Fragmento 335. Ver John Burnet, *Early Greek Philosophy* (Londres e Edimburgo, A. & C. Black, 1892), Livro II, p. 232.
5. Cf. A.F. Pott, *Etymologische Forschungen aus dem Gebiete der indogermanischen Sprachen* (1833 ss.).
6. Ver August Schleicher, *Die Darwin'sche Theorie und die Sprachwissenschaft* (Weimar, 1873).
7. Ver os pontos de vista de W. Koehler e G. Révész citados acima, Cap. III, pp. 54-55.
8. Esta teoria foi proposta pela primeira vez por Jespersen em *Progress in Language* (Londres, 1894). Ver também, do mesmo autor, *Language, Its Nature, Development and Origin* (Londres e Nova York, 1922), pp. 418, 437 ss.
9. Grace de Laguna, *Speech. Its Function and Development* (New Haven, Yale University Press, 1927), pp. 260 s.
10. Alan H. Gardiner, *The Theory of Speech and Language* (Oxford, 1932), pp. 118 s.

11. Hermann Paul, *Prinzipien der Sprachgeschichte* (Halle, 1880), cap. i. Tradução para o inglês de H.A. Strong (Londres, 1889).
12. Bloomfield, *Language* (Nova York, Holt & Co., 1933), pp 17 ss.
13. Berlim (1836-39). Ver *Gesammelte Schriften*, de Humboldt (Academia de Berlim), Vol. VII, Parte I.
14. Humboldt, *op. cit.*, pp. 46 s. Um relato mais detalhado da teoria de Humboldt é apresentado no meu *Philosophie der symbolischen Formen*, I, 98 ss.
15. Ver, por exemplo, Jespersen, *The Philosophy of Grammar* (Nova York, Holt & Co., 1924), pp. 30 s.
16. Ver J.B.S. Haldane, *The Causes of Evolution* (Nova York e Londres, 1932).
17. Ver as conferências de Ferdinand de Saussure publicadas postumamente sob o título *Cours de linguistique générale* (1915; 2ª edição, Paris, 1922).
18. *Über die Sprache und Weisheit der Inder* (1808).
19. Este programa, por exemplo, foi desenvolvido por H. Osthoff e K. Brugmann em *Morphologische Untersuchungen* (Leipzig, 1878). Para mais detalhes, ver Bloomfield, *op. cit.*, caps. i, xx, xxi.
20. V. Bröndal, "Structure et variabilité des système morphologiques", *Scientia* (Agosto, 1935), p. 119. Para uma explanação detalhada dos problemas e métodos do estruturalismo lingüístico moderno, ver os artigos publicados em *Travaux du Cercle Linguistique de Prague* (1929 ss.); em especial H.F. Pos, "Perspectives du structuralisme", *Travaux* (1929), pp. 71 ss. Um estudo geral da história do estruturalismo foi apresentado por Roman Jakobson em "La scuola linguistica di Praga", *La cultura* (Anno XII), pp. 633 ss.
21. Tanto quanto eu saiba, dentre as línguas indo-européias o sueco é a única em que a altura do tom ou o acento tem um sentido semântico definido. Em algumas palavras suecas, o sentido pode ser completamente alterado pelo tom agudo ou grave do som.
22. Para mais detalhes, ver Bloomfield, *op. cit.*, em especial os caps. v e vi.
23. Sapir, *Language*, p. 220. Sobre a diferença entre "fonética" e "fonologia", ver Trubetzkoy, "La phonologie actuelle", em *Journal de psychologie* (Paris, 1933), Vol. XXX. Segundo Trubetzkoy, a tarefa da fonética é estudar os fatores materiais dos sons da fala humana, as vibrações do ar correspondentes aos diferentes sons ou movimentos produtores de sons da pessoa que fala. A fonologia, em vez de estudar os sons físicos, estuda os "fonemas", isto é, os elementos constitutivos do sentido lingüístico. Do ponto de vista da fonologia, o som é apenas o "símbolo material do fonema". O próprio fonema é "imaterial", visto que o sentido não pode ser descrito nos termos da física ou da fisiologia.
24. O parágrafo seguinte é baseado no meu artigo, "The Influence of Language upon the Development of Scientific Thought", *Journal of Philosophy*, XXXIX, n.º 12 (junho de 1942), 309-327.
25. Ver F. Brunot, *La pensée et la langue* (Paris, 1922).

26. Para mais detalhes, ver Bloomfield, *op. cit.*, pp. 6 ss., e Sapir, *op. cit.*, pp 124 ss.

27. Ver, por exemplo, Vendryès, *Le langage* (Paris, 1922), p. 193.

28. Ver Hjelmstev, *Principes de grammaire générale* (Copenhague, 1928), Bröndal, *Ordklassarne* (Résumé: Les parties du discours, partes orationis, Copenhague, 1928).

29. Sapir, *op. cit.*, pp. 124 ss.

30. Ver B. Karlgren, "Le Proto-Chinois, langue flexionelle", *Journal asiatique* (1902).

31. Para mais detalhes, ver C. Meinhof, *Grundzüge einer vergleichenden Grammatik der Bantu-Sprachen* (Berlim, 1906).

32. Ver acima, Cap. VII, pp. 121-122.

33. Ver, por exemplo, Leibniz, *Nouveaux essais sur l'entendement humain*. Livro III, cap. ii.

34. Humboldt, *op. cit.*, VII, Parte II, 162.

35. Sapir, *op. cit.*, p. 130.

36. Ver acima, Cap. III, pp. 59-67.

37. Ver acima, Cap. III, pp. 61-62.

38. David R. Major, *First Steps in Mental Growth* (Nova York, Macmillan, 1906), pp. 321 s.

39. Ver, por exemplo, Clara e William Stern, *Die Kindersprache* (Leipzig, 1907), pp. 175 ss.

40. Para uma discussão mais detalhada deste problema, ver Cassirer, "Le langage et la construction du monde des objets", *Journal de psychologie*, XXXe Année (1933), pp. 18-44.

41. Goethe, *Sprüche in Prosa*, "Werke", XLII, Parte II, 118.

42. Ver Hammer-Purgstall, Academia de Viena, Classe histórico-filosófica, Vols. VI e VII (1855 s.)

43. Para mais detalhes, ver Cassirer, *Philosophie der symbolischen Formen*, I, 257 ss.

44. K. von den Steinen, *Unter den Naturvölkern Zentral-Brasiliens*, p. 81.

45. Ver os exemplos apresentados em Jespersen, *Language*, p. 429.

46. Para mais detalhes, ver Cassirer, *Philosophie der symbolischen Formen*, I, 188 ss.

CAPÍTULO IX

1. Aristóteles, *Poetics*, 4. 1448[b], 5-17. Em *Aristotle on the Art of Poetry*, editado por Ingram Bywater (Oxford, 1909), pp. 8-11.

2. *Idem*, 1. 1447[a] 26. Ed. Bywater, pp. 2-5.

3. Dante, *Paradiso*, XIII, v. 76. Tradução para o inglês de Melville Best Anderson, *The Divine Comedy* (World Book Co., 1921), p. 357.

4. Aristóteles, *op. cit.*, 25. 1461[b]. Ed. Bywater, pp. 86-87.

5. É claro que mesmo no século XIX a teoria geral da imitação tinha ainda um papel importante. Por exemplo, é sustentada e defendida na *Philosophie de l'art*, de Taine.

6. Goethe, "Von deutscher Baukunst", "Werke", XXXVII, 148 s. Tradução para o inglês de Bernard Bosanquet em *Three Lectures on Aesthetic* (Londres, Macmillan, 1923), pp. 114 ss.

7. R. G. Collingwood, *The Principles of Art* (Oxford, Clarendon Press, 1938), pp. 279, 282, 285.

8. Aristóteles, *op. cit.*, 23. 1459ª, 17-29. Ed. Bywater, pp. 70-73.

9. Empresto este relato dos *Principles of Art History*, de Heinrich Wölfflin.

10. Na terminologia de Kant, a primeira é chamada de *Gemeingültigkeit*, ao passo que a última é chamada de *Allgemeingültigkeit* — distinção que é difícil de traduzir para termos ingleses correspondentes. Para uma interpretação sistemática dos dois termos, ver H.W. Cassirer, *A Commentary on Kant's "Critique of Judgment"* (Londres, 1938), pp. 190 ss.

11. Goethe, notas a uma tradução do "Essai sur la peinture", de Diderot, "Werke", XLV, 260.

12. Platão, *Republic*, 606D (tradução de Jowett).

13. Para mais detalhes, ver Jakob Bernays, *Zwei Abhandlungen über die Aristotelische Theorie des Dramas* (Berlim, 1880) e Ingram Bywater, *Aristotle on the Art of Poetry* (Oxford, 1909), pp. 152 ss.

14. Platão, *Symposium*, 223 (tradução de Jowett).

15. *Philebus*, 48 ss. (tradução de Jowett).

16. "Pois a arte permanece firmemente fixa à Natureza — e só aquele que conseguir transportá-la de lá a possuirá." Ver William M. Conway, *Literary Remains of Albrecht Dürer* (1889), p. 182.

17. Cf. Bodmer e Breitinger, *Diskurse der Maler* (1721-23).

18. *Sonho de uma Noite de Verão*, Ato V, cena 1.

19. *Prelude*, III, 127-132. (A toda forma natural, rocha, fruto ou flor, mesmo às pedras soltas que cobrem a estrada, eu dei uma vida moral: eu as vi sentir ou as uni a algum sentimento: a grande maioria jaz enterrada numa alma mutável, e tudo que eu contemplei respirava com um sentido interior).

20. Adolf Hildebrand, *Das Problem der Form in der bildenden Kunst*. Tradução para o inglês de Max Meyer e R.M. Ogden, *The Problem of Form in Painting and Sculpture* (Nova York, G.E. Stechert Co., 1907), p. 12.

21. Aristóteles, *op. cit.*, 6. 1450ª 7-25. Ed. Bywater, pp. 18-19.

22. Cf. Schlegel, "Athenäumsfragmente", 238, em *Prosaische Jugendschriften*, editado por J. Minor (2ª edição, Viena, 1906), II, 242.

23. Schlegel, "Gespräch über die Poesie" (1800), *op. cit.*, II, 364.

24. Novalis, ed. J. Minor, III, 11. Cf. O. Walzel, *German Romanticism*, tradução para o inglês de Alma E. Lussky (Nova York, 1932), p. 28.

25. *Ideen*, 13, em *Prosaische Jugendschriften*, II, 290.

26. Bacon, *Novum Organum*, Liber I, Aphor. CXX.

27. *Critique of Practical Reason*, tradução de T.K. Abbott (6ª edição, Nova York, Longmans, Green & Co., 1927), p. 110.

28. *The Sense of Beauty* (Nova York, Charles Scribner's Sons, 1896), p. 22.

29. Aristóteles, *Nichomachean Ethics*, 1776^b 33.

30. Para uma documentação mais completa e uma crítica dessas primeiras teorias românticas da arte, ver Irving Babbitt, *The New Laokoon*, cap. iv.

31. Bergson, *Essai sur les données immédiates de la conscience*. Tradução para o inglês de R.L. Pogson, *Time and Free Will* (Londres, Macmillan, 1912), pp. 14 ss.

32. Shaftesbury, "The Moralists", seção 2, Parte III, Ver *Characteristics* (1714), II, 424 s.

33. Para uma discussão detalhada sobre o lugar de Shaftesbury na filosofia do século XVIII, ver Cassirer, *Die platonische Renaissance in England und die Schule von Cambridge* (Leipzig, 1932), cap. vi.

34. Cf. Nietzsche, *The Will to Power*. Tradução para o inglês de A.M. Ludovici (Londres, 1910), p. 240.

35. Ver, por exemplo, Konrad Lange, *Das Wesen der Kunst* (Berlim, 1901). 2 volumes.

36. Ver Bernard Bosanquet, *Three Lectures on Aesthetics*, e S. Alexander, *Beauty and Other Forms of Value*.

37. Schiller, *Briefe über die ästhetische Erziehung des Menschen* (1795), Carta XV. Tradução para o inglês, *Essays Aesthetical and Philosophical* (Londres, George Bell & Sons, 1916), p. 71.

38. Schiller, *op. cit.*, Carta XXV. Tradução para o inglês, p. 102.

39. Citado de Katherine Gilbert, *Studies in Recent Aesthetic* (Chapel Hill, 1927), p. 18.

40. Ortega y Gasset, *La dezhumanización del'arte* (Madrid, 1925).

41. I. A. Richards, *Principles of Literary Criticism* (Nova York, Harcourt, Brace, 1925), pp. 16-17.

42. Ver acima, pp. 263-264.

43. "Kunst: eine andere Natur, auch geheimnisvoll aber verständlicher; denn sie entspringt aus dem Verstande." Ver *Maximen und Reflexionen*, editado por Max Hecker, em "Schriften der Goethe-Gesellschaft", XXI (1907), 229.

44. Ver De Witt H. Parker, *The Principles of Aesthetics*, p. 39: "A verdade científica é a fidelidade de uma descrição aos objetos externos da experiência; a verdade artística é a visão simpática — a organização em clareza da própria experiência." A diferença entre a experiência científica e a estética foi ilustrada recentemente em um artigo muito instrutivo do Prof. F.S.C. Northrop na revista *Furioso*, I, nº 4, 71 ss.

CAPÍTULO X

1. Ortega y Gasset, "History as a System", em *Philosophy and History, Essays Presented to Ernst Cassirer*, pp. 293, 294, 300, 305, 313.

2. Jakob Burckhardt, *Weltgeschichtliche Betrachtungen*, editado por Jakob Oeri (Berlim e Stuttgart, 1905), p. 4. Edição em inglês de James Hastings Nichols, *Force and Freedom; Reflections on History* (Nova York, Pantheon Books, 1943), p. 82.

3. κτῆμα ἐς ἀεί, Tucídides, *De bello Peloponnesiaco*, I, 22.

4. Ranke, "Aufsätze zur eigenen Lebensgeschichte" (novembro, 1885), em "Sämmtliche Werke", editado por A. Dove, LIII, 61.

5. "Das Höchste wäre: zu begreifen, dass alles Faktische schon Theorie ist." Goethe, *Maximen und Reflexionen*, p. 125.

6. Para mais detalhes sobre esta descoberta, ver Gustave Lefebre, *Fragments d'un manuscrit de Ménandre, découverts e publiés* (Cairo, Impression de l'Institut Français d'Archéologie, 1907).

7. Descartes, *Regulae ad directionem ingenii*, I, "Oeuvres", editadas por Charles Adam e Paul Tannery (Paris, 1897), X, 360. Tradução para o inglês de Elizabeth S. Haldane e G.R.T. Ross, "The Philosophical Works of Descartes" (Cambridge University Press, 1911), I, 1.

8. "Deine Art zu fegen — und nicht etwa aus dem Kehricht Gold zu sieben, sondern den Kehricht zur lebendigen Pflanze umzupalingenesieren, legt mich immer auf die Knie meines Herzens." Goethe e Herder, maio de 1775, *Briefe* (edição Weimar), II, 262.

9. "Athenäumsfragmente", 80, *op. cit.*, II, 215.

10. Sobre este problema, ver Guido Calogero, "On the So-Called Identity of History and Philosophy", in *Philosophy and History, Essays presented to Ernst Cassirer*, pp. 35-52.

11. Nietzsche, *Vom Nutzen und Nachteil der Historie für das Leben*, em "Unzeit gemässe Betrachtungen" (1874), Parte III. Tradução para o inglês de Oscar Levy, Vol. II.

12. Fragmento 60 em Diels, *Die Fragmente der Vorsokratiker*, I, 164.

13. Kant, *Critique of Pure Reason* (2.ª edição), p. 370. Tradução de Norman Kemp Smith (Londres, Macmillan, 1929), p. 310.

14. Friedrich Gundolf, *Caesar, Geschichte seines Ruhm* (Berlim, 1924).

15. S. E. Morison, *The Oxford History of the United States* (Oxford, Clarendon Press, 1927), I, 39 s.

16. Pascal, *Pensées*, edição Louandre, p. 196.

17. Guglielmo Ferrero, "The History and Legend of Antony and Cleopatra", em *Characters and Events of Roman History, From Caesar to Nero* (Nova York, G.P. Putnam's Sons, 1909), pp. 39-68.

18. Ferrero, *Grandezza e decadenza di Roma* (Milão, 1907), III, 502-539. Tradução para o inglês de H.J. Chaytor, *Greatness and Decline of Rome* (Nova York, G.P. Putnam's Sons, 1908), IV, 95 ss.

19. Platão, *Symposium*, 208-209; tradução de Jowett, I, 579 s.

20. Ver acima, pp. 140-141.

21. Mommsen em carta a Henzen; citado de G.P. Gooch, *History and Historians in the Nineteenth Century* (Londres, Longmans, Green & Co., 1913; nova edição, 1935), p. 457.

22. Windelband, "Geschichte und Naturwissenschaft", em *Präludien* (5ª edição, Tübingen, 1915), Vol. II.

23. Rickert, *Die Grenzen der naturwissenschaftlichen Begriffsbildung* (Tübingen, 1902), p. 255.

24. Para esta crítica da obra de Ranke, ver G.P. Gooch, *op. cit.*, caps. vi, viii.

25. *Faust*, Parte II, "Classische Walpurgisnacht". G.M. Priest traduz como segue (Nova York, Knopf, 1941):

"At the pyramids our station
We look on the doom of races,
War and peace and inundation,
With eternal changeless faces."

26. Hegel, *Rechtsphilosophie*, seções 340 s. Tradução para o inglês das duas últimas frases de J. Macbride Sterrett, *The Ethics of Hegel, Translated Selections from his "Rechtsphilosophie"* (Boston, Ginn & Co., 1893), p. 207.

27. Em um excelente estudo da personalidade e obra de Ranke, Alfred Dove menciona o seu *"Universalität des Mitempfindens"*. Ver Dove, *Ausgewählte Schriftchen* (1898), pp. 112 ss.

28. Ver Ed. Fueter, *Geschichte der neueren Historiographie* (3ª edição, Munique e Berlim, 1936), p. 543.

29. "Es gibt aber neben dem blinden Lobpreisen der Heimat eine ganz andere und schwerere Pflicht, nämlich sich auszubilden zum erkennenden Menschen, dem die Wahrheit und die Verwandtschaft mit allem Geistigen über alles geht und der aus dieser Erkenntnis auch seine Bürgerpflicht würde ermitteln können, wenn sie ihm nicht schon mit seinem Temperament eingeboren ist. Vollends im Reiche des Gedankens gehen alle Schlagbäume billig in die Höhe." Jakob Burckhardt, *op. cit.*, p. 11. Tradução para o inglês, p. 89.

30. *Essays Aesthetical and Philosophical*, Carta XXII.

31. Ver Max Planck, *Die Einheit des physikalischen Weltbildes* (Leipzig, 1909). Para mais detalhes, ver Cassirer, *Substance and Function*, tradução para o inglês de W. C. e M. C. Swabey (1923), pp. 306 ss.

32. Para mais detalhes, ver Cassirer, *Die Philosophie der Aufklärung* (Tübingen, 1932), cap. v, pp. 263-312.

33. Taine, *Philosophie de l'art*, (15ª edição, Paris, Librairie Hachette, 1917), Parte I, cap. i, p. 13.

34. Taine, *Histoire de la littérature anglaise*, Introdução, tradução para o inglês, I, 6 s.

35. Tratei desta questão em um artigo intitulado "Naturalistische und humanistische Begründung der Kulturphilosophie", Göteborgs Kungl. Vetenskaps-och Vitterhets-Samhällets Handlingar (Goteburgo, 1939).

36. Kant, *Critique of Practical Reason*, traduzido por T.K. Abbott (6ª edição, 1927),p. 193.

37. Taine, *op. cit.*, pp. 1 ss.

38. Ver acima, p. 186.

39. Para uma crítica desta teoria, ver Ernst Troeltsch, *Der Historismus und seine Probleme*, em "Gesammelte Schriften", Vol. III, e Cassirer, *Zur Logik der Kulturwissenschaften* (Goteburgo, 1942), pp. 41 ss.

40. Eduard Meyer, *Zur Theorie und Methodik der Geschichte* (Halle a. S., 1902), pp. 36 s.

41. Buckle, *History of Civilization in England* (Nova York, 1858), pp. 14 s.

42. Para a literatura moderna sobre estatística, ver Keynes, *A Treatise on Probability* (Londres, 1921) e von Mises, *Wahrscheinlichkeit, Statistik und Wahrheit* (Viena, 1928).

43. Buckle, *op. cit.*, p. 20.

44. "A causa vencedora agradou aos deuses, mas a vencida agradou a Cato."

45. *What Is History?*, traduzido por E. A. Andrews (Nova York, Macmillan, 1905), p. 163.

46. *Idem*, p. 219.

47. Taine, *op. cit.*, I, 4.

48. Cf. Lamprecht, *Alte und neue Richtungen in der Geschichtswissenschaft* (1896).

49. Para mais detalhes, ver Bernheim, *Lehrbuch der historischen Methode* (5ª edição, Munique, Duncker, 1908), pp. 710 ss.

50. Para mais detalhes, ver W. Lutoslawski, *The Origin and Growth of Plato's Logic, with an Account of Plato's Style and of the Chronology of His Writings* (Londres e Nova York, 1907).

51. Discuti o caráter lógico desses "conceitos estilísticos" em *Zur Logik der Kulturwissenschaften* (Goteburgo, 1942), pp. 63 ss.

52. Kant, *Metaphysische Anfangsgründe der Naturwissenschaft*, Vorrede, "Werke" (editado por Cassirer), IV, 370.

53. Jakob Burckhardt, *Weltgeschichtliche Betrachtungen*, p. 81. Tradução inglesa, *Force and Freedom*, p. 167.

54. *Baseler Jahrbücher* (1910), pp. 109 s.; citado com base em Karl Joël, *Jakob Burckhardt als Geschichtsphilosoph* (Basiléia, 1918).

55. Th. Mommsen, "Rektoratsrede" (1874), em *Reden und Aufsätze* (Berlim, 1912).

56. Goethe a Eckermann, 25 de dezembro de 1825, em *Conversations of Goethe with Eckermann and Sorel*, tradução de John Oxenford (Londres, 1874), p. 162.

57. Ver J.R. Bury, *The Ancient Greek Historians*, Harvard Lectures (Nova York, Macmillan, 1909), Conferência IV.

58. Ver acima, pp. 242 ss.

59. Burckhardt, *op. cit.*, pp. 8 s. Tradução inglesa, pp. 86 s.

CAPÍTULO XI

1. Este capítulo não pretende, é claro, fazer o esboço de uma *filosofia* da ciência ou de uma fenomenologia do conhecimento. Discuti este último problema no terceiro volume de *Philosophie der symbolischen Formen* (1929); o primeiro em *Substance and Function* e *Einstein's Theory of Relativity* (1910; tradução para o inglês de W.C. e M.C. Swabey, Chicago e Londres, 1923) e em *Determinismus und Indeterminismus in der modernen Physik* (Göteborgs Högskolas Ârsskrift, 1936: 1). Aqui tentei apenas indicar brevemente a função geral da ciência e determinar o lugar desta no sistema das formas simbólicas.

2. Kant, *Crítica da Razão Pura* (1.ª edição alemã), p. 105.

3. Jespersen, *Language*, pp. 388 s.

4. Com relação a este problema, ver *Philosophie der symbolischen Formen*, I, 255 ss.

5. Cf. Cassirer, "The Influence of Language upon the Development of Scientific Thought", *Journal of Philosophy*, XXXIX, n.º 12 (junho de 1942), 309-327.

6. Ver *Philosophie der symbolischen Formen*, II, 141 ss.

7. Ver Filolau, Fragmentos 4, 11, em Diels, *Die Fragmente der Vorsokratiker*, I, 408, 411.

8. Gardiner, *The Theory of Speech and Language*, p. 51.

9. Cf. Heinrich Scholz e H. Hasse, *Die Grundlagen Krise der griechischen Mathematik* (Charlottenburg, 1928).

10. Cf. Aristóteles, *Metafísica*, I, 5, 985b.

11. Ver Hermann Weyl, *Das Kontinuum. Kritische Untersuchungen über die Grundlagen der Analysis* (Leipzig, 1918).

12. (Edição alemã de 1919). Tradução para o inglês de Henry L. Brose (Nova York, Dutton, 1923).

13. Sobre a história da alquimia, ver E.O. von Lippmann, *Entstehung und Ausbreitung der Alchimie* (Berlim, Springer, 1919), e Lynn Thorndike, *A History of Magic and Experimental Science* (Nova York, 1928-41). 6 volumes.

14. Para mais detalhes, ver, por exemplo, Sommerfeld, *op. cit.*, cap. ii.

15. F.S.C. Northrop, "The Method and theories of physical science in their bearing upon biological organization", suplemento de *Growth* (1940), pp. 127-154.

16. Platão, *República*, 529, 530 (tradução de Jowett).

17. Sobre este problema, ver Cassirer, *Determinismus und Indeterminismus in der modernen Physik*.

18. Felix Klein, *Vorlesungen über die Entwicklung der Mathematik im 19. Jahrhundert* (Berlim, 1926-27).

19. Helmholtz, *Treatise on Physiological Optics*, tradução de James P.C. Southall (Optical Society of America; George Banta Publishing Co., 1925; copyright, G.E. Stechert), III, 33-35.

CAPÍTULO XII

1. Heráclito, Fragmento 51, em Diels, *Die Fragmente der Vorsokratiker* (5ª edição). Tradução para o inglês de Charles M. Bakewell, *Source Book in Ancient Philosophy* (Nova York, Charles Scribner's Sons, 1907), p. 31.
2. *Idem*, Fragmento 54, em Bakewell, *op. cit.*, p. 31.
3. Para mais detalhes ver acima, Cap. VII, pp. 145 ss.
4. H. Paul, *Prinzipien der Sprachgeschichte* (4ª edição, 1909), p. 63.
5. Kant, *Critique of Judgment*, seções 46, 47. Tradução para o inglês de J.H. Bernard (Londres, Macmillan, 1892), pp. 188-190.
6. Cf. Bacon, *Novum Organum*, Liber I, Aphor. XLI.